PETER BALIN

DER FLUG DER GEFIEDERTEN SCHLANGE

PETER BALIN

DER FLUG DER GEFIEDERTEN SCHLANGE

MAYA TAROT UND SCHAMANISMUS

SPHINX VERLAG BASEL

Aus dem Amerikanischen
von Elmar Gruber

Illustrationen von Peter Balin

Aus technischen und urheberrechtlichen
Gründen konnte das diesem Buch
zugehörige Xultun Tarotspiel nicht im
Sphinx Verlag erscheinen. Sofern lieferbar,
ist es zu beziehen über Uranja-Auslieferung,
Am Reiterhof, D-8171 Waakirchen.
Das Maya Tarot kann aber auch mit jedem
anderen Tarotspiel, mit 78 Karten, gelegt
werden, wobei lediglich auf die
Entsprechung der Nummernwerte der
Grossen Arkanen geachtet werden muss.

CIP-Kurztitelaufnahme der Deutschen Bibliothek

Balin, Peter:
Der Flug der Gefiederten Schlange:
Maya-Tarot u. Schamanismus / Peter Balin.
[Aus d. Amerikan. von Elmar Gruber]. -
Basel: Sphinx Verlag, 1981.
Einheitssacht.: The flight of the feathered serpent ‹dt.›
ISBN 3-85914-139-2

1981
© 1981 Sphinx Verlag Basel
Alle deutschen Rechte vorbehalten
© 1978 Peter Balin
Originaltitel: The Flight of the Feathered Serpent
Wisdom Garden Books, Los Angeles
Umschlaggestaltung: Thomas Bertschi
Produktion: Charles Huguenin
Gesamtherstellung: Rombach & Co., Freiburg
Printed in Germany
ISBN 3-85914-139-2

Inhalt

Einleitung	7
Der Flug der Gefiederten Schlange	9
Die Symbolik des Schädels	13
Die Legende der Gefiederten Schlange	16
Die erhalten gebliebenen Schriften der Maya-Priester	20
Der Schöpfungsmythos	24
Die Yaqui-Zauberer und ihre Sicht der Wirklichkeit	30
Die verborgene Bedeutung der Zahlen im Tarot	39
Die Zwanzig-Tage-Reise des Maya-Monats	42
Sexueller Ausdruck und das Tarot	46
Das Öffnen der vier Eckpunkte des Selbst	49
Die grosse Kreuz-Anordnung	58
Die astrologischen Entsprechungen, mit dem Beitrag:	60
Die gemeinsamen Wurzeln der Astrologie und des Xultun Tarot von Glen Wayne Dixon	62
Das Tarot und die Körperteile	72
Die Grossen Arkanen	74
Die Kleinen Arkanen	120
Der Weg des Feuers	124
Der Weg der Luft	128
Der Weg des Wassers	132
Der Weg der Erde	136
Die Reise des Narren	141

Einleitung

Als man im Zuge der Gegenkultur der sechziger Jahre begann, sich mit den Ursprüngen der eigenen Zivilisation zu beschäftigen, fanden viele den Weg zu vergessenen Stämmen und den sogenannten Primitiven. Was es dort zu erleben gab, war keine Beschreibung wert, es galt, das völlig Andere selbst zu erfahren.

Heute liegt mehr als ein Jahrzehnt zwischen der Blüte des neuen fahrenden Volkes in den abenteuerlichen Gewändern und unseren langsam verblassenden Erinnerungen daran. Aber mehr als je zuvor hat sich jenes Erfahrungsgut dieser Zeit, als man sich mit indianischen Lebensweisen einliess – und immer noch einlässt – im Schrifttum festgesetzt. Und mehr als je zuvor besteht heute ein – häufig nur intellektuelles – Interesse an den fremden Kulturen. Das hat seinen Grund darin, dass die Entwurzelung in einer hochtechnisierten Zivilisation, welche die Rechnung ohne den Menschen gemacht hat, fortgeschritten ist, mehr aber noch in einem echten Wiederfinden der Spuren unserer Vorfahren. Viele, die sich auf diese äussere Reise in die Fremde begeben haben, bemerkten aber bald, dass diese ebenso eine Reise nach innen war.

Peter Balin versucht einen spezifischen Kulturkreis, der allerdings nicht alleine im Raume stehen bleibt, herauszugreifen, und die zeitlose Beziehung zu dieser äusserlich-inneren Reise aufzuzeigen. Dabei handelt es sich weder um eine klassische eurasische Kulturgruppe, noch um eine psychologische Analyse, die man bei solcher Fragestellung vermuten könnte. Vielmehr versucht Balin zu zeigen, welche Werte wir aus der vergleichsweise sehr «fremden» Kultur der Maya ziehen können, und wie diese uns auf dem Weg der Selbstfindung – der immer zugleich die Entdeckung des Ursprungs ist – helfen können. Das Interessante an diesem Herangehen liegt aber in der Tatsache, dass wir nicht einem philosophierenden Text überlassen werden, sondern einem ebenso archaischen System, das geradezu als Spiegel der Reise nach Innen galt: das Tarot. Ausgehend von den schamanistischen Lehren der Maya-Indianer konstruiert der einfallsreiche Balin das «Xultun Tarot»-Spiel. Hier erfährt das traditionelle Wahrsagespiel Asiens und Europas eine Umwandlung zu einem psychologischen Entwicklungsprozess, der Stationen schamanistischer Lehren widerspiegelt. Balin stellt damit ein abgeschlossenes Bild der menschlichen Entwicklung in neuem Gewande dar und – das ist zugleich die zentrale Botschaft des Buches – hält uns dazu an, diesen Weg selber zu beschreiten.

Der Autor möchte Jean Loucks und David Biedekapp seine Anerkennung aussprechen für deren Vertrauen, Freundschaft und Liebe.

Es gibt andere, ohne die dieses Buch nicht erschienen wäre:
Frank Gaither
Netty Hess
Sam Hess
Tod Jonson
Lucenith Klomhaus
Jean Pape
Nathan Steinberg
Linda Seymour

Danke allen, und Dank dir, Marty Mitchnic – einem Zauberer, dessen kleiner Finger zum Licht weist.

Euch allen seien
in Dankbarkeit
drei Kelche geopfert.

Peter Balin

Der Flug der Gefiederten Schlange

Wir sind enttäuscht von der Welt, die wir erschaffen haben. Lange Zeit hindurch dachten wir, dass wir die Sicherheit, nach der wir suchen, durch Anhäufung von Reichtum erlangen könnten. Wir dachten, dass technologisches Können uns dazu verhelfen kann, die Umwelt zu manipulieren, bis alle unsere Wünsche erfüllt sind; und um unsere Sicherheit zu garantieren, bauen wir die endgültige Waffe. Für unseren Schmerz haben wir mehr Angst als Zufriedenheit und mehr Chaos als Ordnung gefunden.

Als lebende Kreaturen müssen wir sterben. Was für einen Nutzen haben wir am Ende von Theorien und Versprechen? Was hilft uns unser Glaube, wenn wir Gewissheit haben wollen?

Unzufriedenheit mit dem Leben, die Angst vor dem Tod, die Suche nach dem Wissen, von dem wir glauben, dass es uns frei machen wird - mit all diesen Dingen beschäftigt sich das Tarot. Durch das einzigartige und zugängliche Instrument Tarot erlangen wir Bewusstheit über die immer wechselnde Ansicht, die wir über den Zufall unseres Seins haben. Es gibt keinen direkten, einfachen oder unmittelbaren Weg zur Verwirklichung.

Verwirklichung und alles, was sie mit einbezieht, darum geht es im Tarot. Wenn wir Leben und Tod verstehen wollen, müssen wir Zeit verstehen. Wenn wir das Selbst verstehen wollen, müssen wir alle Besitzansprüche von Mögen und Nicht-Mögen aufgeben. Vor allem müssen wir mit dem ganzen Herzen und mit unserem Geist wissen wollen, was ist. Das heisst, alle Vorstellungen darüber, alle Bilder, alle Ansichten aufzugeben, denn diese sind Traumata, die alles Leiden erzeugen.

Viele von uns wollen frei sein, aber wir fühlen uns gebunden und gefesselt. Unser Wunsch nach Freiheit ist eine Reaktion auf unser Gefesseltsein, und auch das ist eine Wahrheit. Wir wollen frei sein von Armut, Leiden, Krankheit und Tod, und unser Wunsch nach Freiheit ist immer Reaktion: wir wollen Freiheit von Etwas. Wenn wir dieses Konzept sorgfältig untersuchen, sehen wir, dass diese Art von Freiheit überhaupt keine Freiheit ist. Jede Reaktion ist mit ihrer Ursache verbunden, und alle Verbindungen stellen einen Mangel an Freiheit dar. Um frei zu sein, muss man agieren. Es kann keine Reaktion geben.

Tausende von Büchern behandeln alle unsere Probleme, zeigen sie auf und bieten Antworten an. Warum haben sie so geringen Einfluss auf unser Leben? Es ist nicht die Absicht des Autors, solche Fragen hier im Vorwort, oder sonstwo, zu beantworten, denn das ist nicht die Funktion dieses Buches. Das Ziel ist es, mit dem Leben umzugehen, wie es von jedem von uns in unglaublicher Verschiedenheit gelebt wird, und das Material in einer Art darzustellen, dass man sich am Ende des Prozesses *selbst versteht*.

Seit kurzer Zeit ist ein ungeheures Interesse am Tarot zu verzeichnen, und das ist etwas Gutes (zumindest für Leute wie mich, die Tarotkarten entworfen haben und Bücher über das Tarot schreiben). Der Grund mag sein, dass das Tarot ein Bedürfnis befriedigt, und da immer mehr Leute dieses Bedürfnis in sich selbst entdecken, besteht deren Reaktion in einer Suche nach einem Weg, dieses Bedürfnis zu stillen.

Die Reaktion der Menschheit auf Schmerz ist eine Art verinnerlichten Kampf- oder Fluchtverhaltens, so etwa in der Reaktion auf das Verlangen, sich selbst zu verstehen. Dies ist einerseits eine Fluchtreaktion auf Unbehagen und die Vorstellung von der Befreiung von dem Unbehagen andererseits. In dieser Situation greifen wir zum Tarot. Wenn es richtig angewendet wird, ist das Tarot ein Untersuchungsinstrument, das Vergrösserungsglas des Detektivs, der Rorschach-Test des Psychologen. Mit dem Tarot kann es möglich sein zu zeigen, dass das Konzept der Bequemlichkeit nur im Kopf, aber überhaupt nicht im Körper existiert. (Beobachte Kinder und Katzen: Sie suchen nicht die Behaglichkeit, aber sie finden sie immer wieder.)

Das Tarot beschäftigt sich mit der Notwendigkeit, sich selbst als Ganzes zu sehen, ungetrennt von der Welt um uns und unfragmentiert. Gewöhnlich denken wir uns von anderen getrennt – ich bin ich – oder, um es mit einem berühmten Ausspruch wiederzugeben: «Ich denke, also bin ich». Weil wir so denken, ist es so. Dadurch erzeugen wir eine separatistische Welt: eine Welt, in der jeder von uns sich als isolierte Identität erlebt und mit anderen nur durch Bedürfnisse verbunden ist: Nahrung, Kleidung, Schutz und Sex.

Die Aufgabe des Tarot ist es, diese Situation zu ändern. Man muss allerdings verstehen, dass das Tarot nichts tun kann. Es ist lediglich eine Anzahl hübscher Bilder, die in einer gewissen Ordnung arrangiert sind. Alles wird von demjenigen getan, der das Tarot gebraucht. Dies wird möglich, weil der Benutzer sich zunächst ein Repertoire von Bildern zurechtlegt, deren veränderliche Natur er versteht, so wie jemand, der eine Fotosammlung durchsieht, die mehrere Generationen einer Familie umfasst. Er würde wiedererkennen, aber die damit verbundenen Verbalisierungen wären für Zuhörer kaum zu verstehen. Es wird viele spontane Ausrufe geben, weil Bilder ihre Bedeutung auf verschiedenen Ebenen, an unterschiedliche Teile des Gehirns übermitteln, wobei jedoch kein Ausmass der Beschreibung den gesamten versteckten Gedankeninhalt, den vollständigen tieferen Sinn eines Bildes mitteilen kann. Ein Bild spricht tausend Worte.

Gesellschaftlicher Wandel kann nicht in das Sein diktiert werden. Essentielle Wandlung ist eine individuelle Angelegenheit. Wenn ich der Komplexität meiner selbst und meiner Handlungen inne werde, teilt mir dieses Bewusstsein zugleich mit, dass andere ebenso komplex sind. Meine Bewusstheit ist nun Teil der Gesellschaft geworden, und die Gesellschaft als Ganzes ist bewusster. Gesellschaften sind nicht von den Individuen getrennt, die sie erzeugen.

Der Gebrauch des Tarot setzt eine «losgelöste Beobachtung» voraus, die im Osten Meditation genannt wird. In der westlichen Welt nennt man sie Kontemplation.

Sie kann nur schwer beschrieben werden, aber vielleicht könnte man sie eine aufmerksame offene Erkundigung nennen, bei welcher der Geist die völlige Bereitschaft zur Entdeckung bereitstellen muss. Es gibt eine vollständige Offenheit, der Wahrheit erlaubt hindurchzuscheinen.

Es kann kein Verständnis des Selbst geben, wenn die Aktion Annahme oder Ablehnung beinhaltet. Man wird immer beurteilen wollen, was geschieht. Beobachte! Man wird immer für oder gegen das sein, was offenbart wird. So geht unser Leben voran. Beobachte! Wenn man Bewusstheit erlangt, wird ein ruhiges, leidenschaftsloses Etwas das Beobachten übernehmen, ein Gefühl für unser Bewusstsein als Wesen. Man ist immer von der Bewusstheit überrascht, da alles immer neu ist. Anscheinend entdeckt man dabei seine Intelligenz. Es handelt sich um eine Intelligenz, der es gleichgültig ist, wie lange der Prozess dauert, denn was immer man denken mag, das «Sehen» findet im Augenblick statt.

Es ist kein Geheimnis, dass wir weniger als ein Drittel unseres Gehirnpotentials ausnutzen. Ebenso wissen wir, dass Intelligenz nicht in einem Klassenzimmer erlernt werden kann; noch kann sie durch Lesen und Studium erweitert werden. Intelligenz entwickelt sich in spontanen, zufälligen Einsichten. Das Wort Intelligenz setzt sich aus zwei lateinischen Wörtern zusammen: *inter,* was soviel wie zwischen heisst, und *legere,* was lesen oder erfassen bedeutet. Deshalb meint das Wort Intelligenz «zwischen den Zeilen lesen», nämlich die Fähigkeit, zu sehen, was tatsächlich um uns herum geschieht, anstatt in unseren Hoffnungen, Wünschen und Begierden gefangen zu bleiben.

Zu viele von uns verbringen ihr Leben in Verwirrung, unfähig zu verstehen, was um uns herum geschieht, nicht wissend, wie die Welt funktioniert. Das hat wenig mit Ausbildung oder gesellschaftlicher

Position zu tun und kann nichts anderes, als die Krankheit einer Gesellschaft verkünden, die von einem Massenbewusstsein geleitet wird.

Das Tarot stellt einen Weg dar, die Fähigkeit zu entwickeln, das zu sehen, was ist, was häufig das mit einschliesst, wie wir zu sein wünschen. Beim Tarot ist alles Teil von dem, was «wirklich passiert», und so beginnt unser Leben sich auszubalancieren, Harmonie und Weisheit zu zeigen. Das Seltsame bei manchen menschlichen Zuständen wie Intelligenz, Harmonie, Weisheit, Freude oder Liebe ist, dass, wenn immer sie sich manifestieren, sie vollständig sind und niemals fragmentiert auftreten. Man ist weise, man wird nicht weiser und weiser. Man ist freudig, man wird nicht freudiger und freudiger. Man gibt Liebe, nicht ein wenig Liebe. Es scheint, dass ein gewisser Aspekt der menschlichen Kondition nicht in Abstufungen ausgedrückt werden kann. Es ist oder es ist nicht, ganz egal, wer davon spricht.

Das Tarot ist eine alte Sammlung von Symbolen, unterteilt in zwei Kartensätze, wovon eines 22, das andere 56 Karten enthält. Der erste Satz von 22 Karten wird die *Grossen Arkanen* genannt (das Wort Arkane heisst Mysterium) und besteht sozusagen in einer Konzentrierung der 56 Karten der *Unteren Arkanen*. Der zweite Satz teilt sich wiederum in zwei Teile: die Bildkarten – 16 Karten mit Abbildungen von Bube, Ritter, Königin und König. Die 40 verbleibenden Karten teilen sich in vier Reiche ein. Das erste, das Reich der Stäbe, berichtet von spiritueller Suche, Hoffnungen und Verlangen. Das zweite, das Reich der Schwerter, behandelt intellektuelles

Bestreben und Vermögen. Das dritte wird Reich der Kelche genannt und behandelt Emotionen und deren Verwicklungen. Das letzte Reich ist das der Münzen und überschreitet die physische Existenz einer Person.

Im Auflegen, in einer Anordnung der Karten, kann leicht gesehen werden, dass man sich vor einer beinah unendlichen Anzahl von möglichen Arrangements sieht, einer einmaligen Vielfalt zufälliger Beziehungen. In der Aufmerksamkeit auf diese Beziehungen besteht die wahre Arbeit des Tarot. Wenn man Fertigkeit im Wiedererkennen symbolischer Werte erlangt, erschafft man ein exaktes Modell des Universums von unserer einmaligen Position aus. Dieses Modell steht dann für Beobachtungen bereit.

Mit dem Tarot beginnen unsere Begrenzungen immer am Anfang, wie im Leben überhaupt. Wir haben eine grössere Chance auf ein freudenvolles, weises und liebendes Leben, wenn wir verstehen, woher wir kommen, und wenn wir offen der Begrenzungen inne werden, die wir verbergen. In dieser Weise stellt uns das Tarot die Fertigkeit bereit, Beziehungen zu erkennen, und zwar nicht nur persönliche Beziehungen, sondern auch Beziehungen zwischen Gruppen und Dingen. Das Wort «real» bedeutet die Welt der Dinge, also müssen wir sorgfältig auf das achten, was «Beziehung» bedeutet. Beziehung ist das Zusammenkommen verschiedener Dinge, häufig auf einem Bedürfnis der einen oder anderen Art basierend. Wenn ich Geld von Ihnen leihe, haben wir eine Beziehung. Der Bürger steht in Beziehung mit der Nation, der Patient mit dem Arzt, die Frau mit dem Mann. Wenn wir etwas voneinander wollen oder ein Bedürfnis befriedigen wollen, dann sind wir in einer Beziehung. Jeder von uns verbringt sein gesamtes Leben in Beziehungen, oder besser (nein schlimmer), auf der Suche nach der idealen Beziehung.

Das Tarot vermittelt uns eine Sicht auf die faszinierende, immer wechselnde, einzigartige Person, die jeder von uns ist. Und das unausweichliche Ergebnis davon ist Liebe, denn Liebe beginnt mit dem Selbst. Wenn man sich selbst als absolute Freude erlebt, wie kann man andere in deren wundervoller Einmaligkeit nicht ebenso wunderbar erleben. Liebe ist völlige Freiheit. In der Liebe kann es keine Beziehung geben. Denn Liebe ist eine totale Gemeinschaft mit dem Realen, egal wie sie sich manifestiert. In der Liebe existiert nicht der Wunsch, etwas zu verändern, sondern wir lassen eher zu, dass Wandlung in ihrer eigenen Art stattfindet. In der Liebe gibt es keine Beziehung. In der Liebe ist Freiheit, Harmonie und Weisheit. All dies kann nicht erlernt werden und zeigt sich wie die Intelligenz in dem Augenblick, in dem wir am härtesten gearbeitet haben und am wenigsten vorbereitet sind.

Fertigkeit in der Auslegung ist ein gradueller Prozess, in dem Geschwindigkeit und Einsicht immer von dem Auslegenden kontrolliert werden. Die gewonnenen Einsichten sind nur die Ansichten des Auslegenden, und der Ausleger befindet sich immer im Wandel. Die einzige Begrenzung ist die Vorstellungsfähigkeit des Karteninterpreten, und die einzige Übung ist die, diese Vorstellungskraft zu erweitern. Vorstellungsfähigkeit ist der Grenzrand des Geistes, die Grenzlinie zwischen Geist und Gehirn in deren harmonischem Zusammenspiel, das Intelligenz genannt wird. Das Gehirn kann man unter ein Mikroskop stecken und es untersuchen, nicht aber den Geist. Das Tarot übt den Geist, zwischen den Zeilen lesen zu lernen. Es bedient sich des Spiels, um eine befreite Wahrnehmung von dem, was ist, zu entwickeln. Was man durch den Gebrauch des Tarot versteht, liegt ausserhalb des Bereichs von Lernen. Es ermöglicht dem Auslegenden, hinter die Grenzen des Geistes zu gelangen und an der Quelle der Welt der Formen zu stehen.

Das Tarot hat nichts mit Zauberei und Hexerei im herkömmlichen Sinn zu tun. Es hat nichts mit Verwünschungen zu tun. Ein Zauberer, ein Hexer, ist jemand, der sich dem Schicksal widersetzt, er ist einer, der an der Quelle steht. Nun sehen wir, dass die kreative Person der wahre Zauberer ist. Leute, die reagieren, benötigen einen Grund zu agieren, und wenn dieser Grund fehlt, bleiben sie passiv. Das Leben geht an ihnen vorbei, ganz einfach deshalb, weil sie nicht Teil des Lebens sind. Sie bleiben losgetrennt, sorgfältig eingehüllt in ihrem kleinen Kokon des Schicksals. Ein Zauberer ist jemand, der eine Aktion initiiert; einer, der etwas tut, im Gegensatz zu der Person, die lediglich reagiert.

Für ein kreatives Individuum bedeutet Leben eine Mischung aus Schicksal und Skizze. Nur durch eine wache Aufmerksamkeit auf den Augenblick können wir das Vergangene überwinden und kann Aktion einsetzen. Nur im Jetzt sind wir vom Schicksal frei, und unsere Handlungen werden zu liebenden Aktionen.

Die Symbolik des Schädels

Viele Kulturen haben den menschlichen Schädel als Symbol hoher Fähigkeiten sehr geschätzt.

Und was ist ein Symbol? Das Wort stammt aus der griechischen Sprache *(symbolon)* und repräsentiert ein Identitätszeichen, das durch Vergleich mit seiner anderen Hälfte überprüft werden kann. Die moderne Bedeutung von Symbol ist jene eines sichtbaren Zeichens von etwas Unsichtbarem: ein Akt, ein Ton oder ein Objekt, das eine kulturelle Bedeutung trägt, zusammen mit der Fähigkeit, eine Reaktion aufgrund unbewusster Assoziation hervorzurufen oder zu objektivieren. Wie mit Worten, die immer wieder gebraucht werden und deren Bedeutung für selbstverständlich gehalten wird, schleicht sich allerdings ein Bedeutungsfehler ein. Oft wird das Wort ähnlich verwendet wie das Wort «Chiffre», was allerdings lediglich ein Zeichen bedeutet, das für ein Ding oder eine komplexe Idee steht. Ein Beispiel ist etwa die Ziffer 0, die für das Konzept Null steht, oder dass nichts ein Wert verliehen werden kann, was nichts darstellt. Die Zeichnung unten stellt ein Symbol dar, das jeder erkennen wird. Sehen Sie es genau an und beobachten Sie alle Ideen und Assoziationen, die Ihnen in den Sinn kommen.

Dieses Symbol besitzt die Fähigkeit, Ideen heraufzubeschwören, da die westliche Gesellschaft es lange Zeit hindurch mit besonderen Reaktionen bedacht hat – von industriellen Ideen bis hin zu sozialen Implikationen. Trotzdem gibt es wahrscheinlich nur eine Handvoll Leute, die einen solchen Gegenstand je gesehen haben – und nur wenige Leute wissen, woraus dieses Objekt besteht. Das Objekt ist selbstverständlich ein Bienenstock, der seit über hundert Jahren nicht mehr in dieser Form gebraucht wird. Es wurde aus Stroh hergestellt, das zu einem dicken Seil gewoben wurde. Letzteres wurde in einer Art umgedrehter Tassenform gedreht und mit Schlamm überzogen. Die Honigwabe hing vom Zentrum herab, und auf einer Seite wurde unten eine kleine gebogene Öffnung eingefügt. Die Tatsache, dass man dieses Objekt nie gesehen hat oder nicht weiss, woraus es besteht, beeinträchtigt seine Symbolträchtigkeit in keiner Weise. (Im übrigen lehnt die Zeichnung sich an einen jener Plastikbehälter für Honig an, die in Restaurantketten angeboten werden.)

Der Schädel mit den gekreuzten Knochen auf Giftflaschen und auf Hochspannungsmasten in manchen Teilen der Welt ist ein Beispiel für die Benutzung des Schädels als Chiffre, die Tod meint. Als ein Symbol ist der Schädel viel tiefgründiger und in seiner Bedeutung weniger auf den Tod bezogen als auf einen anderen Bereich; ein Reich, in das nur die Knochen, befreit vom Fleisch, das ein Individuum ausmacht, eintreten. Es ist eine Welt der Gleichheit, wo weltliche Güter keinen Wert haben – man lese dazu Hamlets Rede an den Schädel auf dem Friedhof. Man assoziiert reine, essentielle Dinge; ein leeres Haus, die absolute Wahrheit. Ein redender Schädel konfrontiert uns mit einem bizzaren Bild des Widerspruchs und verursacht eine Faszination aus Neugier und Angst. Dieses Bild führt die Idee der Teilung, der Ungemütlichkeit ebenso mit sich wie eine Harmonie der Propor-

Ein Aztekenschädel mit den Bildzeichen «brennendes Wasser» aus dem Mund und oben das Bildzeichen «Rauchender Spiegel».

tion und eine vollkommene Schönheit, was dazu führte, dass der Schädel über viele Generationen hinweg als Trinkgefäss und Kerzenhalter benutzt wurde. Der Symbolismus ist offensichtlich: das Füllen und Leeren der Lebenskraft, das Konzept von Licht aus dem Dunkel mit dem Hinweis auf Initiationszeremonien usw.

Innerhalb des ägyptischen Symbolsystems scheint der Scheitel eine Vorstellung vermittelt zu haben, die erst in jüngster Zeit wieder akzeptiert wird. In Zeichnungen dieser Zivilisation ist die Schädelkrone ausnahmslos vom Rest des Kopfes durch ein Band, ein Diadem oder eine Kopfbinde getrennt. Diese Trennung ist manchmal die Fuge zwischen den Steinen, auf denen das Bild gezeichnet wurde. Wenn wir jenen Teil des Schädels untersuchen, der abgetrennt ist, dann sehen wir, dass er die beiden Hemisphären des Gehirns enthält. Diese Gehirnhemisphären sind von einer äusseren Schicht, dem Kortex, der grauen Substanz, und darunter einer weissen Substanz aufgebaut und voneinander getrennt durch eine Schicht von Nervenfasern getrennt. Vom Kortex und den beiden Gehirnhälften gehen alle Befehle für Aktionen des Körpers aus.

Die linke und rechte Hemisphäre des Gehirns sind miteinander durch einen faserigen Knorpel verbunden, der die Form einer Sichelklinge hat und mit zunehmendem Alter knöchern wird. Dieser Knorpel funktioniert nicht nur tatsächlich als Teiler, sondern auch symbolisch, denn er trennt jenen Teil des Gehirns der Vernunft, der intellektualisierende Formen und Sprache enthält, von dem Teil der Ideen und vereinigenden Funktionen. Einfacher ausgedrückt, die linke oder dominante Gehirnhemisphäre blickt lediglich auf Teile der Dinge, nimmt diese auseinander und spricht über sie. Die rechte Hemisphäre sieht die Teile der Dinge so, als wären sie nur in einem Kontext bedeutungsvoll, und singt im wahrsten Sinn des Wortes über diese. Für die meisten Menschen, auch für die meisten Linkshänder, ist die linke die dominante Hemisphäre. Für einige Linkshänder ist allerdings das Umgekehrte der Fall. Manchmal wird die dominante Gehirnhälfte (links) die maskuline genannt und die passive (rechts) die feminine. Die industrielle Revolution entsprang der strikten linkshemisphärischen Denkweise, und unsere Gesellschaft setzt die Entwicklung auf dieser Linie fort.

Vielleicht kann die linkshemisphärische Aktivität am besten durch Eisenbahnschienen dargestellt werden, die aus der Vergangenheit kommen und in die helle Zukunft führen, die immer vor uns wartet. Auf ihr fährt ein Zug mit Tausenden von Güterwagen, alle voneinander getrennt und schlicht beschriftet: Biologie, Astronomie, Psychologie usw. Jegliche linkshemisphärische Aktivität besteht darauf, von jeder anderen Aktivität getrennt zu bleiben, denn aus dieser Trennung heraus erreicht sie ihre

Kraft und Stärke. Auf der anderen Seite kann man rechtshemisphärische Gehirntätigkeit (und Gesellschaften) am besten durch ein hell leuchtendes Licht beschreiben, das in alle Richtungen scheint: langandauernd, offen, alleinschliessend. Es findet Ausdruck in der Architektur, Skulptur, Musik, Dichtkunst und im Gesang. Ihre Wissenschaft ist immer von der einschliessenden Art, wie Astrologie, Numerologie, das Studium der Konstruktion und Bedeutung des Alphabets und, natürlich, des Tarot.

Mit dieser Beschreibung im Kopf und der Vorstellung, dass aller Wahrscheinlichkeit nach alle Gesellschaften vor 1000 v. Chr. rechtshemisphärische Gesellschaften waren, bekommt die Bibelgeschichte vom Krieg im Himmel zusätzliche Bedeutung; nicht als Triumph des Guten über das Böse, sondern als Sieg der linken Gehirnhälfte und der Verbannung der rechten. Derjenige, der vertrieben wurde, war Luzifer, dessen Name Lichtträger bedeutet.

In solchem Gedankengang scheint die biblische Geschichte des Abfalls von der Gnade als Offenbarung zu wirken. Adam war allein im Garten, vollständig, komplett, ungeteilt, im Besitz einer einzigartigen und direkten Intelligenz. Dann wurde Eva aus Adams Rippe erschaffen (man kann die knorpelige Trennscheibe zwischen den Gehirnhemisphären als sichel- oder rippenförmig beschreiben) und in sein Leben kommt Widerspruch und damit die Möglichkeit zur Erkenntnis. Zuerst haben wir Adam, der die göttliche Natur teilt, dann seinen Fall in die natürliche Welt der Gegensätze, gut und böse, Geburt und Tod. Adam versteht nicht mehr durch ein Verschmelzen mit dem kreativen Mysterium – er versteht nur noch durch Vergleich mit Gegensätzlichem.

Der schöne Schädel, der am Beginn dieses Kapitels gezeichnet ist, stammt von einer Abbildung eines grossen Balles auf einer Tempelwand in Chichen Itza. Solche Bälle wurden im antiken Mittel- und Nordamerika für Ballspiele benutzt, und Ballspielplätze wurden selbst in Arizona und Ohio gefunden. Aus dem Mund des Schädels kommt eine Schriftrolle, und das Kreuz darauf bedeutet Dunkelheit, genauer die Dunkelheit des Planeten Venus, was die Zeit der Unsichtbarkeit dieses Planeten bedeutet (jene acht Tage zwischen dem Untergang der Venus als Abendstern und ihrem Aufgang als Morgenstern). Das Zeichen hinter dem Ohr ist jenes für Rauchender Spiegel, dem Gegensatz, der ewige Rivale der Gefiederten Schlange, der als Personifizierung der Venus gilt.

Die andere Zeichnung stellt eine spätere Version der aztekischen Zivilisation dar. Aus dem Mund kommt eine Schriftrolle mit den Zeichen für Feuer und Wasser. Wieder erscheint auf dem hinteren Teil des Schädels das Symbol für Rauchender Spiegel. Zu dieser Zeit, etwa fünfhundert Jahre nach der ersten Zeichnung, beteten die Azteken Rauchenden Spiegel als oberste Gottheit an, obwohl sie die Gefiederte Schlange niemals völlig aufgaben. Der letztere behielt seinen Tempel auf der grossen Pyramide von Tenochtitlan neben dem blutbefleckten Tempel des Rauchenden Spiegels.

Der Schädel ist demnach auch ein Symbol für die Widersprüche, in welchen die Menschen durch die Jahrhunderte ihr Leben verbrachten. Es stellt die exakte Darstellung der Welt der Natur dar, in der – zumindest auf diesem Planeten – alle Energie sich als Dualismus ausdrückt. Es gibt keine Elektrizität ohne die beiden Pole, keine Fortpflanzung der Gattungen ohne die beiden Geschlechter und möglicherweise keine menschliche Kultur ohne das Grundkonzept, auf dem alle anderen Konzepte aufbauen, Dunkelheit und Licht, denn nur wenn wir den negativen Pol wahrnehmen, wird der positive geschaffen. Wir wissen vielleicht nicht genau, was Liebe ist, aber wir erkennen auf alle Fälle, was Liebe nicht ist.

Linkshemisphärische Kulturen entstehen und fallen mit grosser Geschwindigkeit und unglaublicher Zerstörungskraft. Man beobachte, wie in den letzten zehn Jahren ein ausgesprochener Niedergang begonnen hat. Es scheint, dass beinahe alles, was wir als Gesellschaft tun, ein mögliches Ende beschleunigt.

Das Tarot ist eines der wenigen rechtshemisphärischen Produkte, das anscheinend eine Brücke über den Abgrund zwischen den beiden Hemisphären schlagen kann. Die richtige Benützung des Tarot macht der linken Gehirnhälfte rechtshemisphärische Aktivität plausibel und kann in Individuen ein harmonisches, einmal mehr göttliches Verständnis der Welt um uns herum hervorbringen. Es mag die Seele beruhigen und ein für allemal die nagende menschliche Frage nach dem Warum endlich zum Schweigen bringen.

Die Legende der Gefiederten Schlange

Der grosse Lehrmeister und Erlöser der mittelamerikanischen Volksstämme

Der Mythos scheint vom Erblühen einer individuellen Seele zu sprechen, die zu einem höheren, befreienden Bewusstsein durch schmerzhafte menschliche Erfahrung gelangen kann, wobei die Sünde - die dunkle Seite des leiblichen Lebens - so notwendig ist wie die strahlende Seite.
Laurette Sejourne, Burning Water

Eines der wiederkehrenden Themen, das in allen Gesellschaften auftaucht, ist jenes des Erlösers, der grossartigen Person, die sich selbst für das gemeinsame Wohl aller anderen aufopfert und dadurch einen Pfad für alle erschafft.

Gefiederte Schlange lehrte, dass menschliche Grösse aus Bewusstheit wächst, dass Bewusstheit die Quelle aller Ordnung ist und dass Ordnung aus Bewusstheit fliesst, wenn Tugendhaftigkeit vorhanden ist. Er lehrte, dass Selbstverstehen im menschlichen Geist blüht und die Früchte davon Liebe und Freude sind. Er lehrte, dass Liebe der Grund aller Technik sei. Er erhob die Handfertigkeit, d. h. das Operieren in der natürlichen Welt, zu einem Grad der Vereinigung mit dem Göttlichen.

Fast tausend Jahre vor Christi Geburt durchwanderte er Mesoamerika und lehrte auf seiner Wanderschaft. Den südamerikanischen Inka war er als *Viracocha* bekannt. Für die Maya von Yukatan hiess er *Kukulcan*, und die guatemaltekischen Maya nannten ihn *Gukmatz*. Gefiederte Schlange ist uns heute vor allem durch seinen aztekischen Namen *Quetzalcoatl* bekannt. Dies ist sein Name in der Nahua-Sprache, jener Sprache, die von den Azteken nach Aufgabe ihrer eigenen angenommen wurde.

Alle diese Namen haben dieselbe Bedeutung: Gefiederte Schlange. Dieser Titel wurde dem grossen Lehrer in ähnlicher Weise verliehen, wie der Titel Christus (der Gesalbte) an Joshua Bar Joseph, den jüdischen Tischler, oder der Titel Buddha (der Erleuchtete) an den jungen Hindu-Prinzen Siddharta Gautama.

Der Name Quetzalcoatl besteht aus drei Teilen. Das Wort *quetzal* bedeutet kostbares Grün, Vogel oder Feder. *Co* ist der Oberbegriff für Schlange, und das Wort *atl* heisst Wasser. Der ganze Name bedeutet also: Die Federn des Vogels, der Kreatur, die das höchste Element bewohnt, sind mit dem Körper der Wasserschlange verbunden, einer Kreatur des niedrigsten Elements. Der Name ist eine graphische Beschreibung der Verwirklichung: das Höchste und das Niederste harmonisch in einem Körper vereint.

Es ist eine recht schwierige Aufgabe, den historischen Gefiederte Schlange von dem Mythos zu trennen, der ihn durch seine verschiedenen Erscheinungen auf der Erde umgibt. Vielleicht ist es notwendig zu erwähnen, dass die Maya an die Wiedergeburt glaubten, aber ob dieser Glaube ähnlich dem Hindu-Konzept der Reinkarnation war, ist schwer zu sagen. Anscheinend meinten die Maya, dass nicht alle Seelen wiedergeboren werden, sondern nur jene, die noch eine bestimmte Aufgabe zu erfüllen hatten. Besondere Bedeutung kam dem Jetzt zu, denn man verstand die gegenwärtigen Handlungen zu den Anforderungen des Lebens als das, was das neue Leben, zu dem man wiedergeboren wurde, konstituierte. Da Gefiederte Schlange die Arbeit auf sich genommen hatte, die Menschheit zu erlösen, musste er immer wieder zurückkehren, bis das Werk vollendet war.

Bilder der Gefiederten Schlange erscheinen auf den Hauptdekorationen in der antiken Stadt Teotihuacan. Vor Teotihuacan erscheint sein Bild in Stein graviert, und es ist alles, was von der Olmeken-Zivilisation, die um Veracruz und am Golf von Mexiko beheimatet war, übriggeblieben ist. Sehr wenig weiss man von diesem Volk, ausser dass es wahrscheinlich Vorfahren mesoamerikanischer Zivilisationen, insbesondere der Maya-Zivilisation, waren.

Der grosse Lehrmeister verkündete, dass Menschenopfer unrichtig seien. Er lehrte eine geordnete Gesellschaft, in der auch der letzte Bürger eine Möglichkeit finden konnte, sich selbst auszudrücken. Es handelt sich um einen Ordnungsrahmen, der von der Kenntnis des Kunsthandwerks stammt. Gefiederte Schlange wird als grosser Kulturheld angesehen, da er Architekt, Töpfer, Astronom und Astrologe war. Er soll die Schrift und den Kalender erfunden haben. Je mehr man über diesen Meister erfährt, desto schwieriger wird es, ihn nicht mit dem Hl. Franz von Assisi zu vergleichen, dem grossen Humanisten des Christentums, der dem Status eines verwirklichten Lehrers der westlichen Zivilisation am nächsten kam.

Ein Porträt von Ce-Acatl Topiltzin

Diese Zeichnung stammt aus dem Tempel von Quetzalcoatl in Chichen Itza, in dem sich mehrere Porträts von Gefiederter Schlange in Stein gehauen vorfinden. Eines davon zeigt ihn als alten Mann. Man beachte den Schildkrötenpanzer, der als Kleidung verwendet wird. Es handelt sich dabei um eine Anspielung auf Itzamna (Morgentau), die erste Gefiederte Schlange, die vom Meer kam, um Chichen in der alten Zeit zu gründen.

Historisch gesehen beginnt die Folge von Personen, die als Gefiederte Schlange bekannt sind, etwa um 100 vor Christus, als er seine Hauptstadt in Chichen Itza errichtete (der Brunnen von Itza). Die Stadt blühte für drei- oder vierhundert Jahre und wurde dann aus unbekannten Gründen verlassen und verfiel zur Ruine.

Die zweite Gefiederte Schlange wurde im neunten Jahrhundert in Tula geboren, dem wachsenden Zentrum der Tolteken. (Mit dem Wort Tolteken begegnen wir einem verwirrenden Namen für eine antike mexikanische Kultur. *Toltec* heisst lediglich «die Erbauer», und die Tolteken waren wahrscheinlich mit den Maya verwandt; denn es wird berichtet, dass sie Maya mit Akzent sprachen, vielleicht auch einen Dialekt.)

Ce-Acatl Topiltzin, denn das war sein Name, wurde in eine aufblühende Kultur hineingeboren, und er wurde zum Instrument eines grossen Kampfes in der Stadt von Tula. Grosse militärische Kulte etablierten sich und begannen, seinen Widersacher, Rauchender Spiegel, anzubeten. Ce-Acatl bedeutet Schilfrohr und ist sein Kalendername; denn es ist das Jahr seiner Geburt und das Jahr seines Todes, in welchem er zurückkommen wollte. Schilfrohr war berühmt für seine Barmherzigkeit und Reinheit, für seine Fähigkeiten zu lehren und besonders für die grosse Schönheit seiner Lehre.

Die Streitigkeiten zwischen den einflussreichen Priestern der Militärkulte, die Rauchendem Spiegel geweiht waren, und den Handwerkskulten, die sich Gefiederter Schlange verschrieben haben, spitzten sich zu. Gefiederte Schlange verliess schliesslich Tula – obwohl man nicht weiss, ob er freiwillig ging oder vertrieben wurde – und nahm eine grosse Anzahl von Handwerkern mit sich. Sie begannen zu wandern.

Gefiederte Schlange und seine Anhänger liessen sich schliesslich bei der Stadt Chichen nieder, die seit vierhundert Jahren verlassen war und in Ruinen lag. Sie bauten die alten Gebäude wieder auf und errichteten neue, zusammen mit einem Tempel für Gefiederte Schlange. Im Stil war er identisch mit dem Tempel für Morgentau, auf den sie ihn bauten. Sie bedeckten diesen völlig und schützten ihn so gegen die Verwüstungen der Zeit. Wir wissen, dass er dies tat, da er mehrere seiner Portraits auf dem Tempel zurückliess. Ein wichtiges befindet sich auf der Seite der Hauptttüre, das ihn den Türrahmen hochhaltend darstellt, während er sagt: «Ich veranlasste dies zu tun.» Mit dieser Aktion, den Tempel von Morgentau in seinem eigenen Tempel zu erhalten, stellte er die Behauptung auf, die Inkarnation der Gefiederten Schlange zu sein.

Die Stadt erblühte, und er war erfolgreich in seinen Bemühungen, die Maya in einem Staatenbund zusammenzuschliessen. Die Hauptstadt wurde Mayapan (Banner der Maya), eine im Stil von Chichen neu errichtete Stadt. Aber die Militärkulte, die sich wie ein Lauffeuer in ganz Mittelamerika ausbreiteten, drohten die Stadt Chichen zu überwältigen. Gefiederte Schlange, damals schon ein alter Mann, entschied sich, die Stadt zu verlassen.

Er verliess die Stadt mit einigen Anhängern, wie man sagt in Schande, nachdem er von den Anhängern von Rauchendem Spiegel betrunken gemacht und dazu überredet wurde, sexuellen Verkehr mit seiner eigenen Schwester zu haben. Auf alle Fälle verliess er die Stadt, und die Legende berichtet, dass er und seine Anhänger ein grosses Feuer entfachten und er sich selbst darin opferte. Weiter berichtet die Legende, dass ein Vogelschwarm seine Seele zum Himmel trug, nachdem sie zuerst in die Unterwelt gebracht wurde, wo sie für acht Tage verblieb. Schliesslich erhob er sich triumphierend als Morgenstern (der Planet Venus). Bevor er die Erde verliess, prophezeite er seine Wiederkehr im Jahre «ein Schilfrohr» und versprach, dann das Werk von Rauchendem Spiegel zu zerstören.

Nach seinem Tod begannen die Städte sich aufzulösen, und als die Spanier kamen, war nichts mehr übrig geblieben, denn die Maya hatten sich in kleine Stämme aufgesplittert, die sich untereinander zerstritten hatten. Dennoch hatten sie genug Kraft, den Spaniern bei mancher Gelegenheit Widerstand zu leisten; die Eroberung der Maya dauerte achtzig Jahre.

Ein interessanter Zufall der Geschichte ist, dass, als Cortez ankam und die Azteken unterwarf, das Jahr Ce-Acatl war, also genau das Jahr, auf welches die Rückkehr der Gefiederten Schlange prophezeit wurde. Viele dachten, Cortez sei eine Inkarnation von Gefiederter Schlange und dass er gekommen sei, um all das zu zerstören, was das Werk von Rauchender Spiegel war.

Mit der Zeit würde sich die vierte Gefiederte Schlange zu erkennen geben und die Zerstörung der dritten wiedergutmachen. Das wäre die Zeit, wo die fünfte Sonne ihr Ende nehmen wird.

Wir sehen, dass die Legende sich zyklisch aufbaut: die immer wiederkehrende Inkarnation des Erlösers, der die Völker langsam, aber sicher zu einer Einheit mit den Göttern führt. Die Maya glaubten, dass Götter wie die Menschen sterblich seien, aber da das Leben der Götter für die Menschen unbegreiflich war, so war auch der Tod der Götter unbegreiflich. Die mesoamerikanischen Indianer glaubten, dass man in Harmonie mit den Göttern und den Attributen, durch die sie sich ausdrücken, leben musste: das Klima, die Jahreszeiten, der Regen oder die Trockenzeit. Sie fühlten, dass in diesem Zyklus eine grosse Balance erschaffen wurde, so dass das Anhäufen von Lebensmitteln für die folgenden Tage als eine Ablehnung der Ansicht, dass eine Gottheit weiss, was geschieht, angesehen wurde.

In Hungerszeiten sterben ganze Bevölkerungen und vermindern sich so, dass sie mit den vorhandenen Lebensmitteln ernährt werden können. Die Alten, die Kranken und die sehr Jungen sterben. Wenn mehr Nahrungsmittel vorhanden sind, wächst die Bevölkerung – die Dinge wenden sich zum Besseren. Diese grosse Harmonie wird als weitaus wichtiger angesehen als das persönliche Überleben.

Der wunderbare Ausdruck dieser Legende ist das wiederkehrende Auftauchen des Erlösers, der langsam, aber unerbittlich eine Gesellschaft formt, in der alle Dinge sich in Balance befinden. Sie behandelt nicht eine Entwicklungssituation, sondern wiederkehrendes Geschehen. Es scheint, dass Gefiederte Schlange den wahren Wert der Lehre von Rauchendem Spiegel lehrt, indem er es zulässt, dass die Menschen das Leben unter dem Einfluss des Kriegsgottes erfahren. Er erlaubt ihnen, zu sehen, was passiert, und gestattet ihnen, die Konsequenzen zu erleiden.

Da die Doktrin fundamental von Freiheit und Lernen handelt, beeinflusst der Erlöser nur in einer negativen Weise den Weg, den menschliche Wesen wählen. Die Inkarnation als Cortez fällt in diesen Kontext, denn sein Erscheinen war eine Festlegung des Wegs einer Gesellschaft, der auf den Lehren des Kriegsgottes aufgebaut ist.

Es gibt eine sehr schöne Geschichte über das Leben von Ce-Acatl Topiltzin, die José López Portillo, der mexikanische Präsident, erzählt, der mit grosser Einfühlungskraft über die Inkarnation von Quetzalcoatl schreibt. Seine Erzählung der Geschichte der Gefiederten Schlange synthetisiert nicht nur die Lehren dieses wohlwollendsten aller mexikanischen Lehrer, sondern auch die Legenden und Lehren aller grossen religiösen Führer von Buddha bis Christus. Wir beginnen zu realisieren, wie die spanischen Conquistadores in der Lage waren, brutal eine gesamte Nation zu versklaven, wenn wir auf die Geschichte der Eroberung Mexikos und speziell auf den Bericht Montezumas II. blicken, während die Indianer, die der Meinung waren, dass es sich bei der Invasion um das versprochene zweite Auftauchen ihres Gotteskönigs Gefiederte Schlange handelte, keine Anstalten machten, sich selbst zu verteidigen – bis es zu spät war.

Die erhalten gebliebenen Schriften der Maya-Priester

Die Bücher von Chilam Balam, das Popol Vuh und die vier übriggebliebenen Maya Codices

Diese Völker gebrauchten auch gewisse Buchstaben, mit welchen sie in ihren Büchern ihre aus alten Zeiten stammenden Geschichten und Wissenschaften niederschrieben. Mit den Buchstaben und mit Zeichnungen und mit bestimmten Zeichen in den Zeichnungen verstanden sie ihre Angelegenheiten und machten sie anderen verständlich und lehrten sie. Wir fanden eine grosse Anzahl von Büchern mit diesen Schriftzeichen, und da sie nichts anderes als Aberglauben und Lügen des Teufels enthielten, verbrannten wir sie alle, was sie bis zu einem unbegreiflichen Grad bedauerten und was ihnen Schmerz zufügte.

Relación de las Cosas de Yucatán
Diego de Landa

Die vorangestellte Passage stammt aus dem Buch von Bischof Diego de Landa *Relación de las Cosas de Yucatán*, das er in einem spanischen Gefängnis schrieb, in das er gesteckt wurde, nachdem er mit der Verbrennung der mexikanischen Bücher seine Vollmachten überschritten hatte. Nicht jedes Buch wurde verbrannt. Bis vor kurzem dachte man, dass nur drei antike Codices überlebt hätten, aber ein vierter, besonders bemerkenswerter Codex, wurde unter nicht bekannten Umständen um 1970 entdeckt. Einige andere Bücher der Mixteken und Azteken sind ebenfalls erhalten geblieben.

Die Maya haben eine Zivilisation geschaffen, die in intellektuellen Leistungen unglaublich fortgeschritten war, und die Erforscher der Maya beklagen immer noch das Autodafé, das mit solch starkem Enthusiasmus von den christlichen Klerikern abgehalten wurde. Wir haben immer noch nicht das Rätsel der Mayaschriftzeichen gelüftet, obwohl einige verstanden werden können; vor allem jene, die mit Mathematik zu tun haben. Andere Zeichen, die mit Personen- und Ortsnamen zu tun haben, können verstanden werden, allerdings ist deren klangliche Übersetzung nicht bekannt. Von manchen Zeichen meint man, dass sie analog zu einem Rebus konstruiert sind. Ein englisches Beispiel ist:

Allerdings gehen hier die Meinungen auseinander, denn manche glauben, dass phonetische Elemente Teil des Schreibens wären. Es ist möglich, dass die Zeichen eine Mischung aus vielen verschiedenen Elementen darstellen, denn die Maya-Kultur zeichnet sich durch eine seltsame Universalität aus. Die intellektuellen Gedankengänge der Maya bedienten sich vieler komplexer Elemente, und sie kombinierten diese Elemente zu einem System, das abwechslungsreich und offen war.

Die Schwierigkeit, der sich Forscher gegenübersehen, besteht darin, dass die erfolgreiche Entzifferung eines Schriftzeichens nicht die geringste Hilfe für weitere Übersetzungen ist. Selbst das bereits übersetzte Zeichen in einem anderen Arrangement mag keine klare Bedeutung haben.

Die Maya werden oft als zeitbesessen angesehen. Dies ist nicht die Meinung des Autors. Ihre Beziehung mit dem Phänomen Zeit war eher ein Anker für ihre Geschichte und ihr Wissen, verbunden mit einer Methode, die Bewegung von Gestirnskörpern zu verfolgen.

Das Maya-Konzept der Zeit entstammt einer völlig anderen Quelle als unserer besessenen Abstraktion, deren Basis an den Wurzeln der industriellen Revolution zu suchen ist. Wir sind es, die besessen sind von der Aufteilung der Zeit als ein Mittel von Macht und Kontrolle – man beobachte die Bus-, Zug- und Flugzeugfahrpläne, die rasche Zunahme von Uhren, Radios, Arbeitsstunden und Fernsehprogrammplänen (und lasst uns nicht die Parkuhren vergessen!). Das Interesse der Maya an der Zeit war von ritueller Wichtigkeit im Aufzeichnen ihrer Geschichte. Bislang besitzen wir zwei Zeitrechnungen. Die erste zeichnet eine Periode auf, die neunzig Millionen Jahre zurückgeht und eine Grosstat an Beobachtung und Rechnen darstellt.

Diese anderen Schriftzeichen gehen sogar weiter zurück: vierhundert Millionen Jahre!

Wofür wurden solche Kalkulationen verwendet? Keiner weiss es. Sie beanspruchten eine ungeheure lange Arbeitszeit, möglicherweise mehrere Lebenszeiten. Vielleicht gab es noch ältere Kalkulationen, die auf Holz gemalt wurden, welches das feuchte Klima der Tropen nicht überdauerte. Man nimmt an, dass der gegenwärtige Zeitzyklus seinen Beginn um 3113 vor Christus nahm, obwohl der Grolier Codex das Datum 3374 vor Christus nahelegt. (Es gibt grosse Differenzen zwischen den Forschern über den tatsächlichen Beginn des Kalenders.)

Es gibt zwei Bücher, die kurz nach der Eroberung geschrieben wurden. Sie wurden in römischem Alphabet von Maya-Priestern geschrieben, die von den Missionaren die Schrift lernten. Die Bücher von Chilam Balam – die Bücher des Jaguar-Priesters – stammen aus Yukatan und sind eine Sammlung von Prophezeiungen. Manchmal wird das Hauptbuch, das Chilam Balam von Chumayal, das Buch des Propheten Balam genannt.

Der Prophet Balam lebte während der letzten Jahre des 14. Jahrhunderts. Er sagte die Ankunft von Femden aus dem Osten voraus, die eine neue Religion bringen würden. Die vollständige Erfüllung dieser Prophezeiung durch die Ankunft der Spanier erhöhte sein Ansehen so sehr, dass viele andere Prophezeiungen, die lange vor seiner Zeit ausgesprochen wurden, ihm zugeschrieben wurden.

Das Chumayal wurde ins Englische übersetzt und ist in der Tat ein Buch der Prophezeiungen. Es ist schwer zu verstehen, da keine Interpunktion verwandt wird und alle Prophezeiungen komplexer Natur sind. Hier ist die übersetzte Prophezeiung über das zweite Kommen der Gefiederten Schlange:

Katun 4 ahau ist das elfte katun in der Zählung. Das katun ist in Chichen Itza festgesetzt. Die Niederlassung der Itza ist dort. Der quetzal, der kostbare grüne Vogel, wird kommen. Ah Kantenal wird kommen. Gefiederte Schlange wird mit ihnen zum zweiten Male kommen. Es ist das Wort Gottes, er soll zu den Itza kommen.

Das katun 4 ahau ist eine Zeitperiode, die etwa im zehnten Jahrhundert anzusiedeln ist.

Hier ist eine weitere Prophezeiung, die das Ende der fünften Sonne betrifft, nämlich die gegenwärtige Zeitperiode; irgendwie klingt sie bekannt.

Die Erde wird brennen und es wird ein Kreis am Himmel sein. Nahrung wird gesammelt werden. Es wird aufgestellt werden vor den Zeiten, die kommen werden. Es wird brennen auf der Erde. Die Füsse werden brennen in diesem katun, in der Zeit, die kommen wird. Glücklich werden jene sein, die diese Prophezeiung hören, denn dann werden alle anderen weinen über das Unglück in der kommenden Zeit.

Als nächstes folgt eine Prophezeiung, die möglicherweise mit dem dritten Kommen der Gefiederten Schlange zu tun hat. Es ist dies die Prophezeiung des Sängers Chilam Balam von Cabalchen.

Das Zeichen des lebenden, körperlosen und wahren Gottes ist in der Höhe. Es soll der Welt gezeigt werden, auf dass die Welt erleuchtet werde. Es gab einen Anfang vom Kampf, einen Anfang von Rivalität, wenn der priesterliche Mann kommen wird, um das Zeichen der Gefiederten Schlange zu bringen, in Zeiten, die kommen werden. Er kommt in der Entfernung eines Schreies. Du siehst den kostbaren Vogel auf der aufgestellten hölzernen Standarte sitzen. Ein neuer Tag soll aufgehen im Norden und Westen. Der eine wahre Gott wird auftauchen. Unser Gott kommt. Unser älterer Bruder kommt, all ihr Völker empfangt euern Gast, den bärtigen Mann,

Der Grolier Codex

Vier Seiten eines neu entdeckten Textes, der sich mit 1352 Jahren des Zyklus des Planeten Venus beschäftigt. (Gezeichnet nach einer Fotografie, die in der New York Times *erschien).*

den Mann des Ostens, den Träger des Zeichens des Herrn.

Die Prophezeiungen vermitteln ein Gefühl von tiefem Respekt und von Weisheit. Nichts Primitives ist an ihnen.

Das Popol Vuh, das Buch des Rates, ist ein anderes in römischem Alphabet geschriebenes Buch und stammt aus Guatemala. Es wurde etwa um dieselbe Zeit wie das Chilam Balam geschrieben, beinhaltet aber eher die Geschichte der Quiche Maya. In ihm finden sich auch die Schöpfungsgeschichte und viele andere wunderschöne Geschichten religiösen Inhalts. Dieses und das Buch aus Yukatan blieben erhalten, weil sie geheimgehalten wurden. Der Autor oder die Autoren des Popol Vuh sind unbekannt.

Die drei antiken Codices wurden allesamt in Europa entdeckt. Der Dresden Codex befindet sich in der Königlichen Dresdener Bibliothek. Madrid besitzt einen Codex, von dem man annimmt, dass er mit Cortez den Ozean überquert hat. Er ist als Codex Cortesianus bekannt und stellt wahrscheinlich ein Buch von Horoskopen dar, das die Priester zu Wahrsagezwecken verwendet haben mögen. Der Codex Paris oder Pérez wurde 1860 in der Pariser Nationalbibliothek entdeckt. Es handelt sich dabei nur um ein Fragment und scheint mit Zeremonien und Divination zu tun zu haben.

Ein vierter Codex tauchte 1971 auf. Er wurde in New York im Grolier Club aufgestellt und ist seitdem unter dem Namen des Clubs bekannt geworden. Er wird für den wichtigsten Codex gehalten und wurde als «der Welt erster und einzig bekannter ewiger Kalender der Venus, der je von einer Zivilisation geschaffen wurde», bezeichnet. Ein anderer Fachmann behauptet: «Dieses antike Maya-Dokument muss unter die höchsten Errungenschaften der menschlichen Geschichte gereiht werden.»

Ihre Leistungen, das muss herausgestrichen werden, waren nicht nur intellektueller Art. Sie erfanden das Schneiderhandwerk (ein äusserst ungewöhnliches Unternehmen für eine Steinzeitkultur), ihre eigene Schrift und Mathematik und produzierten gewobene Stoffe, die hervorragend in Farbgebung und Design waren. Sie kannten das Rad, benutzten es aber nie; trotzdem legten sie die besten Strassen Mittelamerikas an. Und, was vielleicht das Unglaublichste ist, sie hinterliessen ein gewaltiges, rätselhaftes Vermächtnis, welches über zweitausend Jahre Zivilisation Auskunft gibt. Da die vollständige Entwicklung der Maya in einer Kalksteingegend stattfand, in der keine Erze gefunden wurden, begannen sie erst vom zehnten Jahrhundert an, Metalle zu gebrauchen, und zwar Kupfer und Gold, die aus dem heutigen Kolumbien importiert wurden.

Die Maya-Kultur ist noch immer lebendig, und beansprucht mehr und mehr die Aufmerksamkeit westlicher Forscher. Wer weiss ... die Antworten auf die Fragen und Probleme unserer modernen Welt könnten in den schweigenden Städten der Maya verborgen liegen. Der Westen war immer besonders gut im Selektieren und Adaptieren andersartiger Zivilisationen. Unsere Regierung ist nach dem Modell Roms geformt, ebenso unser Militär. Unsere Religion stammt von den Juden, unsere Psychologie von den Griechen, unsere Mathematik von den Arabern, und unsere Wissenschaft hat ihre Anfänge bei den Italienern, dasselbe gilt für unsere Kunst. Was können wir bei diesen verfeinerten Kulturen der göttlichen Völker Mitelamerikas finden, das wir übernehmen, worauf wir aufbauen können?

Alle Monde, alle Jahre, alle Tage, alle Winde erreichen Vollendung und Vergehen.
So kommt alles Blut an seinen Ort der Ruhe, wenn es seine Kraft und seinen Thron erreicht.

Bemessen ist die Zeit,
in der wir
den Glanz der Dreieinigkeit lobpreisen können.
Bemessen ist die Zeit, in der wir
das Wohlwollen der Sonne kennenlernen.
Bemessen ist die Zeit, in der
das Netz der Sterne auf uns hinunterblickt,
und durch dieses,
wachend über ihre Sicherheit,
messen die Götter ihr Schicksal,
festgehalten zwischen den Sternen.

Popol Vuh

Der Schöpfungsmythos

Dieser Mythos ist allen amerikanischen Völkern gemein. Er wurde lokal adaptiert, von den angesehenen Hopi in Arizona bis zu den Eskimos sowie von den meisten südamerikanischen Völkern. Aber der Mythos variiert nur geringfügig und hört sich etwa folgendermassen an:

Eine Knochengravur, die in Tikal gefunden wurde. Sie zeigt die fünf Wesen der fünf verschiedenen Schöpfungen auf deren Reise durch die Erfahrung; dargestellt als ein Kanu mit Jugend und Vitalität am Bug und Weisheit und Handwerk am Heck.

Die Götter vereinten sich in Dunkelheit, denn nichts, was jetzt ist, existierte damals. Alles war Leere, war Dunkelheit, alles war potentiell. Um sich bei guter Laune zu halten, beschlossen die Götter, die Erde zu erschaffen, und gingen mit Ernst ans Werk. Sie argumentierten und diskutierten, und dann erschufen sie die erste Sonne, die erste Welt. Sie war reiner Geist, Feuer, Energie und Hitze. Sie hatte eine ausgefeilte Natur, und ihre Wesen waren helle Funken wie lebendige Sterne. Diese Wesen konnten allerdings zusammen nicht weiterkommen, sie sorgten sich nur um die eigene Brillanz. Sie konnten sich nicht reproduzieren, sie fühlten sich nicht verpflichtet, das Lob auf ihre Erzeuger zu singen. Die Götter blickten auf die Welt und fanden sie unangepasst, also zerstörten sie sie, indem sie ihre eigene Natur gegen sie kehrten. Feuer regnete auf die Erde herab und zerstörte sie. Die einzigen Überlebenden waren die Jaguare, denn mehr als alle anderen Wesen hatten sie teil an der Feuernatur dieser Schöpfung.

Als die Götter sich wieder versmmelten, beschlossen sie eine detaillierte Erschaffung der Welt. Vielleicht benötigen wir eine Welt, die nur Geist ist, meinten die einen. Nach langen Planungen erschufen sie die zweite Sonne, die Welt des Geistes. Dieser Versuch war ebenso erfolglos, denn alles bewegte sich zu rasch in einer Welt der Gedanken. Dinge entstanden und verschwanden auch gleich wieder. Nichts konnte sich manifestieren, da es keine Zeit gab, und die transitorischen Geschöpfe der Welt waren verschwunden, bevor sie sich vermehren oder das Lob ihrer Schöpfer singen konnten. Die Götter erkannten, dass diese Welt nichts weiter war als eine Welt aus Luft, die nicht erfasst und festgehalten werden konnte, und sie beschlossen, sie ebenso durch ihre eigene Natur zu zerstören. Sie liessen die Luft die Erde in Stücke reissen, und die zweite Sonne wurde von Winden zerstört, die sich in grossen Stürmen erhoben und die Erde zerstückelten. Die einzigen Überlebenden waren die Vögel, denn sie hatten gelernt, sich in den Winden zu bewegen.

Die Götter entschieden schliesslich, dass ihren Welten Sensitivität fehlte. Lasst uns eine Welt schaffen, die reines Gefühl ist, sagten sie, so dass uns alle Kreaturen lieben und unser Lob singen. Die dritte Welt war eine wunderschöne Wasser-Welt von ewigem Regen, in der alles flüssig war und alles sich mit grosser Schwerfälligkeit fortbewegte.

Aber die Kreaturen gingen vollständig in Beschäftigung miteinander auf, bewegten sich ineinander und auseinander in heftigem Fliessen. Die Götter erkannten rasch ihren Fehler und liessen die Gewässer schnell und schneller fliessen, bis alles ertränkt wurde. Nur die Fische überlebten, denn sie hatten gelernt, im Wasser zu leben.

Die Götter beschlossen als vierte Welt eine Welt zu schaffen, die so fest und dicht war, dass diese nicht wie Wasser floss und nicht so unbeständig sein konnte wie Feuer und Luft. Die vierte Welt war reine Bewegung. Das schien zu funktionieren, bis man entdeckte, dass ihre Wesen zu destruktiv waren. Sie kamen nicht gut miteinander aus, da sie immer mit grosser Wucht gegeneinanderprallten, bis sich die Erde zuletzt selbst erhob und alles unter sich begrub. Die vierte Schöpfung überlebten nur die Affen, weil sie agil genug waren, der Zerstörung zu entgehen.

In Dunkelheit versammelten sich die Schöpfer abermals. Sie meditierten über ihr Versagen und beschlossen, dass die fünfte Welt perfekt sein müsse. Diese sollte an allen vorangegangenen Welten teilhaben, eine harmonische Verteilung der vier Elemente aufweisen und sollte die Wohnstatt für ein völlig neues Wesen werden.

Den Göttern wurde klar: Wenn sie die Erde schaffen, und die Morgenröte den Himmel überfluten wird, dann wird der Mensch erscheinen und ihr Werk preisen. Ihm wird eine Stimme verliehen werden, und er wird in der Lage sein, ihre Namen in Ehrfurcht und Dank auszusprechen. Er wird in der Lage sein, sie nacheinander zu nennen: Gefiederte Schlange, Wind des Himmels, Herz des Berges, Herz der Erde, Lichtblitz, Rollender Donner, Rauchender Spiegel, Keine Haut und Grossvater, denn dies sind die Namen der neun Götter, die sich in Dunkelheit versammelten und die Erde erschufen, damit der Mensch darauf gehen könne. Sie leisteten gute Arbeit und erschufen auch das Tageslicht, so dass die Erde auch eine Heimat für die dreizehn Götter, die das Licht bewohnen, werden konnte.

Die Götter blickten auf die fünfte Welt und dachten, dass sie gut war. Sie wird fortdauern und uns für lange Zeit amüsieren, sagten sie. Aber als sie noch einmal auf die Erde blickten, fanden sie, sie sei langweilig. Sie war statisch, und es fehlte ihr an Bewegung. Sie ist einfach da, sagten sie. Die Geschöpfe können nicht wachsen, da sie keine Herausforderung, keine Vitalität haben. Einer von uns muss sich in diese Sonne werfen, so dass unsere Gott-Energie der gesamten Schöpfung Bewegung verleiht.

Die Frage war nun, wer sich zur Unterhaltung der anderen opfern würde. Niemand gefiel die Idee, sich selbst zu zerstören, aber endlich sagte Rauchender Spiegel (Tezcatlipoca): «Ich habe keine Angst. Ich werde das Opfer auf mich nehmen. Dies wird eine phantastische Schöpfung sein, und keiner der Götter wird mich je vergessen.»

Rauchender Spiegel opferte wunderschöne Quetzal-Federn und die seltensten Räucherwaren. Er sang eine Lobeshymne auf alle Götter, die ihn wiederum lobten und seiner Kraft und seinem Heldentum Ehrerbietung darbrachten. Aber als es tatsächlich soweit war, wollte Rauchender Spiegel nicht sterben. Um zu sehen, was passieren wird, hielt er vorsichtig einen Fuss in die Sonne. Der Fuss war im selben Augenblick verdunstet. Er zog sofort seine Entscheidung zurück. Natürlich machten ihm die Götter keine Vorwürfe und ersetzten seinen fehlenden Fuss durch einen Obsidianspiegel aus dunklem vulkanischen Glas, und in diesem Spiegel, so sagt man, sucht er die fünfte Sonne, um seinen Fuss wiederzufinden.

Was sollen die Götter tun, da Rauchender Spiegel nun Abbitte getan hatte? Keiner von ihnen wollte sterben, und als sie das Problem erörterten, hörten sie eine leise Stimme aus dem hintersten Winkel des Himmels: «Ich werde es tun! Obwohl ich sehr arm bin und nur magere Opfer bringen kann, werde ich mich in die Sonne stürzen.»

Es war Xipe Totec, Keine Haut, der so tapfer sprach. Er war der hässlichste aller Götter, denn er wurde ohne Haut geboren, und sein Fleisch hing ihm in stinkenden Fetzen von den Knochen. Da er der ärmste der Götter war, glaubte Keine Haut nichts zu verlieren zu haben; also brachte er seine winzigen Opfergaben von allem, was er hatte, dar und stürzte sich selbst in die Sonne.

Die Bewegung begann. Alles begann sich zu drehen – die Planeten drehten sich um die Sonne, und die Satelliten der Planeten begannen sich um die jeweiligen Himmelskörper zu drehen. Die Götter blickten darauf und entschieden, dass es wunderbar war, eine wahrhaft phantastische Schöpfung, die sie für immer unterhalten wird. Sie waren Keine Haut, Xipe Totec, äusserst dankbar.

Dann geschah ein Wunder, denn keiner der Götter wusste, dass es für diese Opferung eine Belohnung geben sollte. Xipe Totec wurde als Gott des Frühlings wiedergeboren, denn durch sein Handeln, durch die Bewegung erzeugte er zufällig auch

Die Jahresbringer-Zeremonie aus dem Dresden Codex

Diese vier Seiten beschreiben dreizehn 52-Jahres-Zyklen. Links auf jeder Seite sind jeweils dreizehnmal der letzte Tag des einen und der erste Tag des nächsten Jahres abgebildet. Die Figuren im oberen Teil sind Priester mit Tiermasken als Repräsentanten der Überbringer. Sie tragen die Last der verschiedenen Götter für die jeweilige Zeitperiode. Sie sind Regen, Jaguar, Mais und Tod. In drei Abbildungen auf der unteren Hälfte werfen die Götter Maiskörner in einem Wahrsageritual. (Gezeichnet nach der Gates Kopie).

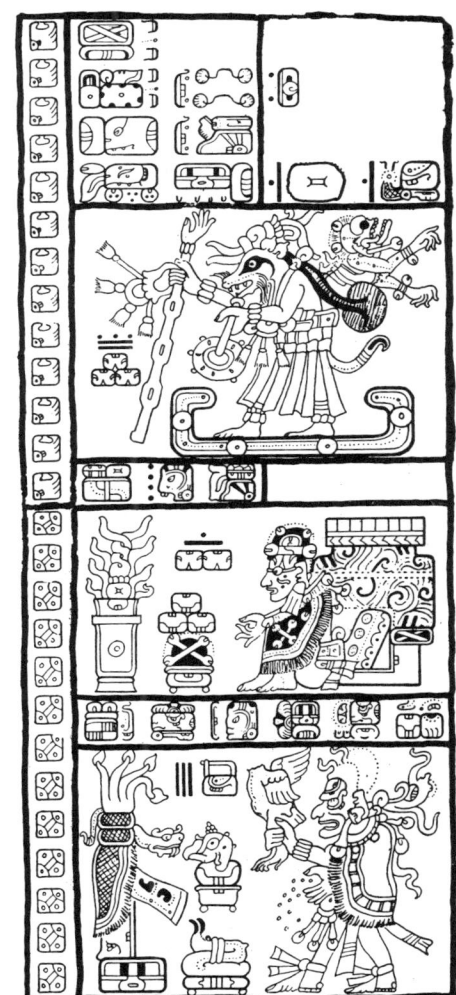

die Zeit. Alle zyklischen Ereignisse sind Ausdruck seiner Opferung. Er wurde der Gott der Blumen, denn diese sind das Zeichen des Frühlings, das dem Mensch-Tier die Notwendigkeit zur Opferung ankündigt, wenn Leben erhalten werden soll, die Notwendigkeit, die Götter zu preisen, wie sie gepriesen werden sollen.

Dies ist eine wunderschöne Welt, meinten die Götter, aber wir dürfen nie vergessen, dass sie aus den vier vorangegangenen Welten geschaffen wurde. Es ist die Aufgabe des Mensch-Tiers, die vier vorangegangenen Sonnen in sich selbst in Harmonie zu erhalten: das Feuer des Geistes, die Luft der Gedanken, das Wasser der Emotionen und das Material der Erde. Wann immer diese Kreatur aus dem Gleichgewicht gerät, wird sie vergessen, das Lob auf die Götter zu singen; und wenn sie vergisst, sie zu lieben, dann wird sie durch genau das zerstört werden, das in ihr aus dem Gleichgewicht geraten ist. Denn diese wunderbare Schöpfung, wie alle anderen auch, trägt in sich den Keim der eigenen Zerstörung.

Die Jaguare überlebten die Zerstörung der Welt des Geistes, die Vögel die Zerstörung der Welt der Gedanken, die Fische überlebten die Wasserwelt der Emotionen und die Affen die Welt der reinen physischen Manifestierungen. Die Geschöpfe, die diese fünfte Welt überleben werden, diese fünfte Sonne, sind jene, die Harmonie und Balance erhalten, und sie werden es sein, die in der sechsten Sonne wohnen werden, die von den Göttern Bewusstsein genannt wird. Das Tier in dieser Welt wird das Hu-Man Wesen sein, das göttliche Tier.

Die Menschen beobachteten die zyklischen Bewegungen, und sie mühten sich sehr, diese zu verstehen. Sie lernten zu zählen, von einer Sonne und einem Mond zu tausend Sonnen und mehr. Je mehr sie zählten, desto mehr mussten sie behalten, und die Aufgabe wurde anstrengend. Sie erfanden die Schrift, machten Zeichnungen, die viele Dinge bedeuten konnten, und produzierten Bücher. Langsam zeichneten sie alles auf, was geschah, jeden Stern, der sich bewegte, jedes Saatkorn, welches wuchs, das Tier, das schwamm oder kroch oder flog. Sie benannten jeden auch noch so kleinen Teil dessen, das sie sehen konnten, und gaben dem einen Namen, welches sie nicht sehen konnten.

Das Mensch-Tier blickte auf alles und sagte, wir werden nicht sterben, wenn all dies zu einem Ende kommt. Alle Wesen der früheren Schöpfungen waren Dummköpfe. Wir werden nicht mit dieser Schöpfung untergehen. Wir werden verstehen, was die Götter machen, und wir werden die Götter besiegen. Aber nicht alle Kreaturen dachten so. Es gab solche, die meinten, du kannst die Götter nicht besiegen, du kannst die Götter nicht einmal verstehen. Du nimmst an, die Götter gibt es nicht, aber es ändert nichts. Du kannst nicht ein Gott sein. Du kannst einen Stuhl machen, aber du musst ihn aus Holz anfertigen, und du kannst nicht Holz machen, und noch viel weniger kannst du ihn aus nichts erschaffen.

Die Schöpfung der fünften Sonne ist immer geteilt, da jene Menschen, welche die Götter besiegen wollen, sich mit jenen die Waage halten, die lediglich wünschen, die Götter zu preisen, und daran zu arbeiten, die Schöpfung in ihnen selbst in Balance zu halten. Es wird immer jene geben, die versuchen, den Geist, den Intellekt, die Emotion und den Körper in einer Einheit von Harmonie und Lobgesang zusammenzuhalten. Wenn sie aus der Balance geraten, dann wissen sie, dass sie verletzbar sind und leicht zerstört werden können von genau dem Ding, das diese Unausgewogenheit schafft.

Bewegung wird diese Sonne verbrauchen, wird sie zerstören. Die Erde wird beben, die Vulkane werden das Meer bewegen, und alles wird in Konflikt geraten. Durch Bewegung wird die fünfte Sonne enden.

Die alten Maya dachten, dass die Erde um 3113 vor Christus ihren Anfang nahm und dass diese Schöpfung der Bewegung am 21. Dezember 2011 nach Christus untergeht; und zwar durch fürchterliche Erdbeben, Bewegung der Pole, vulkanische Aktivität, grosse Sturmfluten und schreckliche Winde. All dies wird die fünfte Sonne, die Sonne des Menschen, zu einem Ende bringen.

Die Maya glaubten, dass die grösste Zerstörung zwischen dem 21. Dezember 2011 und dem 6. Juni 2012 stattfinden wird. Das Juni-Datum ist sehr interessant, weil an diesem Tag ein seltenes Planetenphänomen sichtbar werden wird. Auf einem irregulären, aber berechenbaren Kurs wird der Planet Venus zwischen Erde und Sonne stehen, so dass er als schwarzer Punkt auf der Sonne sichtbar sein wird. Der nächste Transit wird am 8. Juni 2014 stattfinden und nur kurz andauern, da der Planet die Sonnenscheibe etwas tiefer passieren wird. Aber am 6. Juni 2012 wird der Transit acht Stunden andauern, da die Venus in der Mitte der Sonne vorbeiziehen wird; Todeszentrum. (Zuletzt wurde das Phänomen 1882 beobachtet und dauerte nur einige Minuten.)

Dieses Zeichen vom Planeten Venus wird die neue Sonne ankündigen, die sechste Schöpfung. Keine schlechte Beschreibung des astrologischen Wassermann-Zeitalters, nicht wahr?

Alle guten Priester (Wissenschaftler, Lehrer, Denker), welche dem Volk dienen, werden nie müde, darauf hinzuweisen, dass die Schöpfung, obwohl die Bewegung in der fünften Sonne von unserem Meister Keine Haut verursacht wurde, in sich auch den Einfluss des mächtigsten Gottes im Pantheon, Rauchender Spiegel, trägt. Die Schöpfung wurde durch den Konflikt dieser beiden Elemente in Bewegung versetzt: eine schwache, aber offene und liebende Kraft, freiwillig dargebracht, und eine dominante, mächtige Kraft, die immer wieder zurückgezogen wird.

Die Menschheit hat viele Talente; nicht das letzte unter diesen ist ihr Talent zum Bösen. Das Böse ist Ausbeutung und Geistlosigkeit und das Zeichen unseres Meisters Rauchender Spiegel, der für immer in der Rivalität mit unserem Meister Gefiederte Schlange gefangen ist, welcher Liebe und Verständnis symbolisiert.

Die indianischen Völker erwarten die Ankunft der Gefiederten Schlange in allernächster Zeit; und es wird erzählt, dass die sechste Sonne dann aufgehen wird, wenn die Gefiederte Schlange gelernt haben wird zu fliegen. Im Xultun Tarot ist Gefiederte Schlange deshalb mit Flügeln abgebildet, was darauf hinweisen soll, dass Verwirklichung etwas Einzigartiges für jede Person darstellt, eine Bewegung, die keine Zeichen zurücklässt, keine Spuren, denen man folgen könnte. Verwirklichung bewegt sich durch ein Element wie Luft, wo keine Fussabdrücke und kein Pfad sichtbar sind. Sie bedeutet einen Pfad, der einzigartig und allein ist. Nicht einsam, sondern allein.

Stolz bedeutete stets den Untergang von Menschenhand geschaffener Einrichtungen. Stolz isoliert und gibt eine angemessene Antwort auf die Frage, was unmöglich ist. Die gegenwärtige Schöpfung verdankt ihre Natur dem demütigsten aller Götter, der ruhig mit dem Beitrag unseres Meisters Rauchender Spiegel arbeitet. Es ist nicht eine Frage der Entscheidung für Keine Haut gegenüber Rauchender Spiegel; die Aufgabe liegt darin, einen Weg zu finden, in dem beide zur Integrität und zur Balance unseres gemeinsamen Wohls beitragen. Beide sind sie Teil der Schöpfung, und niemandem ist damit gutgetan, wenn einer zum Vorteil des anderen ignoriert wird.

Die Yaqui-Zauberer und ihre Sicht der Wirklichkeit

Die Yaqui-Indianer hielt man lange Zeit für einen späten Stamm, der irgendwo an der Grenze zwischen den Vereinigten Staaten von Amerika und Mexiko angesiedelt war. Aber das Wort Yaqui erscheint achtmal im *Popol Vuh*, im Buch des Rates, das kurz nach der spanischen Eroberung der Maya in Guatemala geschrieben wurde.

Es gibt schreckliche Geschichten von Yaqui-Indianern, die wie Tiere gejagt wurden, und zwar von Mexikanern wie auch von Amerikanern. Don Juan Matus, ein Yaqui-Zauberer, der vor zwanzig Jahren den jungen Studenten Carlos Castaneda als Schüler annahm, erzählt vom Tod seiner Muter, die von berittenen Soldaten gejagt und getötet wurde. Es gab viele Spekulationen über die Authentizität von Don Juan Matus. Die Meinung des Autors ist allerdings, dass alles Schreiben Fiktion ist, eine Diskussion der «Realität» von Don Juan ist deshalb sinnlos. Dass es zwischen seinen Lehren und dem Wenigen, das uns von den religiösen Gedanken der Maya erhalten geblieben ist, Parallelen gibt, darüber kann es keinen Zweifel geben, und wir werden fortfahren, seine Lehren im Licht des Maya-Tarot zu beleuchten.

Die Fähigkeiten des Zauberers sind unvorstellbar und das Ausmass, bis zu welchem ein Forscher diese verstehen mag, ist zum Teil vom Grad seines Engagements abhängig. Der vollständige Gebrauch dieser Kräfte kann nur mit Hilfe eines «Verbündeten», einer Art Kontrollgeist, bewerkstelligt werden, der nicht immer wohlwollend ist und den Aspiranten herausfordert, wenn dieser in der Lage ist, zu «sehen».

Die Maya-Ansichten über Realität (ein Konzept, das von fast allen amerikanischen Eingeborenenkulturen geteilt wird) definieren Existenz klar als zweiseitig: mit dem *Nagual* und dem *Tonal*.

Das Tonal ist die Welt der Form, die Weltordnung, die vom Geist geschaffen wird. Jeder Mensch hat eine Anschauung von Existenz und jede Person glaubt, dass diese Ansicht vollständig ist. Ein Augenblick der Reflexion wird zeigen, dass sie überhaupt nicht vollständig ist. Die Illusion der Vollständigkeit entsteht, weil wir ein Bewusstsein haben, das den Inhalt des Geistes (mind) ausmacht. Obwohl der Geist mysteriöse Dinge sehen kann, erklären kann er sie nicht. Sie zu erklären würde dem Verlust des Mysteriösen gleichkommen. Was mysteriös ist, bleibt so und gelangt nicht ins Reich des Wissens. Als Konsequenz ist sich der Geist nie über irgendwelche Lücken in seinem «Sehen» bewusst. Das grosse Mysterium, das erfahrbare Unbekannte wird das Nagual genannt. Es kann nicht erklärt, besprochen oder ins Bewusstsein gebracht werden.

Es gibt fünf grundsätzliche Bewegungen (oder Wege) durch das Tonal, die dem Zauberer Zugang zum Nagual verschaffen. Es handelt sich nicht um einzelne Stufen, sondern eher um Fertigkeiten, an denen man gewöhnlicherweise zugleich arbeitet, obwohl zu gewissen Zeiten manche Aspekte wichtiger werden als andere. Der Klarheit wegen werden wir uns den einzelnen Aspekten nacheinander zuwenden und sie in Verbindung zu den Grossen Arkanen des Tarot stellen.

Die erste Bewegung wird das

Yaqui - vinaq, ahqixb ahcahb.
Unter den Yaqui gab es viele Priester und Zauberer.

U kabavil Yaqui vinaq
Quetzalcoatl u bi.
Der Gott der Yaqui war auch Gefiederte Schlange.

Popol Vuh

Auslöschen der persönlichen Geschichte genannt (welches sich auf den Vorgang im Kopf bezieht) und anhand der Karte der Hohepriesterin bewundernswert demonstriert wird. Die Hohepriesterin sitzt zwischen einer weissen und einer schwarzen Säule: es ist der Ausdruck der Art der Gedächtnisspeicherung des Geistes – in Gegensatzpaaren. Wenn unser Geist zunächst ein Konzept formt und erfasst, dann geschieht es durch das Erkennen des negativen Aspekts (wir wissen nicht was Liebe ist, aber sicher können wir wissen, was Liebe nicht ist!), gefolgt von seinem Gegenteil, wodurch das Konzept geboren wird. Die meisten Personen formen und erfassen Konzepte nicht durch direktes Sehen, sondern durch (sogenannte) Ausbildung. Sie lernen und behalten Konzepte. Die grundsätzliche Bewegung ist Mögen und Nicht-Mögen, Freude und Leid, richtig und falsch. Das «Ich» wird schnell geboren und es wird immer für das «Gute», das «Positive» gehalten. Menschen sehen sich nicht als negativ, hässlich, schlecht, aggressiv oder wertlos; diese Qualitäten werden immer anderen zugeschrieben. Frag jeden, was für eine Person er oder sie sei und in erstaunlichen Details wird dir eine lange Liste von Vorlieben und Abneigungen geboten werden. Versuche dies an dir selbst. Sag, wer du bist, ohne zu sagen, was du machst, d. h. sage nicht «ich bin Tischler» oder «ich bin Hausfrau». Beachte wie schwierig es ist, die Frage mit dieser einzigen Einschränkung zu beantworten, denn sofort musst du in das Mysterium deiner Existenz eindringen.

Wir leben in einer sehr gefährlichen Zeit, und viele der Gefahren rühren daher, dass wir uns selbst beschriften: religiös, politisch, national, sexistisch. Die Identifikation des «Ich» ist immer eine Illusion, aber eine so starke Illusion, dass Menschen für sie töten und sterben.

Egal wie stark eine Illusion ist, sie bleibt eine und wird nie Realität. Ein wenig Geschichte mag dieses Konzept erklären helfen.

Der grosse Astronom Galileo Galilei beobachtete, dass der Kandelaber in der Kathedrale in einem bestimmten Rhythmus schwingt. Er stoppte diese Bewegung mit seinem Pulsschlag. Galileo erschuf nichts, aber er beobachtete die Auswirkung eines Bewegungsgesetzes und war in der Lage, es mathematisch auszudrücken. Das Ergebnis des «Sehens» war das Pendel, aber auch der Gebrauch des beobachteten Prinzips in einem Gerät, um den Pulsschlag des Menschen zu messen. «Sehen» fand statt, da Galileo in der Lage war, sich selbst und sein Wissen beiseite zu lassen. Später, als er das Gesetz der fallenden Körper formulierte, begegnete er starker Opposition, obwohl er ein berühmtes öffentliches Experiment durchführte, wobei er einen ein Pfund schweren und einen zehn Pfund schweren Ball gleichzeitig vom Turm von Pisa fallen liess. Beide Bälle erreichten den Boden zur selben Zeit. Trotzdem wurde Galileo entlassen und bekam grosse Probleme, da jedermann das Aristotelische Gesetz kannte, welches besagt, dass der zehn Pfund schwere Ball zehn mal so schnell fallen muss wie der ein Pfund schwere. (Sie wussten es, aber testeten dieses Wissen nie.)

Das Ego glaubt, was es glauben will und akzeptiert die «Autorität», die dieses Wissen unterstützt.

Erinnerung, das Attribut der Karte der Hohepriesterin, macht das Wachstum des «Ich» möglich. Was kann man tun – Gedächtnis auslöschen? Dann wirst du nie in der Lage sein, den Weg nach Hause zu finden oder zu sprechen. Galileo beobachtete einen schwingenden Kandelaber und seine Intelligenz beobachtete eine Bewegungsordnung, die später Teil der «Ordnung» seines Geistes wurde. Galileo war in der Lage, seine Erfahrung in Worte zu fassen, zumindest in der Mathematik, aber nicht unmittelbar. Könnte er sagen «ich verstehe» oder «Verständnis hat eingesetzt»? Könnte er jemals ehrlich sagen, ohne zu spekulieren, «ich werde verstehen!»? Ist Verstehen nicht immer *gerade* passiert? Hat Sehen nicht immer *genau jetzt* stattgefunden? Hat der Blitz nicht immer *gerade* eingeschlagen, egal was wir später darüber denken?

Die Karte unter jener der Hohepriesterin ist die des Kriegers und seine Attribute sind die der Sprache. Untrennbar mit Erinnerung verbunden ist die Sprache in der Tat eine Erweiterung von Erinnerungsfähigkeit, so wie das Rad eine Erweiterung des Beins und das Teleskop eine Erweiterung des Auges darstellt. Erinnerung ist ein Vorgang, welcher im Jetzt stattfindet. Was erinnert wird ist immer das Vergangene. Die Worte, die gebraucht werden, und die Ideen, die mit diesen Worten ausgedrückt werden, stammen immer aus der Vergangenheit. «Welch ein wunderschöner Sonnenuntergang!» Die Worte hierfür sind in der Vergangenheit gelernt worden, und das

Konzept der Schönheit hat sich während der Beobachtung eines Sonnenuntergangs in der Vergangenheit geformt und wird jetzt wiedererinnert und mit dem gegenwärtigen Sonnenuntergang verglichen. Die Worte (Sprache) halten den Sprecher in der Vergangenheit gefangen. Eine Person, die von Geburt an taub ist und nie ein Wort gehört hat und vielleicht keine Vorstellung von Sprache überhaupt hat, sieht dennoch den Sonnenuntergang. Diese Person hat kein Wort dafür, erkennt aber das Geschehnis und vergleicht es mit anderen Sonnenuntergängen. Der Schüler des Zauberers wird sehen wie der Geist ein natürliches Phänomen benennt und dann die Benennung misst, ohne das tatsächliche Geschehnis weiter zu beachten. Die Menschheitskultur dient dazu, die Kultur überhaupt zu bestärken, bis sie in Absurditäten begraben wird und das Individuum nicht länger funktionieren kann.

Der Krieger kämpft mit der Sprache, immer aufmerksam, immer bewusst, skeptisch über jedes Verb, vorsichtig um jedes Substantiv. Er beobachtet seine Worte, hört auf keine Auoritätspersonen, beachtet keinen Führer. Der Krieger beobachtet den wunderbaren Charakter der alltäglichen Geschehnisse. Sein Terrain ist die innere Welt. Beachte die beiden Jaguare, wie wachsam und aufmerksam sie sind. Sie sind schwarz und weiss und nicht frei. Die Jaguare sind am Stuhl des Kriegers festgebunden (was für seine Kontrolle über die konzeptuelle Welt steht), frei anzugreifen, wenn es nötig wird, aber dem Geheiss des Kriegers unterworfen. Die Welt des Kriegers ist nicht eine auf Introspektion limitierte, sondern eine Welt der Aktion. Die Welt des Hier und Jetzt ist der Jagdgrund des Kriegers.

Die nächste Karte auf dem Pfad des Auslöschens der persönlichen Geschichte ist jene der Prüfung. Diese Karte repräsentiert den Geist (mind) selbst, den Geist, an sein eigenes Limit gebracht, zu jenem Platz, wo er auf sich selbst zurück reflektiert wie ein Spiegelgang. Es handelt sich um die Begrenzung des Geistes, einer Stelle, wo der Geist die Methode wiederspiegelt, durch die er sich selbst konstruiert hat, jener Stelle also, an der der gewöhnliche Handlungsweg des Geistes ohne Grenzen gegen Grenzen anläuft. Die Karte repräsentiert die Barriere, die Haut, die unüberbrückbare Leere zwischen dem Bild der Realität, das der Geist geschaffen hat und der unerklärlichen Welt der Realität. Der tote Baum, der Baum des hängenden Mannes, ist die Vergangenheit, die bekannte Welt. Der lebende Baum ist das unerklärliche Mysterium des Jetzt. Eine Strahlung geht vom Körper des hängenden Mannes aus, denn er befindet sich in einer heiligen Position. Der Körper hat nie das Jetzt verlassen, er ist das Jetzt. Er kümmert sich nie um das Vergangene. Diese Karte demonstriert, wie tief die Trennung von Körper und Geist gehen kann.

Die letzte Karte in diesem Prozess des Auslöschens der persönlichen Geschichte wird «der Stern» genannt. Traditionell ist diese Karte mit Meditation verbunden. Das Funktionieren des Prozesses von Bewusstheit ohne Wahl löscht die persönliche Geschichte aus, eine Handlung, die in einer negativen Art zustande kommt. Der Krieger konzentriert seine Beobachtung auf das Schwert, das dauernd die Welt des Geistes, die Welt des Bekannten zerschneidet. Meditation ist ein Öffnungsprozess, eine Wachsamkeit, die in totaler Freiheit begründet ist. Dies ist der einzige Weg, um sich selbst von der Tyrannei dessen zu befreien, was man zu wissen glaubt. Was du glaubst zu wissen, das ist deine persönliche Geschichte.

Der nächste Weg, der besprochen wird, nennt sich *Tod der Berater*. In diesem Prozess, der nicht vom ersten Prozess getrennt ist und mit ihm zugleich abläuft, entdeckt der Schüler des Zauberers die Ganzheit der Existenz und die gegenseitige Abhängigkeit aller Lebensbewegungen.

Die erste Karte ist jene der Herrscherin, ihr Wert ist Reaktion, der Prozess der Bewegung zwischen Gegensätzen. Das Festhalten am Leben ist ein Ausdruck der Todesangst, und Angst vor dem Tod basiert auf dem Glauben, dass das Leben einen nicht unterstützt. Die ganze Bewegung findet ihren Ausdruck in dem Konzept, dass der Tod das Ende des Lebens darstellt und nicht, dass der Tod ein Teil des Lebens ist. Unsere Gesellschaft denkt, dass es völlig natürlich ist, alles und jedes zu tun um in der Hand des düsteren Sensenmannes zu bleiben. Den Tod als Freund aufzufassen, das ist ein Konzept, das dem westlichen Geist recht fremd ist. Seinen eigenen Tod klar und in liebender Weise im Bewusstsein zu behalten, wird von den meisten westlichen Denkern als pervers und krankhaft angesehen. (Ach, es ist möglicherweise in Ordnung, dass

Zusammenstellung der Grossen Arkanen des Xultun Tarot-Spieles.

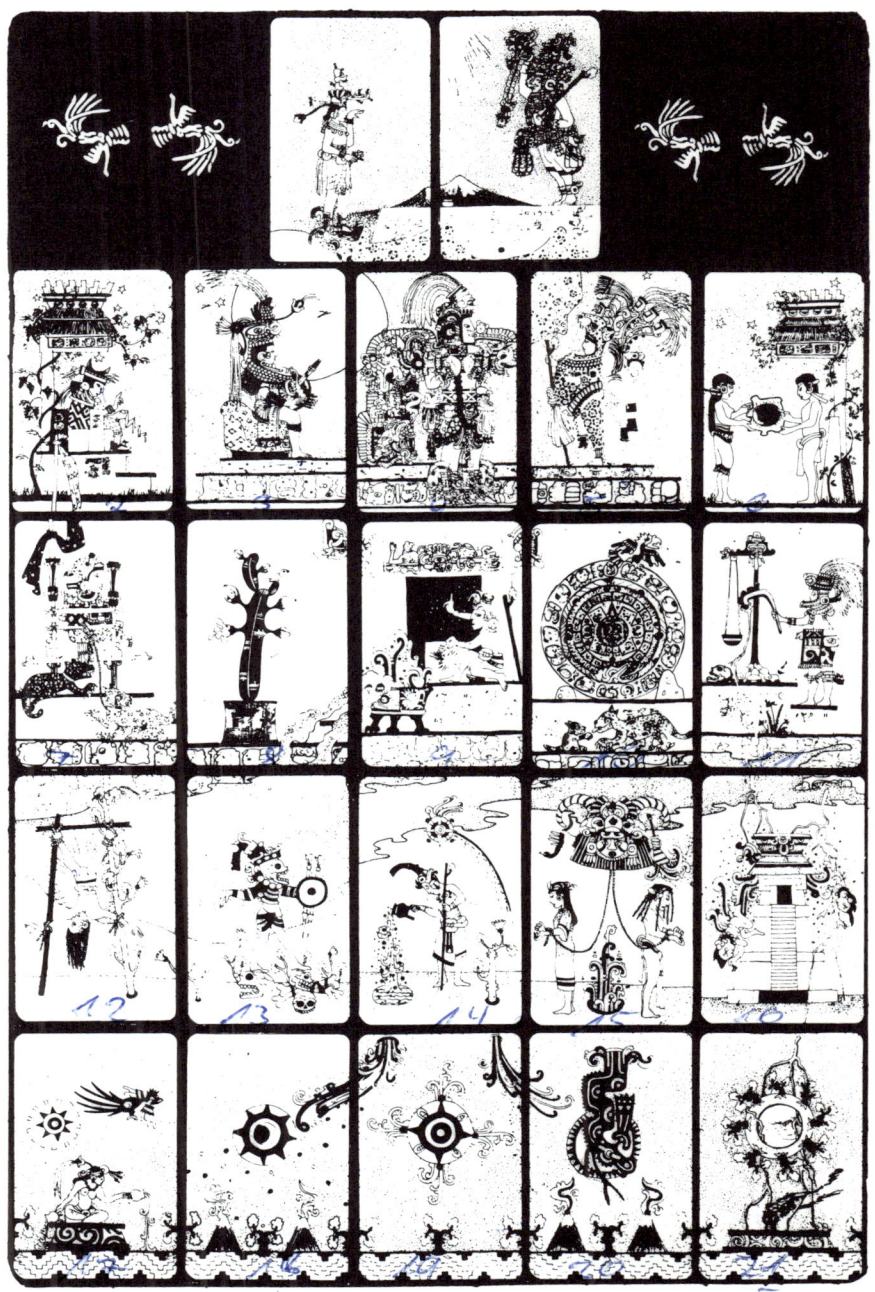

Heilige und Poeten und vielleicht sogar einige wenige Philosophen, die sich lediglich mit Ideen auseinandersetzen, dieses Konzept vorschlagen, aber sie müssen sie ernst genommen werden.) Sein Tod ist der einzige wahre Verbündete des Zauberers. Denn dieser erhält dem Krieger die Aufmerksamkeit in ihm und ruft eine Ordnung hervor, die sich in der Realität begründet. Der Tod flösst den Geist der Erhaltung und der klarsichtigen Ernsthaftigkeit ein. Der Zauberer ist allem gegenüber sehr ernst, und der Tod ist ein ernsthafter Freund, der um keinen Preis zurückgewiesen wird. Der Tod erwartet jeden von uns, und keine Angst, Illusion oder Flucht kann das ändern. Am Ende akzeptieren wir alle. (Eine Studie über Kapitalverbrecher hat gezeigt, dass keine dieser Personen schreiend in die Gaskammer geführt wurde. Alle gingen sie passiv und ruhig, das Unvermeidliche erwartend.)

Die Karte unter der Herrscherin ist der Kaktus, die Karte der Ausdauer. Der Tod lehrt Ausdauer, nicht Geduld. Er lehrt eine passive Kraft, die Fähigkeit, an der Stange zu bleiben. Geduld benötigt Willenskraft. Durchhalten basiert nicht im Willen, sondern in der Interaktion mit dem was passiert. Durchhalten, Ausdauer gewinnt Kraft aus Unvermeidlichkeit und aus Freiheit.

Die nächste Karte ist die Karte des Todes. Sie bezieht sich nicht nur auf den physischen, sondern auch auf den psychischen Tod, den Tod, welchen jedes Konzept erleiden muss, jede Idee, die uns gefangen hält und die das Erblühen der inneren Freiheit verhindert. Der Zauberer muss die Freiheit haben zu erforschen, sonst kann er nie das Ziel erreichen, ins Nagual zu gelangen. Angst vor dem Tod verhindert zu leben und macht eine Tugend aus der monotonen, risikolosen Existenz, eine Tugend aus Langeweile und Illusion wird wichtiger als Realität.

Die letzte Karte ist jene des Mondes. Diese Karte bedeutet uns, den Schlaf zu beobachten. Schlaf wird häufig der «kleine Tod» genannt, und das nicht ohne Grund. Menschen, die Angst vor dem Tod haben, nennen den Schlaf die grosse Wohltat, was seltsam anmutet. Vielleicht auch nicht, denn wenn jemand nicht wirklich wach war, wie kann Schlaf eine Bedeutung annehmen? Was geschieht mit dem «Ich» wenn wir schlafen? Schläft es auch oder hört es einfach zu sein auf? Schlaf ist die Umarmung unseres liebenden Freundes Tod. Wenn wir realisieren, dass jede Handlung unsere letzte sein kann, wenn wir nicht durch Gewohnheit in den Schlaf gelullt werden, wenn wir alleine sind und der Tod die Wurzel unseres Lebens ist, nur dann können unsere Handlungen unfehlbar werden, nur dann sind wir in völliger Einheit mit der Umgebung und unbelastet von der schweren Last dessen, was wir wissen.

Das Anhalten der Welt ist der nächste Pfad, der in den Karten aufgelegt wird. Die erste Karte ist die Karte der Handlung, der Herrscher. Das Ziel ist es, die Illusion zu zerstören, dass es ein Kontinuum von Geschehnissen gibt, welches Handlung unmöglich macht und uns in fortdauernder Reaktion auf Dinge zurücklässt, von denen wir meinen, dass sie uns zustossen.

Den Prozess des Urteilens zu stoppen ist eine anstrengende Aufgabe und muss die Hilfe des Körpers gewinnen. Die erste Sache, das müssen wir selbst sein. Wenn ich mich selbst nicht liebe, wie kann ich dann meinen Nachbarn lieben? Wenn ich andauernd den Körper abstumpfe mit Tabak und anderen Drogen, dann heisst das, dass mein Körper und «Ich» uns überhaupt nicht kennen.

Der Geist in Beziehung zum Körper kann mit einem reichen Mann verglichen werden, der in einem wunderschönen Haus wohnt, hinter dem sich ein üppig bewachsener Garten befindet, wo er einige wilde, halbverhungerte Hunde hält. Hin und wieder, wenn er sich erinnert, öffnet er ein Fenster und wirft seinen Hunden einige Fleischbrocken zu. Das geht so seit einigen Jahren und er wünscht, dass es anders wäre, aber er hat Angst, hinunter zu den Hunden zu gehen.

Wenn weder Geist noch Körper sich als Meister aufspielen, dann kann Handlung stattfinden, und die Karte des Weisen drückt diese Eigenschaft durch die Berührung aus. Berührung ist die Bewusstheit des Körpers. Die Wahrnehmungen des Körpers finden nicht im Geist statt, obwohl dies der Ort ist, wo die Daten gesammelt werden. Beobachtung findet am ganzen Körper statt, indem alle Sinne gebraucht werden, von denen die Berührung den am meisten verurteilten Sinn darstellt. Diese Verbannung der Berührung limitiert unsere Gesellschaft und verweist sie spiessig in die Grenzen des Geistes. Als Konsequenz ist keine Handlung möglich, nur noch Reaktion.

Die Karte Mässigkeit repräsentiert die Belohnung und die Metho-

Die Hieroglyphe für Bewegung, das Zeichen des gegenwärtigen Zyklus. Im Zentrum steht ein Kaktus, in dem zwei Messer stecken. In dieser Darstellungsweise bedeutet das Zeichen Busse. (Nach einer Zeichnung aus Teotihuacan.)

de. Ein Leben, das in Harmonie gebracht wird, ist seine eigene Belohnung. Das «Hinführen» zur Harmonie kann nicht vom Geist getan werden und kann nicht auf einer Idee basieren, ganz gleich wie «logisch» die Idee auch sein mag. Harmonie wird durch Aktion ins Leben gebracht, kein Schematisieren und Planen kann Harmonie erschaffen. Aktion ist nicht mit einem Grund verbunden. Aktion ist.

Die Sonne ist die letzte Karte und stellt völlige Energie dar. Wenn der Geist mit seinen Kontrollspielen aufhört und dem Wesen wieder Harmonie zuteil wird, findet ein grosser Wechsel in der Persönlichkeit statt. Die Vergangenheit ist tot. Sie blockiert und kanalisiert nicht länger Energien, um die Wünsche des Geistes hervorzuzaubern. Die Energie fliesst frei, wohin immer sie benötigt wird, und zu der Zeit in der sie benötigt wird. Der Körper antwortet mit seiner Weisheit und stellt alle benötigten Informationen frei zur Verfügung. Die Welt des Geistes wurde aufgehalten und unbekannte Vorteile von Energie sind als kreative Kraft frei verfügbar geworden (und zwar, um in das Nagual einzutreten).

Der nächste Weg heisst *der Träumer und das Wissen* und behandelt die Welt in der wir leben, die Welt der Zeit mit ihren Naturgesetzen und reziproken Geschehnissen.

Bin ich ein Schmetterling, der träumt, er sei ein Mensch,
oder bin ich ein Mensch der träumt, er sei ein Schmetterling?

Dieser Weg behandelt auch die kulturellen Perspektiven, welche die Form und Ordnung der Beobachtung der Natur ausmachen.

Die erste Karte ist der Hohepriester. Der Wert dieser Karte liegt in der Tradition, und als solche ist es die Karte des Lehrers, des Meisters, des Gurus. Sie repräsentiert denjenigen, der den Weg weist. Die Tradition ist ihrer eigenen Natur gemäss dem Jetzt gegenüber blind. Tradition als moralisches Gesetz kann nur unmoralisch sein. Es ist nicht nötig, Tradition zu verdammen, denn die Liebe wird uns davon frei machen. Alles, was wir machen müssen, ist, die Tradition verstehen, wir müssen in ihr nicht nach Führung suchen. Der Priester oder Lehrmeister muss seine Lehre weitergeben, und der Schüler ist zunächst daran gebunden, zu verstehen und sich später davon frei zu machen. Der Schüler ist dann frei, wenn er die Lehre für sich selbst entdeckt hat. Dies ist der befreiende Faktor, denn dann sind die Lehren Teil des Schülers selbst und befreien ihn so von der Vergangenheit. Der Gegner des Lehrers und der Kultur ist der Schüler, der mechanisch lernt. Dies ist der unmoralische Faktor in der Tradition, denn Wiederholung ist der Mörder des Geistes. Das moderne Ausbildungssystem ist ein pathetischer Schatten von Lehren, ihren behaupteten Zielen und Idealen entgegengesetzt. Das Wort «education» (Ausbildung) bedeutet, das hinauszuführen, was noch verborgen ist.

Das Glücksrad ist die nächste Karte, die ebenso mit Lehren und Lernen zu tun hat. Sie ist die Karte der Gesetzmässigkeit. Sie spiegelt alle zyklischen Geschehnisse, die ewige Wiederkehr der Jahreszeiten, den wunderbaren Zyklus vom Keim zur Frucht wieder. Diese Karte behandelt auch recht verborgene

Gesetzmässigkeiten, wie jene der Gravitation, das Gesetz der fallenden Körper, das Gesetz der Entropie. Die Lektion des Glücksrades ist Offenheit, denn man lernt erst dann, wenn wir all unser «Wissen» beiseite lassen.

Die nächste Karte heisst gebundener Mensch, und ihr Wert ist jener der Fröhlichkeit. Das Lachen weist den einzigen Weg, um die Bindungen an das Lernen zu brechen. Der aufgeblasene Lehrer, diese Fundgrube an ausgedientem, traditionellem Unsinn (wie das von Aristoteles niemals beobachtete Gesetz der fallenden Körper), kann nur durch Lachen zerstört werden. Fröhlichkeit reinigt den Geist von seltsamen Skizzen, um Raum für neue Nahrung zu lassen. Dieser offene Raum im Geist muss immer frei bleiben, so dass Ideen und Wirklichkeiten beobachtet werden können und ihnen die Möglichkeit gegeben wird, ihr eigenes Level zu finden oder zu verschwinden.

Die letzte Karte ist die des Planeten Venus. Dies ist die Karte der Bewusstheit, das Ergebnis der aufmerksamen Offenheit des Schülers. Dies bleibt übrig, wenn alles – in Freiheit – sein Niveau gefunden hat. Bewusstheit ist der Edelstein des Kriegers, das Herz der kreativen Person. Die wirkliche Welt kann nur durch Bewusstheit gesehen werden, welche die Spinnweben von Vernunft beiseite fegt und das Gesetz sichtbar macht.

Der letzte Pfad heisst *Autorität annehmen* und ist die letzte Bewegung, die das Werk des Zauberers krönt. Der Zauberer nimmt völlige Autorität für die Welt an. Er hat sie gemacht und ist für sie verantwortlich, und nichts geschieht, was nicht seine Erfindung ist. Er nimmt Autorität nicht als eine bewusste Entscheidung an, im Gegenteil, er wird zur Autorität, weil er handelt. Er wählt nicht Autorität, sie geht völlig in den Handlungen des Zauberers auf. Weil es beim Zauberer selbst keine Teilung gibt, sind alle seine Handlungen positiv und nicht mit Wählen verbunden. Die Handlungen geschehen, weil sie das sind, was zu einer gewissen Zeit getan werden muss.

Die meisten von uns haben durch Erziehung und Ausbildung gelernt, Fragen zu stellen, und zwar gewöhnlich, um zu zeigen, dass wir interessiert sind oder an etwas teilnehmen. Der Zauberer sucht nach der Frage, da die richtige Frage das Problem beleuchten wird und eine Antwort bereitstellt. Deshalb ist eine Antwort von aussen unnötig. Die meisten von uns stellen Fragen aus Reaktion heraus und erwarten eine Antwort von irgendwo her....woher auch immer.

Die erste Karte ist jene der Liebenden. Dieser Karte ist der Geruchssinn zugeordnet, denn er zeigt uns, dass die wirkliche Welt nicht dort aufhört, wo wir sie nicht mehr sehen können. Materie geht ineinander über, sie erfüllt den ganzen Raum. Der Tisch hört nicht auf der Oberfläche auf und die Rose auch nicht. Die Lektion der Autorität ist einmal mehr die Lektion der Ganzheit. Dieses Thema wird immer von den Sinnesorganen unterstützt, ganz gleich wohin wir blicken. Die Karte der Liebenden zeigt, wie alles seine Balance finden muss, ohne Einmischung.

Die folgende Karte ist jene der Balance, die Karte der Entscheidung. Die kreative Person ist in

Gefiederte Schlange als Gott der Morgendämmerung.

Diese Zeichnung stammt von einer späten toltekischen Arbeit und wurde sozusagen übersetzt, und zwar in ein Bild, das mit ein wenig Erklärung auch von denen verstanden werden kann, die mit der Ikonographie der Maya nicht so vertraut sind.

Gefiederte Schlange ist als Planet Venus abgebildet, wenn er vor der Sonne als Morgenstern aufgeht. Sein Gesicht blickt aus dem Mund der Schlange. Die Schuppen um die Augen und die Fangzähne machen die Schmetterlingsflügel aus, die als Symbol der Verwirklichung gelten. Das Venuszeichen über dem Mund ist der «Mund», durch welchen die Sonne jeden Morgen neu geboren wird. Das untere Venuszeichen formt die Zunge der Schlange und ist der «Mund», der die Sonne am Abend verschlingt. Beide zeigen zusammen den Weg der Sonne durch die Unterwelt. Die grossen Quadrate zeigen das Tonal und das Nagual, die göttlichen Gegensätze, die magisch geschaffen sind, denn wenn nur eine Linie gezeichnet ist, dann entstehen beide zusammen.

Zerstörung und Neuschaffung involviert; und die Zerstörung, das Bedürfnis und die Entscheidung müssen untersucht werden. Die reale Welt wird keine Entscheidungen der Menschen erdulden, aber in der künstlichen Welt der menschlichen Kultur sind Entscheidungen weit verbreitet. Der Mensch entschied, die Wasserstoffbombe zu bauen, ein gewisses Schulsystem zu erschaffen, und solche Entscheidungen werden durch die Art des «Sehens» jedes Individuums gestaltet und geformt. Wenn das «Sehen» verstört ist, dann kommt das daher, weil das Individuum verstört ist, und verstörte Individuen schaffen eine verstörte Gesellschaft.

Das Tarot ist eine Entscheidung – eine Verpflichtung, wenn man so will. Es handelt sich um eine Entscheidung, einen Fuss auf den Weg der Rechtschaffenheit zu setzen, keine Autoritätsperson anzuhören, sondern selbst eine zu werden. Es handelt sich um eine Entscheidung, über Offenheit und Integrität nachzuforschen. Urteile nicht, denn das Urteil ist im Vorurteil begründet und beschneidet den Geist in seiner Offenheit auf dem Weg der Erforschung von dem, «was ist».

Der Blitzschlag der Entscheidung schlägt im Tempel ein in der Karte des blitzgetroffenen Turmes. Die Entscheidung, zu der man in völliger Freiheit gelangt, befreit von allen Strukturen der Erkenntnis, entlastet von allen Verbindungen. Die Entscheidung ist frei wie der Blitz, der von niemandem kommandiert wird. Nur wenn man aus dem Haus des Wissens hinausgeworfen wird, entsteht Ganzheit.

Die Karte des Planeten Erde demonstriert diese Integrität, die Einheit, nach der wir gesucht haben. Nur im Augenblick, in dem wir sie am wengisten erwarten, kommt sie zustande. Wie es in der Bibel ausgedrückt wird: «Wie ein Dieb in der Nacht, so werde ich kommen.»

Der Zauberer wird geboren, wenn der Narr aufhört, sich närrisch und dumm zu benehmen. Integrität kommt, wenn man aufhört, getrennt zu sein. Nichts von alledem wird als Willensakt geschehen, und es gibt nichts, das wir tun können, um zum Verstehen zu gelangen, denn das Verstehen, das ist ein Zufall. Was wir tun können, ist lediglich «zufallsanfällig» zu werden.

Die Maya hinterliessen uns die Ruinen einer rätselhaften Zivilisation. Es ist offensichtlich, dass sie die sichtbaren Kunstschätze ihrer Kultur als nebensächlich betrachteten. Als ein Volk haben sie überlebt, unabhängig, demokratisch in ihren Institutionen, standhaft, ehrlich, den anderen achtend.

Die verborgene Bedeutung der Zahlen im Tarot

Die Maya gehören zu den geschicktesten Völkern, was die Mathematik angeht. Zweifellos haben sie dieses Wissen in ein komplexes System von dem verarbeitet, was wir heute Numerologie nennen. Die westliche Welt kennt einen Weg, Erkenntnis in Kategorien aufzusplittern und diese dann zu verwerfen, aber die Maya hatten einen völlig anderen Ansatz. Die Astronomie diente als Schlüssel zur Astrologie, der Schlüssel zu ihrer Interpretation und Kategorisierung. Tatsächlich benutzen Astronomen auch heute noch die uralte Trennung des Himmels, um eine Basis für das Wissen über die Himmelskörper zu haben.

Zahlen wurden in derselben Weise ausgedrückt. Was wir als einen der grössten intellektuellen Triumphe der Maya ansehen, ist die Erfindung des Null-Konzepts. Wir haben Schwierigkeiten, uns vorzustellen, dass nichts durch etwas dargestellt werden kann. Wir nehmen das für selbstverständlich, doch wenn wir darüber nachdenken, dann werden wir ganz schön verwirrt. Dieses Konzept scheint allem indianischen Denken grundlegend zu sein. Das Nagual, die unbekannte Seite der Schöpfung, die nie greifbar gemacht, aber erfahren und gewusst werden kann (allerdings in einer anderen Weise, einer Art, die nicht übersetzt, transplantiert, in Worten ausgedrückt werden kann), ist so real wie ein Baum und ebenso unerklärbar. Ein Baum kann letztlich in Nummern ausgedrückt werden, in Zahlen, die ihn mechanisch reduzieren, aber es bleibt ein vollkommen mysteriöser Teil, der nie erklärt werden kann. Das Leben eines Baumes, das sich selbst durch den Baum ausdrückt, kann nicht mit Mechanik erklärt werden.

Für die Maya war die Ausdrucksform in Zahlen ein Weg, das auszudrücken, was sich nicht in anderen Formen darstellen liess, denn Zahlen beinhalten die Mysterien des Universums selbst. Man suchte nach etwas, das hinter die Grenzen der Formenwelt gelangen konnte, und für die Maya waren das die Zahlen. Die gesamte Kosmologie wurde in Zahlen ausgedrückt und ganze Priesterschaften opferten ihre Zeit dem Studium, der Beobachtung und dem Gebrauch der Zahlen.

(0) Null stand für das grosse Unbekannte, das Mysterium vom Ursprung des Lebens und seinem Fortgang auf dem Pfad der Ordnung und Tugendhaftigkeit. Es stand für das Nagual.

(1) Der Schöpfer, der Gott der Schöpfung, Tzacol genannt. Wie für alle Maya-Götter handelt es sich hierbei um einen Ausdruck, nicht um eine Person. Tzacol ist die übernatürliche Quelle der Energie, die monolithisch gedacht und für alle zugänglich ist. Es handelt sich nicht um verschiedene Ausdrücke von Energie, sondern um eine Energie, die in der ganzen Breite der individuellen Möglichkeiten gebraucht wird. Die Maya glaubten, dass nach

dem ersten Energiefluss nichts mehr geschaffen oder zerstört werden kann, es konnte nur noch verändert werden. Die Maya drückten die Eins als Punkt oder Tupfen aus, und durch ein einfaches Verändern seiner Position konnte der Punkt einen Wert von eins bis unendlich annehmen.

(2) Die Dualität des Ausdrucks in Form und Materie, die Eins, die ihr Gegenteil gebiert, das Komplementäre und Dissidente. Dieses Konzept drückt sich in Gefiederter Schlange (Kukulcan) aus: die spirituellen, höchsten Aspekte kombiniert im Körper der niederen Aspekte, die Schlange und der Vogel. Jegliche Schöpfung, mit der unsere Menschheit zu tun hat, drückt sich in dieser Dualität aus. In der Tat gibt dieser Dualismus der Schöpfung ihre eigene Energie.

(3) Der Gott des Formulierens hiess Bitol. Jener, der den Lehm der Schöpfung «formt». Bitol war ein Ausdruck für die Gesetzmässigkeit, durch die Energie und Dualität die Wandlung dazu veranlassen, sich immer in verändernden komplexen Mustern der Schöpfung zu zeigen. Der «Gestalter» war das Ausdrucksmittel, durch das sich Wandlung ausdrückte und Form annahm, eine Form, die eine angenehme Darstellung der Arbeit war, zu der sich ein lebendes Wesen selbst ausrichtete.

(4) Das Quadrat der Schöpfung, die reiche und grenzenlose Welt der Form, wie sie sich im Materiellen darstellt; Alom, die Gottesmutter der Erde, die Quelle und Herkunft aller Bedürfnisse. Das Symbol für Alom ist eine Blume mit vier Blütenblättern. Sie ist die Erde, die das Getreide empfängt, gesegnet von den fruchtbar machenden Strahlen des Vaters Sonne, die Liebe und Respekt tausendfach erwidern.

(5) Cajalon ist das männliche kreative Element, der Vater des Lebens. Die Sonne an ihrem Zenit, die ihre Energie für alle verströmt, schöpfend und zerstörend in einem ewigen pulsierenden Rhythmus, verbrennend mit Gerechtigkeit und Gleichheit. Cajalon ist das Leben selbst in allen seinen Äusserungen. Die Form Cajalons drückt sich in der Pyramide aus: die Höhe von der Grundfläche bis zur Spitze, die vier Ecken und das Zentrum.

(6) Die Schönheit des göttlichen Ausdrucks wird der Leiter Tepeu genannt. Tepeu war es, der Ordnung in die entferntesten Winkel der Schöpfung brachte. Tepeu ist die Bewegung zum komplementären Ausdruck divergenter Teile; die Tugend, die sich in verschiedener Weise äussert. Dieser Aspekt wird in zwei Dreiergruppen dargestellt – drei Teile oben und drei Teile unten, Synthese und Antithese.

(7) Das Herz des Berges. Der siegreiche Ausdruck eines Lebens, dessen Grundlage die unfehlbare Weisheit des Lebens ist, wie sie aus der primären Quelle fliesst. Diese Zahl besitzt die Qualität, allein zu stehen und in keine andere überzugehen. Es handelt sich um die einzigartige, unauflösbare Qualität, die alle Natur in sich trägt.

(8) Diese Zahl drückt das Vertrauen an den ewigen Glanz der Schöpfung aus, wie er sich in allem Lebendigen zeigt. Dieses Vertrauen macht es uns möglich, in der Natur «zu Hause» zu sein, ohne sie dominieren zu wollen. Sie gewährt den Frieden des Verstehens.

(9) Diese Zahl kann als drei Gruppen von drei aufgefasst werden. Drei oben, drei unten und drei in Harmonie. Oder Gedanke, Wort und Tat. Sie verleiht das sichere Wissen, dass unser Leben jeden Tag, jede Stunde, jede Sekunde auf der sicheren Grundlage der göttlichen Liebe ruht, deren selbstloser, selbsterfüllender Daseinszweck uns zwar unverständlich ist, aber uns immer unterstützt.

(10) Die vollständig unzertrennbaren, nicht zusammenfügbaren Nagual und Tonal. Die Ganzheit und Einheit in deren vollständiger gegenseitiger Unterstützung. Es gibt keine Trennung zwischen der Einheit und der Ganzheit, und es wird nie eine geben. Vielleicht wird es zwischen diesen auch nie eine Verbindung geben.

Zahlen werden von den Maya als äusserste Reduktionen philosophischen Denkens aufgefasst und sollten nie als einfache Mittel zum «Aufzählen» angesehen werden. Die ersten neun Zahlen werden für die Neun-Stunden-Götter der Nacht gehalten, und diese sind ursprünglich, denn alles war Dunkelheit im Antlitz der Schöpfung, die selbst nicht dunkel war. Die Götter versammelten sich in der Dunkelheit und erschufen den Kosmos. Aus der Dunkelheit kam das Licht. Die primären Zahlen sind alle als Einheiten aufgebaut, wobei 3 eine Einheit aus drei Einheiten darstellt, nämlich die zwei vorangegangenen Einheiten (die Gegensätze) und die Versöhnung der beiden. Bei genauerem Hinsehen findet man, dass alle Zahlen in dieser Weise ausgedrückt werden. Das gilt auch für ihren numerischen Ausdruck in der Mathematik. Zum Beispiel ist die Zahl 4 der Wert, der die Form determiniert. Sie hat die Fähigkeit, die Gleichheit der Oberfläche und des Umfangs eines Kreises oder eines Quadrats zu determinieren. Ein Quadrat, dessen Seite 4 ist, hat einen Umfang von 16 und eine Oberfläche von 16. Ein Kreis dessen Durchmesser 4 beträgt, hat einen Umfang von 4π und eine Oberfläche von 4π.

Die Bedeutung, die der Funktion der Zahlen gegeben wird, macht deren philosophischen Wert aus. Die alten Völker bezeichneten dies als die «Wissenschaft der Zahlen», und diese hatten dauernd Einfluss auf ihr Leben. Die Zahl des Tages determinierte die Höhe eines vorgeschlagenen Bauwerks, der Tag der Geburt sagte alles über ein Leben aus, das gelebt werden sollte.

Dies ist eine Zeichnung eines wunderschönen Reliefs auf einer Gedächtnistafel, die in der Stadt Palenque gefunden wurde. Es handelt sich um einen Teil einer Kalenderinschrift und bedeutet: keine Tage, d. h. so viele Jahre, so viele Monate und keine Tage. Abgebildet sehen wir einen jungen Mann mit dem Zeichen für «null» auf seinem Arm, der einen alten, sterbenden Mann stützt. Dieser Kontrast zwischen dem Jungen und dem Alten und diese Schönheit in beiden Figuren deuten auf das Feingefühl dieser Völker gegenüber Zahlen hin. Der einzige andere Platz, an dem dieses Relief wiederauftaucht, ist Copan, die östlichste aller Mayastädte. Palenque ist die westlichste Stadt, die uns etwas über dieses Volk verraten sollte.

Die Zwanzig-Tage-Reise des Maya-Monats

Die Wissenschaft der Zahlen wurde von den Maya zu ungeahnten Höhen gebracht. Sie sahen die Zeit als das grosse Ein- und Ausatmen des Kosmos, nicht als etwas, das sich entwickelt, sondern als wechselnde Zyklen der Zeit. Diese Ansicht veranlasste sie dazu, die Geschichte in Wiederholungen zu verstehen, in Wiederholungen, die sich über Äonen erstrecken. Eine Maya-Inschrift ist uns noch erhalten, die vierhundert Millionen Jahre in die Vergangenheit zurückgreift. Es gibt andere, die zumindest viertausend Jahre in die Zukunft blicken.

Die meisten mesoamerikanischen Völker begründeten ihren Kalender auf Zwanzig-Tages-Zyklen, die im Vielfachen von 18 angeordnet wurden, so dass 20 mal 18 360 Tage ergab. Den 360 Tagen wurden fünf Tage hinzugerechnet, die nicht als zum Kalender gehörig angesehen wurden, um ein vollständiges Jahr zu bilden. Das 365-Tage-Jahr wurde korrigiert. Die Maya waren somit in der Lage, die Sonnenumkreisung der Erde mit 365,2420 Tagen anzugeben, eine Errechnung, die nur um zwei Zehntausendstel der modernen Kalkulation von 365,2422 abweicht. Der Gregorianische Kalender bestimmt das Jahr mit 365,2425 Tagen, was drei Tausendstel zu lange ist.

Die moderne Wissenschaft glaubt, dass dies eine aussergewöhnliche Leistung für ein Steinzeitvolk darstellt. Es muss daran erinnert werden, dass die Maya Metall erst sehr spät in ihrer Entwicklung zu benutzen begannen. Für jene mit einem Hang zur Astronomie will ich mit der Darstellung der aussergewöhnlichen Fähigkeiten der Maya zum Kombinieren von beobachteten Phänomenen und mathematischen Darstellungen fortfahren.

Der agrikulturelle oder Sonnenkalender von 365 Tagen ergibt, multipliziert mit zwei 52-Jahres-Perioden, 37 960 Tage. 146mal den heiligen Kalender von 260 Tagen ergibt ebenfalls 37 960 Tage. Die synodischen Umdrehungen des Planeten Venus sind 584 mal 65 oder 37 960 Tage. All dies wurde so angeordnet, damit alle 104 Jahre die drei Kalender miteinander übereinstimmen.

Und es gibt mehr. Fünf Perioden von 260 Tagen ergeben 1300 Tage oder 44 Umdrehungen des Mondes um die Erde. Der Zyklus der Venus beträgt 584 Tage oder 2,25 mal 260. Ein Marszyklus ist 780 Tage lang oder genau 3 mal 260. Der Zyklus des Planeten Jupiter beträgt 399 Tage, was beinahe 22 mal 18 ist. Der Saturnzyklus ist 378 Tage lang oder 360 + 18. Diese bemerkenswerte Gruppierung der Zeit in neun Nachtstunden, dreizehn Tagesstunden, einen 20-Tage-Monat und ein 18-Monate-Jahr stellte alle Aufteilungen und Multiplikationen bereit, um den profanen und den geheiligten Kalenderumlauf in einer solchen Weise zu fixieren, dass zu allen wichtigen Tagen die Ausgangspunkte übereinstimmend zusammentrafen.

Die Maya-Reihenfolge der Tage oder die Zwanzig-Tage-Reise des Monats hat nicht den Sinn – wie in unserem Kalender –, einen Tag vom anderen zu unterscheiden. Es handelt sich hierbei um viel mehr. Die zwanzig Tage sind nach den zwanzig Stufen zur Erleuchtung benannt – eine ständige Ermahnung an die erste Pflicht der Indianer. Die Maya anerkannten das Gesetz

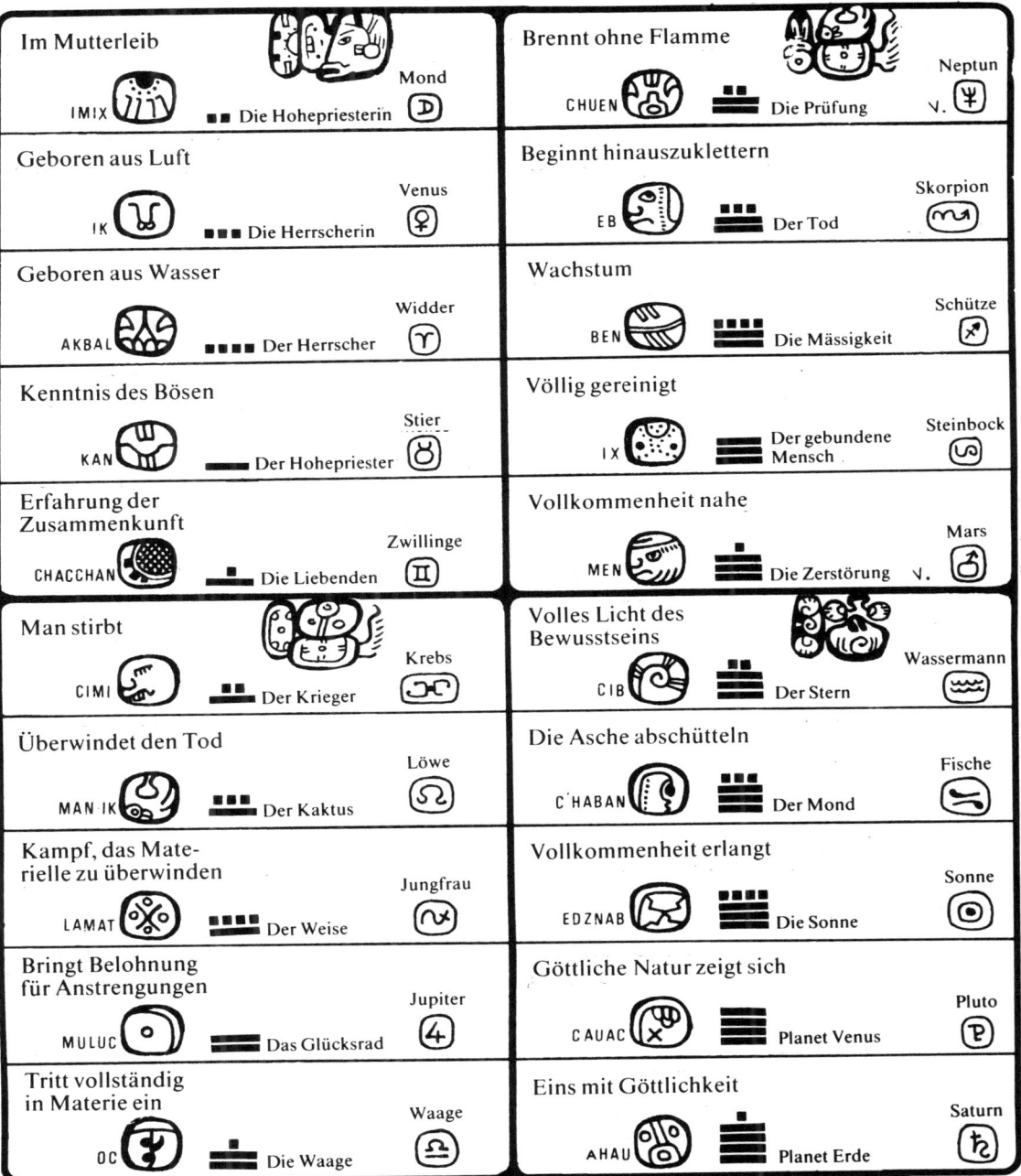

der geringeren Erträge; d. h., dass mehr Energie in eine Tätigkeit eingebracht werden muss, als man aus ihr herausbekommen kann. Eine Person wird geboren und beginnt kurz nach der Trennung die Energie der Sonne zu gebrauchen und die von Pflanzen und anderen Formen aufbewahrte Energie. Wenn die Person stirbt, kehrt die Energie zur allgemeinen Vorratsanhäufung der Mutter Erde zurück, jedoch nicht die gesamte Energie. Ein wenig geht auf dem Lebensweg verloren. Die Maya meinen, dass nur die verwirklichte Person diese Energie zurückgibt, ja sie sogar vervielfacht und im Übermass zurückerstattet. Wenn es nicht Menschen gäbe, die danach streben, sich zu verwirklichen, würde sich die Sonne verbrauchen, indem ihr gesamter Energievorrat restlos aufgebraucht wird.

Das Diagramm, das dieses Kapitel begleitet, zeigt, wie jeder der zwanzig Tage mit einer Karte der Grossen Arkanen verbunden ist, was in eine sehr effektive Wechselbeziehung der beiden Gedankensysteme mündet. Der Autor zweifelt nicht daran, dass ein solches System in alten Zeiten existierte. Leider ist es, ebenso wie die Maya-Astrologie, verlorengegangen. Es ist bemerkenswert, wie gut die zwei Systeme zusammenpassen. Allerdings überrascht uns das nicht allzu sehr, denn sie sollen ja dieselbe Aufgabe erfüllen, wenn sie auch aus den verschiedensten Kulturen stammen.

Das Aufeinander der Tage steht für die spirituelle Pilgerschaft des Menschen. Es handelt sich um zwanzig Stufen, wobei nicht die eine zur anderen führt, sondern eine auf der anderen aufbaut, bis das endgültige Gebäude der Selbstverwirklichung geschaffen ist.

Imix kommt vom Wort *Im*, der Mutterleib. Im Leib der Erinnerung wird das «Ich» geboren. Die Individuation des Menschen beginnt bei der Erinnerung.

Ik, was soviel wie Geist oder Atem (Luft) bedeutet, wurde von den Maya als die erste Nahrung angesehen, der erste Segen des Schöpfergeistes, der uns frei gespendet wurde.

Akbal heisst geboren aus Wasser. Die prähispanischen Völker praktizierten eine Taufe, die eine Wiederholung der ersten Geburt war. Sie fand im Alter von etwa dreizehn oder vierzehn Jahren statt und hatte viele Qualitäten der modernen Wiedergeburts-Erfahrung. Sie gewährte der Person einen neuen Anfang, frei von vergangener Konditionierung.

Kan, er beginnt das Böse zu erkennen. Dieser vierte Schritt oder diese Hürde bedeutet, dass Erkenntnis erlangt wurde, die überwunden werden muss. Alles, was der Initiant weiss, ist falsch und böse, und es muss ein Weg gefunden werden, um davon befreit zu werden.

Chacchan. An der fünften Hürde muss der Kandidat für die Erleuchtung alle Erfahrungen sammeln, Konditionierungen untersuchen und beobachten, wie diese in der Sicht des Tonal arbeiten.

Cimi. Man stirbt gegenüber allem, was gesammelt wurde. Nur im Tode besteht Freiheit von dem, was man kennt, und das Sterben wird zu einem neuen Weg zu leben. Nur mit dem Tod als konstantem Ratgeber können den Wahrnehmungen der Existenz richtige Werte beigemessen werden.

Man-Ik. Diese Stufe ist nach *Manzalik* benannt, was soviel wie «durch den Geist gehen» heisst. An dieser Hürde wird der Tod überwunden, und die erste Manifestation des «Ichtodes» ist ein physischer Tod. Das «Ich», das sich dem Tode des Leibes übergeben hat, bleibt ohne Gast-Körper zurück und nimmt seinen wahren Platz ein: nicht mehr ein Beherrscher des Organismus, sondern ein gleichwertiger Partner, nicht mehr oder weniger wichtig als jeder andere Teil des Körpers.

Lamat, dessen Zeichen Venus ist, zeigt dem Kandidaten, dass die Überwindung der Erkenntnis Macht verleiht und dass Macht überwunden werden muss. Die materielle Welt darf die Person, die sich auf den Pfad begeben hat, nicht umschliessen.

Muluc. An diesem neunten Tag erhält man die Belohnung für alle aufgebrachten Mühen. An dieser Stelle erkennt man, dass jegliche Anstrengung nutzlose Anstrengung ist. Bislang hat sich die Person angestrengt, Anstrengungen zu vermeiden – ein recht widersprüchlicher Weg zu agieren ... bis jetzt.

Oc. Nun, da man die Last der Erkenntnis fallengelassen hat und das Tonal so gesehen hat, wie es ist, ist der Schüler bereit, vollständig in den Zustand der Dinge einzudringen. Das ganze Sein wird befreit von den Begrenzungen, eine Ansicht zu haben. Eindringen in die Materie findet statt.

Chuen, ohne Flamme brennen, heisst leiden. Dunkelheit der Seele kommt über den Schüler, und kein Weg führt hinaus. Was bislang so gut ablief, scheint alles nutzlos zu sein. Alles ist still.

Eb. Am zwölften Tag beginnt ein langer Prozess: das Herausklettern. Dargestellt wird es durch das Wachstum der Maispflanze. Bis jetzt war nur der Samen gepflanzt. Nun beginnt das Wachstum. Der Keim stirbt und wird durch die Befruchtung zu neuem Leben verwandelt. Die Pflanze wächst nach oben und benutzt dazu die Energie, die im Keim aufbewahrt wurde.

Ben. Der Tod des Samens ist die Geburt der Pflanze. Die ewige Rückkehr hat begonnen, das Wachstum geht weiter, und die Last der Vergangenheit wird leichter.

Ix. Vom Regen völlig rein gewaschen blüht der Mais. Der Kandidat ist von Vergangenheit völlig frei, die Energie des Samens ist verschwunden. Man kann sich dem Rande des Nagual nähern. Keine Ansichten halten den Wanderer mehr zurück.

Men. Obwohl er nahe der Perfektion ist, ist der Initiant noch nicht dort. Auch beschäftigt man sich nicht mehr mit dem Prozess selbst, denn dieser geht seinen Weg. Nur Leidenschaft und unermüdliche Arbeit kann die gebrauchte Energie zur Verfügung stellen.

Cib. Das volle Licht des Bewusstseins leuchtet auf das ganze Tonal. Alles wird so gesehen, wie es ist, keine Illusion bleibt zurück, bis auf eine, und das ist das Bewusstsein selbst.

C'haban. Das Licht des Bewusstseins, das auf alle Wahrnehmung gerichtet ist, muss selbst verschwinden und zu Asche verbrennen. Selbst diese Asche muss abgeschüttelt werden. Nichts von der Vergangenheit darf zurückbleiben, wenn der nächste Schritt erreicht werden soll.

Edznab. Vollkommenheit wurde erlangt. Der Schüler hat die Aufgabe erfüllt. Die Vergangenheit ist tot, die Angst stillgelegt, und der Tod verringert pausenlos die Bewegungen des «Ich». Energie fliesst frei.

Cauac. Die göttliche Natur zeigt sich im Zauberer. Es gibt keine Hinderungen, keine Hemmung, keine Wünsche, kein Wille, keine Wahl.

Ahau. Der Kreis schliesst sich. Der Schüler hat die Quelle, das Nagual, erreicht und ist eins mit der Gottheit. Keine Trennung ist möglich. Die Persönlichkeit ist ein Werkzeug, mit dem Unsichtbarkeit geschaffen werden kann.

Die Maya zeichneten Zahlen in einem System von Balken und Punkten auf. Ein Punkt ist gleich 1, ein Balken steht für 5. Die kleineren Räder auf der linken Seite repräsentieren die Heilige Runde der 260 Tage. Das innere Rad mit den Zahlen 1 bis 13 verzahnt sich mit den Glyphen für die 20 Namen der Tage des äusseren Rades. Ein Teil des grösseren Rades, auf der rechten Seite, zeigt das 365-Tage-Jahr – 18 Monate von 20 Tagen, jeder von 0 bis 19 numeriert. Die fünf übrigbleibenden Tage am Jahresende wurden für schlecht gehalten.

Sexueller Ausdruck und das Tarot

Auf den ersten Blick scheint es schwierig zu sein, das Tarot mit seinen eigenen sexuellen Ausdrucksmöglichkeiten in Verbindung zu setzen. Aber im traditionellen Tarot gab es diese Verbindung immer schon. Man zögerte lediglich, darüber zu sprechen. Sex wurde meist in der Form von «liebt er mich?», «werde ich sie gewinnen?» und so weiter behandelt. Natürlich haben sich die Wahrsageaspekte des Tarot immer mit der Geburt von Kindern und ähnlichen Dingen beschäftigt.

Bei der Behandlung des Sex müssen wir mit der Handlung selbst beginnen. Ist diese, wie fundamentale Christen glauben, böse? Handelt es sich um die Ursünde? Wenn wir uns auf dem Planeten umschauen, so sehen wir, dass Sex das beinahe universelle Mittel zur Reproduktion einer Spezies ist. Wenn du das nächste Mal die Schönheit einer Rose bewunderst oder den Duft einer Blume geniesst, erinnere dich daran, dass die Blüten die Sexualorgane der Pflanzen sind.

Ist der Sexualakt ein zu überwindendes Problem? Sicherlich ist der Sexualakt kein grösseres Problem als Essen und Trinken. Beim genauen Hinsehen kann man erkennen, dass Sex nicht das Problem ist. Was wir über Sex denken, macht das Problem erst aus. Wenn man andauernd über Sex nachdenkt, hat man ein Problem, genauso wie man ein Problem hat, wenn man immer über das Essen nachdenkt. Wenn man im Sexualakt nicht befriedigt wird, dann hat man ein Problem. Wenn man wegen der Sexualhandlung von Schuldgefühlen geplagt wird, dann hat man ein Problem. Vielleicht ist es jetzt klar, dass das Problem nicht der Sexualakt selbst ist, sondern der Gedanke über den Akt.

Kann Sex als Unterhaltung angesehen werden, oder ist Sex für die Fortpflanzung reserviert? Man glaubt, dass man das Gesamte verstehen wird, wenn man die Dinge in kleine Stücke zerlegt und sie untersucht. Das Problem bei diesem Ansatz ist, dass der Geist das Aufteilen vornimmt, und zwar in der Illusion, dass alle Aufsplitterungen Teile des Ganzen sind. Der Geist scheint unfähig zu sein zu verstehen, dass auch noch so viele Analysen der Teile niemals das Ganze erklären können, dass in Wirklichkeit die Teile überhaupt nichts mit dem Ganzen zu tun haben. Wenn sich der Geist als Überwachungsgerät der Körperhandlungen aufspielt, kann das Ergebnis aus nichts anderem als aus Schwierigkeiten bestehen.

Selten kommt es vor, dass Menschen vorsätzlich ein Kind machen wollen. Im allgemeinen fühlen sie sich durch ungezählte Gründe zueinander hingezogen; manche sind tiefgehend, manche oberflächlich; oft haben sie die Illusion, dass Sex etwas mit Liebe zu tun hat. Homosexualität als unnatürlich zu betrachten ist ein absurder Standpunkt, denn jeder, der einmal auf einer Farm gelebt hat, beobachtet Sex zwischen gleichgeschlechtlichen Tieren. Affen der verschiedensten Rassen praktizieren ein Unterwerfungsritual, bei dem sich die jüngeren Männchen den sexuellen Annäherungsversuchen der älteren fügen. Können Tiere einen unnatürlichen Akt begehen?

Die Gedanken, die man gewöhnlicherweise über Sex hat, sind kulturell konditioniert, das heisst, sie sind das Resultat der kulturellen Organisation, und nichts mehr.

Ein langjähriger Freund des Autors wurde als hübscher Maharadscha in einem nordindischen Dorf geboren. Er unterhielt seine Freunde und seine Nation (denn er ist ein hervorragender Poet der Punjabi-Sprache) stundenlang mit Erzählungen der sexuellen Intrigen, die sich in seinem Dorf ereigneten. In Nordindien sehen die Frauen einem Mann nie ins Gesicht, und sie werden immer einen Schleier vor die Augen ziehen, wenn einer vorbeigeht oder zu ihnen spricht. Die Trennung zwischen den Geschlechtern ist sehr gross, was die unvorstellbarsten Verletzungen hervorruft, und sexuelle Promiskuität herrscht zügellos. Eine Ehefrau wird ihren Mann immer Herrn soundso nennen. Sie wird den Ehemann als den Vater der Tochter bezeichnen, ohne seinen Namen zu nennen, aber in all dieser Formalität wird ein Blick oder ein zwangloser Satz Bände von Zuneigung zwischen zwei Liebenden sprechen.

In der industrialisierten Gesellschaft war es immer Brauch, Knaben so wenig wie möglich anzufassen und sie davon abzuhalten, andere anzufassen. Alle Intimität ist ritualisiert. Ein gutes Beispiel dafür ist, wie sich Geschäftsleute mit dem Vornamen ansprechen, wenn sie ein Geschäft abschliessen. Weil es kulturelle Restriktionen gegenüber Berührungen gibt und gegenüber Intimität in der Freundschaft, erhalten wir eine unausgeglichene Haltung dem Sex gegenüber. Es wird dabei erwartet, dass viel mehr Funktionen erfüllt werden als nur jene von Sex. Der Sexualakt wurde zum Universalrezipienten, durch den wir unsere Vollkommenheit verwirklichen wollen. Dies ist aber nicht seine Funktion und war nie seine Funktion. Mit diesen Erwartungen im Hinterkopf wird der Sexualakt immer unvollständig und schliesslich enttäuschend.

Die Homosexualität ist nicht das Resultat einer einzigen Ursache, sondern von vielen, die den gesamten Bereich von der Gewohnheit bis zur Revolte gegen die bestehenden Sitten umfassen. Dass es eine Verbindung zwischen Homosexualität und Unterwerfung gibt, darüber gibt es überhaupt keinen Zweifel. Alle Militärgruppen in allen Zeiten und Gesellschaften hatten homosexuelle Kulte. Manchmal, wie in der amerikanischen Marine, sind diese verborgen. Zu anderen Zeiten, wie unter den Griechen oder den Maya-Militär-Orden, wurden sie offen zur Schau getragen. Prinzipiell scheint es so, dass die homosexuelle Reaktion der Weg der Natur ist, auf Überbevölkerung der einen oder anderen Art zu reagieren. Es ist einer der Wege der Natur, das Bevölkerungswachstum zu kontrollieren.

Alle Industriegesellschaften haben heute damit zu kämpfen, die Rolle der Frau in der Gesellschaft neu zu definieren. Da die industrielle Gesellschaft männlich orientiert ist, wird diese Neudefinition nicht einfach sein. Aber es ist wesentlich und ausschlaggebend, dass die machistisch-männliche Macht gebrochen wird, denn auch die Männer müssen ihre Beziehung untereinander und mit der Gesellschaft neu definieren. Die Tyrannei eines Geschlechts über das andere ist unerfüllend und dem Individuum gegenüber destruktiv.

Der Sonnengott kopuliert mit der jungen Mondgöttin.

Diese schöne Darstellung stammt aus dem Dresdener Codex. Sie entstammt einem Abschnitt, der mit den Mondphasen zu tun hat. Die Geschichten, die von den gewöhnlichen Leuten über den Mond erzählt werden, besagen, dass sie es war, die den Sex erfunden hat und schliesslich zu einer vollständigen Dirne wurde (der launenhafte, unbeständige Mond, in fast allen Kulturen). Es gibt eine bizarre Zeichnung von ihr, wie sie dem Gott des Todes den Sex verweigert, aber es gibt eine andere ebenso bizarre Zeichnung, in der sie mit dem Todesgott kopuliert. Sie hatte viele Liebhaber, denn ihre Kinder sind die Sterne. Ihr Man war die Sonne, sein Zorn über ihr Verhalten war der Grund für die Sonnenfinsternisse. Unnötig zu sagen, dass die Ansichten der Priester über diese Angelegenheit ganz anders waren.

Vieles wurde hier über die Homosexualität gesagt, aber der Autor meint, dass dies genau gelesen werden soll und dann soll die Frage gestellt werden: Ist Masturbation Sex? Bei genauerer Untersuchung kann man sehen, dass nicht nur Homosexuelle, sondern auch Heterosexuelle masturbieren, und dass der grösste Anteil der sexuellen Stimulation vom Geist und nicht vom Körper kommt. Bei der Masturbation kann man sehen, dass der Geist den Körper zu seiner Befriedigung benutzt. Es ist der Geist, der «pervers» ist. Der Geist macht die Anziehungskraft bei einem Mädchen oder einem Jungen aus, und all der freudianisch-oberflächliche Unsinn ist das Resultat des Geistes, der sich getrennt vom Körper glaubt.

Man wird überrascht sein, dass wir zu einer Definition der Pornographie gelangt sind. Lasst uns ein wenig zurückgehen. Der Geist wurde durch die Kultur trainiert (Filme und ähnliches), all jene sexuell attraktiv zu finden, die etwa wie Rock Hudson aussehen, so dass man als sexuell unattraktiv angesehen wird, wenn man nicht wie Rock Hudson, Tony Curtis oder Betty Grable aussieht. Der Geist weiss, dass der Körper wie keine der genannten Personen aussieht, also wird er unzufrieden mit dem Körper, und eine Abneigung gegenüber dem Selbst entwickelt sich. Weil man seinen eigenen Körper verabscheut, gibt es keinen Grund anzunehmen, dass man auf andere anziehend wirkt, so dass – wenn man auf andere anziehend wirkt – die erste Reaktion Misstrauen ist. Es kann keine Befriedigung in einer Beziehung geben, die auf Selbsthass aufgebaut ist. Je mehr der Geist den Körper auslaugt, desto mehr muss die Phantasie extrem werden, um den Geist zu erregen. Schliesslich gewinnt die Phantasie die Überhand, und das Sexualverhalten wird bizarrer. Man beschäftigt sich dann mit Sadismus, Masochismus, Demütigung, Transvestitismus, sozusagen als Gipfel der Verwirrung des Geistes auf seiner Suche nach Befriedigung. Der Geist benützt Kosmetika und Make-up, um den Körper weniger sich selbst ähnlich zu machen und um Betty Grable oder Königin Viktoria ähnlicher zu werden, je nach dem Idol der Zeit.

Pornographie ist das Produkt von Selbsthass.

Sex ist ein Teil des Lebens, nicht weniger oder mehr bedeutsam als ein Stern oder eine Blume. Sex kann nur zur Befriedigung führen, wenn er nicht mit Erwartungen überladen wird. Sex, wie Nahrung, kann aus vielen Gründen befriedigen.

Sex galt nie bloss der Fortpflanzung. Sex ist jene Handlung, die den Menschen zeigt, dass sie ein Bedürfnis und eine Abhängigkeit von und für einander haben. Die Botschaft hier klingt nicht anders als alle anderen auch: Harmonie in dir selbst schafft Harmonie in der Welt um dich.

Das Öffnen der vier Eckpunkte des Selbst

Der Gebrauch der «Kreuz des Quetzalcoatl»-Anordnung, um über die Natur der Möglichkeiten wahrzusagen

Die Methode des Kartenmischens

Die Karten werden aus der Schachtel genommen und mit der Bildseite nach unten auf einen freien Tisch gelegt. Entspannen Sie sich. Schliessen Sie Ihre Augen und lassen Sie die Sorgen des Tages verschwinden. Sie haben viel Zeit.

Sie werden erkannt haben, dass die Karten grösser als gewöhnliche Spielkarten sind. Die meisten Tarotkarten sind recht gross; sie in der herkömmlichen Art zu mischen ist schwierig, aber nicht unmöglich. Die Standardmethode des Mischens in der Hand wird für Tarotkarten allerdings nicht verwendet, da die Karten nicht nur vermischt werden sollen, sondern einige von ihnen sollen dabei auch umgedreht werden. Man teilt dazu das Paket in zwei etwa gleich grosse Hälften und legt diese vor sich hin. Danach werden die beiden Handflächen auf die oberste Karte der beiden Pakete gelegt, und man beginnt die Karten in Kreisbewegungen zu vermischen, wie in diesem Diagramm gezeigt:

Tun Sie das so lange, bis alle Karten gut vermischt sind. Lassen Sie sich Zeit und verwenden Sie diese Bewegung dazu, den Geist zu klären. Sie können Ihre Hände verwenden, wie Sie wollen, aber die Bewegung muss immer in der gleichen Richtung ausgeführt werden. Verändern Sie die Bewegungsrichtung nicht, weil Sie sonst die bereits verkehrt herum liegenden Karten wieder in die Ausgangsposition zurückbringen. Man muss dies ein wenig üben, aber man beherrscht es bald. Es gibt mehrere andere Mischmethoden, die alle verwendet werden können. Diese Methode wurde deshalb ausgewählt, weil sie die einfachste ist und zugleich den Benützer der Karten in die richtige Stimmung versetzt.

Auswahl der Grundkarte

Vielleicht haben Sie sich bereits entschieden, welche Karte die Person darstellen soll, für die das Tarot gelegt wird, oder die Karte, die eine Frage oder Situation repräsentieren soll, nach der Sie sich erkundigen wollen. Falls Sie es nicht getan haben, treffen Sie jetzt die Auswahl. Um dies zu tun, kann man sich wiederum mehrerer Methoden bedienen. Man sollte die Karten nicht jemand anderem überlassen, ausgenommen für das Kupieren des Kartenpacks. Legen Sie die Grundkarte dort auf den Tisch, wo Sie das Tarot auslegen wollen. Bilden Sie nun einen Kartenstoss und stellen Sie ihn vor die andere Person, wobei die Bildseite nach unten zeigt. Fordern Sie den Fragesteller auf, das Paket zu kupieren, und zwar mit der linken (nicht dominan-

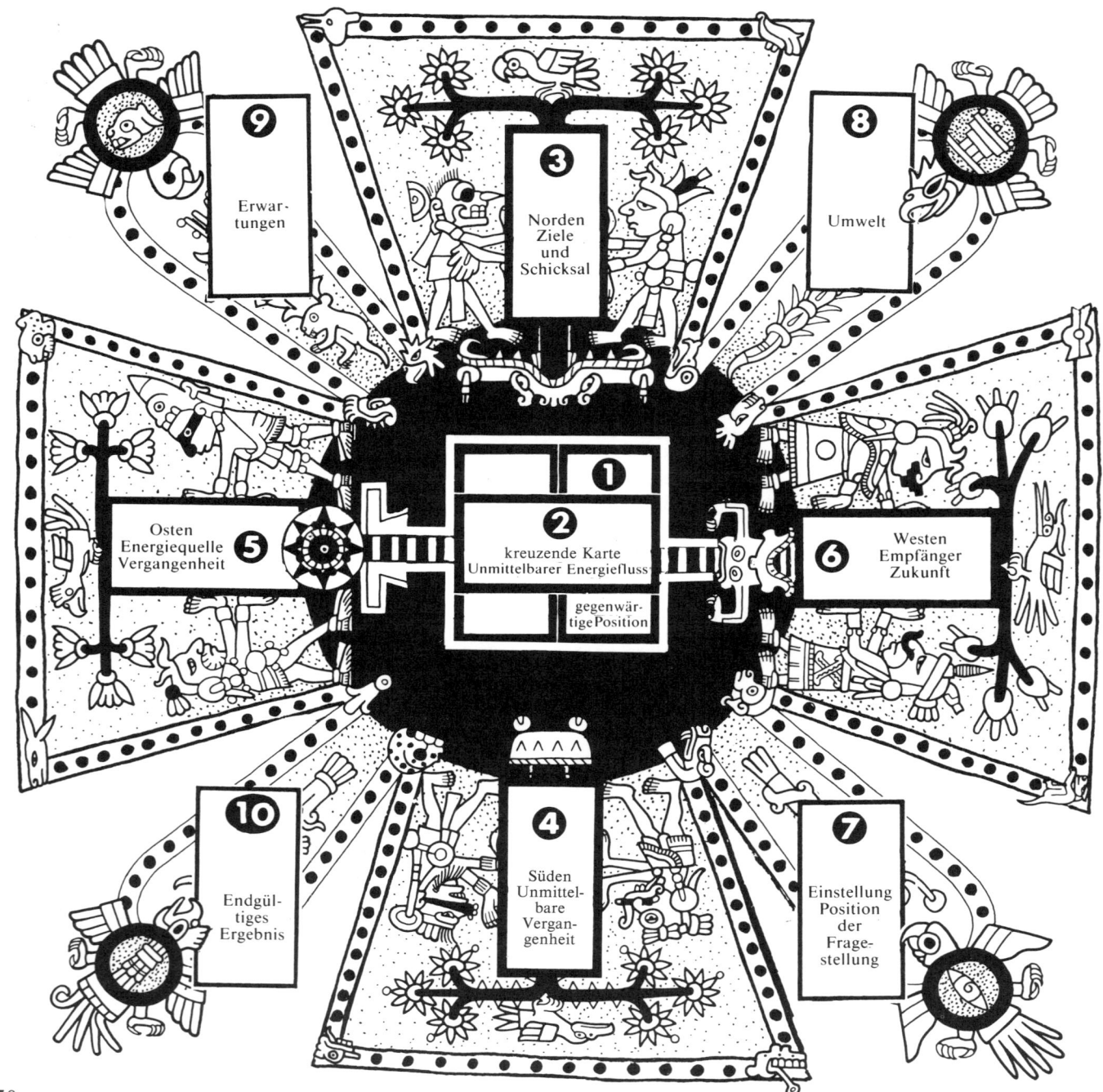

Wählen Sie eine Karte, die am ehesten der Fragestellung entspricht (falls eine Frage vorliegt). Legen Sie die Karte mit der Bildseite nach oben in die Mitte des Tisches. Mischen Sie das übrige Kartenpaket, während Sie sich auf die Frage konzentrieren. Legen Sie die Karten in folgender Weise aus.

1 *Legen Sie die erste Karte – Bildseite nach oben – neben die «Grundkarte». Diese Karte wird «Deckkarte» genannt und zeigt die gegenwärtige Position des Fragenden in bezug auf die Grundkarte.*
2 *Legen Sie die nächste Karte auf die ersten beiden. Diese wird «kreuzende Karte» genannt und offenbart den unmittelbaren Einfluss der Energie, die in dieser Situation zum Fliessen kommt.*
3 *Legen Sie die dritte Karte oberhalb der anderen Karten auf. Es handelt sich um die Karte des Nordens, die sich mit den Zielen und dem Schicksal der zu behandelnden Frage auseinandersetzt.*
4 *Legen Sie die vierte Karte unterhalb der zentralen Gruppe auf. Es ist die Karte des Südens, welche die unmittelbar vergangenen Ereignisse repräsentiert. Es ist auch die Karte des Fundaments oder des Grundes für die Frage.*
5 *Legen Sie die fünfte Karte links neben der zentralen Kartengruppe auf. Es handelt sich um die Karte des Ostens, welche die Energiequelle darstellt und dazu zeigt, wie sich diese auf zukünftige Ereignisse hin bewegt.*
6 *Legen Sie die sechste Karte rechts neben die Grundkarte. Diese Karte – die Karte des Westens – repräsentiert den Empfänger, der in dieser Situation fliessenden Energie. Die fünfte und die sechste Karte können entweder zur Grundkarte gestellt sein oder von ihr wegblicken, in den verschiedensten Kombinationen. Wenn die Karte des Ostens «verkehrt» herum steht, so zeigt dies die Schwierigkeiten der Vergangenheit an, wenn die des Westens verkehrt herum steht, so liegen die Schwierigkeiten in der Zukunft.*
7 *Legen Sie die siebente Karte rechts neben die Karte des Südens auf. Diese Karte zeigt die Position oder Einstellung des Fragestellers der Frage gegenüber.*
8 *Schlagen Sie die achte Karte auf und legen sie sie rechts neben die Karte des Nordens. Diese offenbart die Umgebung und die Tendenzen, die bezüglich der Frage auf dem Spiel stehen.*
9 *Legen Sie die neunte Karte links neben die Karte des Nordens. Sie zeigt die inneren Emotionen, Hoffnungen und Ängste gegenüber der Fragestellung.*
10 *Legen Sie die zehnte Karte links neben der Karte des Südens aus. diese Karte zeigt das Endergebnis gegenüber der Frage. Wenn es sich um eine Bildkarte handelt, dann wird sie eine Person repräsentieren, die mit der gestellten Frage zu tun hat, und das Tarot sollte erneut gelegt werden, indem diese Karte als Grundkarte verwendet wird, so dass die Einstellung dieser Person offenbar werden kann. Sollte das Resultat vage sein, verwenden Sie diese letzte Karte als Grundkarte und wiederholen Sie das Auflegen der Karten, bis Klarheit geschaffen ist.*

ten) Hand (falls dieses Kartenauslegen für Sie selbst bestimmt ist, tun Sie es selbst). Das wird dreimal gemacht. Dann werden die Karten wieder zu einem Paket zusammengefasst und es kann mit dem Auslegen begonnen werden.

Wenn die Grundkarte einen Mann darstellen soll, dann wählen Sie diese aus den Bildkarten mit männlichen Abbildungen. Die verschiedenen Qualitäten der einzelnen Karten sind im Register aufgeführt. Eine Frau wird natürlich durch eine weibliche Bildkarte dargestellt. Eine junge Person, gleich welchen Geschlechts, wird durch eine Bube-Karte repräsentiert; ein Ehemann, eine Ehefrau oder Liebhaber durch eine Ritter-Karte. Man kann auch die Karte aus den Grossen Arkanen verwenden, welche das Sternbild des Fragestellers darstellt, falls es bekannt ist. Eine Reise als Grundkarte könnte die Schwert-Sechs sein. Es gibt keine endgültigen Vorschriften, wie man vorzugehen hat, und jeder muss selbst versuchen, seine Vorstellungskraft einzusetzen und darf sich nicht von Vorschriften begrenzen lassen. Die Grundkarte kann ganz einfach eine Karte sein, die dem Ausleger auf den ersten Blick gefallen hat. Es gibt Tarot-Leger, die überhaupt keine Grundkarte verwenden, denn sie meinen, dass diese Grundkarte im gesamten Auslegen des Tarot enthalten ist und besser nicht dargestellt wird.

Die Methode, die Karten auszulegen

Die Karten werden aus dem Paket genommen, das Sie vor sich hingestellt haben. Danach werden sie ausgelegt, wobei um die Grundkarte genug freier Raum gelassen wird. Die Karten werden durch folgende Methode ausgelegt (möglichst einfach, nicht verkrampft): Nehmen Sie die oberste Karte mit Daumen und Zeigefinger jener Hand ab, mit der es Ihnen leichter fällt (zu bevorzugen ist wieder die linke oder die nicht dominante Hand) und legen Sie die Karten mit der Bildseite nach oben auf den Tisch in einer Bewegung, die von Ihnen wegführt. Sie werden bemerken, dass dies den Effekt hat, dass die Karte von ihrer ursprünglichen Lage im Paket umgedreht wird. Siehe die folgende Abbildung.

Sie können die Karten auch von der Seite oder zu Ihnen hin abneh-

men. Trainieren Sie alle möglichen Bewegungen und achten Sie darauf, was geschieht. Die beschriebene Methode wird Ihnen vorgeschlagen, aber welche Methode Sie auch immer verwenden, diese muss über das gesamte Auflegen der Karten beibehalten werden. Sie dürfen nicht mitten im Auflegen wechseln. Machen Sie es sich zur Gewohnheit, die Karten stets nach derselben Methode aufzulegen.

Das Kreuz des Quetzalcoatl

Studieren Sie die Anordnung des Kreuzes vom Beginn dieses Kapitels. Es mag recht kompliziert aussehen, aber es ist in Wahrheit nicht sehr schwierig. Eine Sache, die Sie sich einprägen sollten, ist, dass die Karten mit Norden, Süden, Osten und Westen bezeichnet sind, und dass die Karte des Ostens auf der falschen Seite zu liegen scheint. Es ist nicht die falsche Seite, denn es handelt sich hier um den Nachthimmel, wie er in der Astrologie verwendet wird. Wenn Sie diese Zeichnung über den Kopf halten und auf sie blicken, als wäre es der Himmel, werden Sie sehen, dass auch alle anderen Punkte jetzt in die richtigen Richtungen zeigen.

Lassen Sie uns nun mit dem Auslegen der Karten beginnen. Die Grundkarte befindet sich auf ihrem Platz auf dem Tisch. Neben diese, auf der rechten Seite, legen Sie die erste Karte und kreuzen beide mit der zweiten. (Ein Tarot-Leger, der grosse Erfahrung hat, kann häufig schon von der Auslegung dieser drei Karten alle Informationen herausholen.) Als nächstes legen Sie die dritte Karte gegen Norden (darüber), die vierte zum Süden (darunter), die fünfte gegen Osten (links), die sechste gegen Westen (rechts). Nun haben Sie den ersten Teil des Kreuzes, und wir werden diesen besprechen, bevor wir fortfahren.

Um richtig, nämlich aufrecht, zu stehen, müssen alle Karten mit der Unterseite zum Zentrum weisen, so dass die Karte des Südens umgedreht erscheint, wenn sie «richtig herum» liegt. Die Pfeile auf dem Diagramm zeigen die Lage der Karten an, die sie einnehmen müssen, um nicht verkehrt herum zu liegen. Als nächstes beachten Sie die Karte des Ostens, dann die zweite Karte und dann die Karte des Westens. Diese drei Karten zusammen zeigen die Bewegung der Energie für die Situation der Fragestellung auf. Die Sonne geht im Osten auf und scheint sich nach Westen hin zu bewegen. Diese Bewegungsrichtung bedeutet das Emporkommen von Energie, von Kraft. Diese Bewegung ist dann ungehindert, wenn die fünfte Karte zum Zentrum richtig liegt, die zweite Karte zur sechsten hin richtig liegt und die sechste Karte wieder richtig zum Zentrum liegt. Wenn die zweite Karte zur fünften hin «richtig» liegt, dann bedeutet das, dass die Energie im Abnehmen begriffen ist. Die fünfte und sechste Karte mögen beide umgedreht liegen, was ein Zeichen dafür ist, dass überhaupt keine Energie anwesend ist, oder die Karten können ganz vermischt liegen; offensichtlich ein Zeichen dafür, dass die Energie, die von der gegenwärtigen Situation ausgeht, von unsicherer Natur ist. Prüfen Sie die Möglichkeiten, die sich in diesen drei Karten zeigen können, denn diese sind besonders wichtig, um die involvierten Energieströme verstehen zu können.

Schauen Sie nun auf die Abbildung der ersten Karte. Wie liegt diese Karte? Notieren Sie immer zuerst, ob die Karte richtig oder verkehrt herum liegt. Diese Karte zeigt die aktuelle Position (Beziehung)

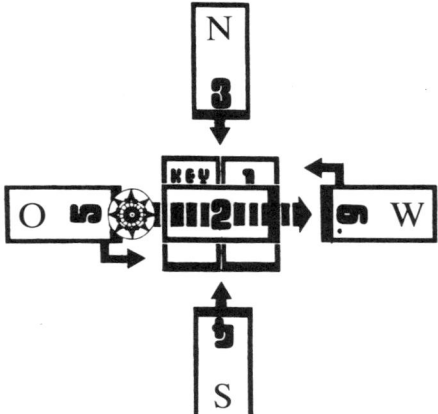

der Fragestellung der Grundkarte gegenüber an. Die zweite Karte bezieht sich auf die Richtung der Energie und die unmittelbare Beeinflussung der Grundkarte. Die fünfte Karte stellt den vergangenen Einfluss dar. Die sechste Karte repräsentiert den Einfluss der Zukunft auf die Grundkarte. Die dritte Karte, die des Nordens, weist auf Ziele und Ideale hin. Die vierte Karte, die Karte des Südens, zeigt die Grundfesten, die Grundlage der Fragestellung auf.

Legen Sie nun die nächsten vier Karten in die vier Ecken, so wie in dieser Abbildung.

Die siebente Karte bezieht sich direkt auf den Fragesteller oder die Fragestellung, wie in der Grundkarte ausgedrückt. Sehen Sie diese genau an und integrieren Sie die Karte in das, was zuvor abgelaufen ist. Die achte Karte wird rechts oben aufgelegt und zeigt Ihnen die Umgebung, das Umfeld der Grundkarte. Die neunte Karte wird in die linke obere Ecke gelegt und deutet auf die Erwartungen hin, die der Fragesteller bezüglich der Fragestellung mitbringt. Die zehnte Karte, die

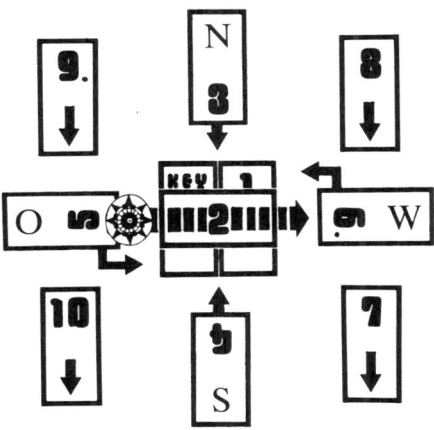

links unten hingelegt wird, bezieht sich auf das Endresultat des Auflegens.

Studieren Sie diese zehnte Karte. Sie mag keine klare Aussage mit sich führen oder eine Person darstellen. Eine Person wird gewöhnlich durch eine der Bildkarten repräsentiert. Diese mag einen Arzt darstellen, wenn es sich um eine medizinische Frage handelt, oder den Richter in einer Justizfrage (falls dies der Fall ist, sollte das Tarot erneut gelegt werden mit der entsprechenden Bildkarte als Grundkarte). So kann die Einstellung dieser Schlüsselperson ermittelt werden. Wenn die Fragestellung komplex ist, sind in der Regel mehrere Tarot-Auflegungen notwendig.

Jedenfalls sollten das die Karten entscheiden. An Sie selbst werden keine Anforderungen gestellt. Man lasse einfach die Information fliessen und es wird klar werden, was zu tun ist. Die Auslegung des Tarots lernt man nicht im Schlafe. Man muss sich darin üben, sich in die richtige Stimmung zu versetzen und zuzulassen, dass die Information in ununterbrochener Weise fliessen kann. Man muss sein Gehirn «kurzschliessen» und zulassen, dass die intuitiven Fähigkeiten die Führung übernehmen. Der Prozess ist ähnlich dem Wechsel von MW auf UKW bei einem Radiogerät. Wenn man sich UKW-Sendungen anhören will, muss man den MW-Bereich ausschalten. Nur wenige Menschen sind in der Lage, dies auch mental zu vollziehen. In der Tat kann das nicht getan werden; es muss zugelassen werden, dass es geschieht. Jeder Versuch der Kontrolle wird lediglich den Wechselprozess behindern. Es gibt dabei nichts zu fürchten, denn alles, was man zulässt, ist, dass das rationale Denken (linkes Gehirn) – d. h. gelernte Logik-Systeme – ausgeschaltet und Kontakt mit weniger unmittelbar erklärbaren Phänomenen gestattet wird. Diese Prozesse sind nicht weniger real, mit der Ausnahme, dass jeder Versuch einer rationalen Erklärung nicht zu einer Klärung verhelfen kann. Mit anderen Worten, man beginnt Möglichkeiten zu sehen, die «normalerweise» nicht wahrgenommen werden.

Die Zukunft vorhersagen

Der Autor glaubt, dass es nicht möglich ist, die Zukunft genau vorherzusagen, ausser von Leuten mit besonderen Fähigkeiten. Aber er glaubt, dass es sehr gut möglich ist, gewisse vorhersagbare Möglichkeiten zu erfassen. Hier haben wir eine gute Gelegenheit, die Zeit zu erforschen, die, wie alle einfachen Dinge, anscheinend eine komplexe Erklärung benötigt. Zeit und ihr Vorübergehen ist nichts als Bewegung und Erinnerung. Dies bedeutet, dass wenn eine dieser Qualitäten fehlt, Zeit nicht existieren kann. Eine Lebensdauer ist immer dasselbe, für einen Mensschen wie für eine Mücke, ganz egal wie diese gemessen wird. Ich bin dreiundvierzig Jahre alt, d. h. da wir die Zeit mit einem Erdumlauf um die Sonne messen, haben dreiundvierzig solcher Umläufe seit meiner Geburt stattgefunden. Wenn wir ein Jahr nach Mondumläufen registrieren würden, dann wäre ich etwa fünfhundertsechzehn Mondjahre alt. Wenn wir genau schauen, sehen wir, dass Zeit im Kopf existiert, nicht in der äusseren Welt. Etwas ist geschehen, nicht während dieses Monats, sondern zwei Monate früher; ich erinnere mich an die Monate. Wenn ich es nicht täte, gäbe es keine Zeit. Aber ich altere. Dabei handelt es sich allerdings nur um eine kulturelle Art, die Anhäufung der Wirkungen in einem Körper zu sehen. Wenn die Zeit lediglich im Kopf existiert, dann ist auch die Ansicht über das vergangene Leben, das im Gehirn aufbewahrt und die Vergangenheit genannt wird, nicht die wirkliche Vergangenheit, sondern die Erinnerung von dem, was geschehen ist. Es gibt keine Vergangenheit und deshalb kann es so etwas wie Geschichte nicht geben, ausser dem Standpunkt eines Autors gegenüber dem, von dem man glaubt, dass es geschehen ist. Ohne Geschichte kann es auch keine Zukunft geben.

Vielleicht wird es klarer, wenn wir uns ein Beispiel vergegenwärtigen: der Untergang des unsinkbaren Schiffes, der Titanic. Das Schiff sank. Es gab Weissagungen, die sagten, dass das Schiff sinken würde, und zumindest zwei Personen weigerten sich mitzufahren, weil sie an den Untergang des Schiffes glaubten. Nichts davon lässt sich abstreiten. Alles wurde nachgeprüft und für wahr befunden. Wenn keiner davon gewusst hätte, könnte man dann sagen, dass es trotzdem stattgefunden hatte? Nein. Dann kann also nichts gesagt werden, man kann nur feststellen, dass Schiffe sinken können. Wir haben diese Frage aufgestellt und bleiben immer noch zurück mit einem Schiff, das sich Titanic nennt und gegenwärtig wahrscheinlich auf dem Grund des Ozeans liegt. Dies ist ein sehr gutes Beispiel, da es sich um eine Ja/Nein-Situation handelt. Das Schiff wurde als unsinkbar gerühmt, aber einige Leute fühlten die Möglichkeit, dass es doch sinken wird: eine Entweder/Oder-Situation. Die Wetten gegen das Sinken hätten sehr hoch sein müssen. Aber mit jedem Schiff, ganz gleich wie unsinkbar es auch ist, bleibt die Möglichkeit einer Katastrophe bestehen. Jedes Kernkraftwerk, wie sicher es auch immer ist, birgt die Möglichkeit in sich, sehr gefährlich zu werden. Jedes Flugzeug, das fliegt, besitzt die Möglichkeit, abzustürzen. Also ist es grundsätzlich möglich, Katastrophen vorherzusagen, da sie dem Geschehen inhärent sind.

Vorherzusagen, dass die Titanic am 15. April 1912 um 19.30 Uhr sinken wird, ist etwas anderes. Wenn das zwei Wochen vorher ausgesagt wird, dann ist das auch sehr seltsam. Wir sehen, dass die Zeit ein kulturelles Ereignis ist und auch ein psychologisches Wesen hat. Wie können zwei unverbundene Phänomene, ein Ereignis und der Zeitpunkt des Ereignisses, zusammengeführt werden? Es scheint, dass es möglich ist, ein reales und ein konstruiertes Ereignis auf einer Basis von Treffer-Fehler zusammenzubringen. Wie dieses Zusammenkommen zustande kommt, bleibt rätselhaft. Kein Zweifel besteht darüber, dass dies ausserhalb eines rationalen Systems stattfindet, dass es nicht errechnet werden kann und nicht logisch ist. Trotzdem findet es statt und kann erspürt werden. Es kann lediglich nicht untersucht und erklärt werden. Das scheint darauf hinzuweisen, dass es eine Stelle gibt im Gehirn/Geist, in der nicht rationale Erfahrungen einen logischen, aber unverbindlichen Ausdruck finden; eine Art zu sein, die sich nur dann zum Ausdruck bringen kann, wenn der intellektualisierende, Ordnung schaffende, verbindende Mechanismus ausgeschaltet ist. Wir sprechen nicht über Wahnsinn, sondern lediglich über jene Art zu erfahren, über die nicht gesprochen werden kann, weil sie nicht in Worten ausgedrückt werden kann. Es gibt eine ungeheure Anzahl von Konzepten, die im Englischen keine verbale Form haben, weil man über sie nicht nachdenkt oder weil sie von geringem Interesse sind. Die englische Sprache hatte vor fünfhundert Jahren keine Worte für Gedankenoperationen, weil dies für die Sprachgebraucher uninteressant war. Als man dafür Interesse fand, benutzte man griechische Worte, weil diese bereits zur Verfügung standen. Die Griechen dachten über solche Dinge nach und hatten deshalb Worte dafür. Die Eskimo-Völker kennen kein Wort für Krieg. Das Portugiesische definiert vier verschiedene Kategorien von sexy. Erst zu Lebenszeiten des Autors kam das Wort sexy in die englische Sprache. Denn heute definieren wir, was nicht-sexy ist, und das tun wir, indem wir dem Gegenteil, sexy, einen Wert zumessen. Das Tarot stellt ein hervorragendes Werkzeug dar, um Geläufigkeit mit dem Erfahren von dem, was nicht kommuniziert werden kann, zu entwickeln. Dies ist keine Abkehr von der Kommunikation, sondern ein direkter, nicht selbstbewusster Kontakt. Das Tarot ist ein Werkzeug, um zu entdecken, dass dieser Kontakt wirklich existiert und man bloss nicht über ihn spricht, ein Werkzeug, um direkt die Wirkungsweise des Unbekannten zu erforschen.

Die Auslegung der Tarot-Anordnung

Zu allererst muss eine gewisse Distanz zwischen dem Ausleger und der Karten-Anordnung gewährleistet sein; ein Fehlen persönlicher Anteilnahme, sozusagen. Erinnern Sie sich daran, dass beim Patiencelegen (das sich aus dem Tarot entwickelt hat) eine Aufmerksamkeit mit im Spiele ist, die sich als Verbot zu mogeln zeigt. Dies bedeutet die Fähigkeit, neben dem Selbst stehen zu können und zu beobachten, wie das Ergebnis sich selbst formt; der Arbeit des Schicksals zuzusehen, ohne miteinbezogen zu sein.

Sehen Sie sich die abgebildete Anordnung an. Sehen Sie sorgfältig hin und beobachten Sie die Lage der Karten. Es handelt sich um eine tatsächliche Tarot-Anordnung, bei der lediglich die Karten der Grossen Arkanen benutzt werden. Der Autor hat diese Anordnung ausgelegt, nachdem er die Karte des Weisen als Grundkarte ausgewählt hatte. Diese Karte wurde ausgewählt, da dies das erste Buch des Autors ist und er Zweifel darüber hat, ob er seine Ideen gut ausdrücken wird oder ob der Leser verstehen wird, was er ausdrücken will. Da dieses Tarot-Auflegen zu diesem Werk in Beziehung steht, wird es dem Leser in Zukunft möglich sein zu urteilen, wie gut die Auslegung ist, denn sie bezieht sich auf ein tatsächliches Ereignis, nämlich auf die Publikation und Fortführung des Maya-Tarot.

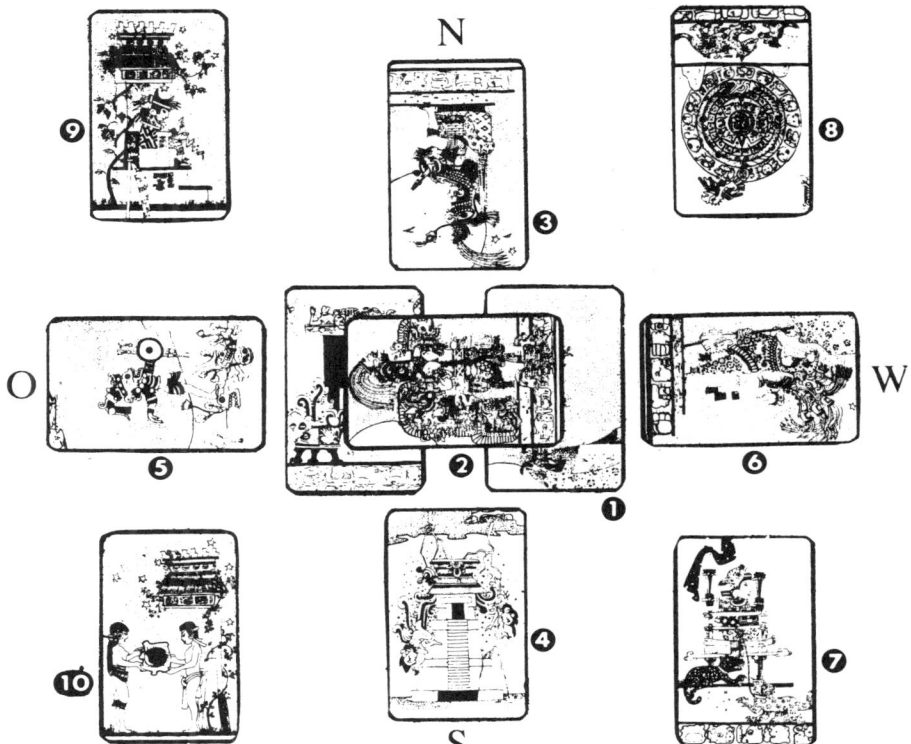

Frage: Wird der Autor das Ziel erreichen, das er sich im Hinblick auf dieses Werk gesteckt hat?

Als erstes sehen wir, dass in dieser Tarot-Anordnung nur drei verkehrt herum liegende Karten vorkommen, die Herrscherin im Norden, die Zerstörung im Süden und das Glücksrad in der achten Position. Es handelt sich um eine geringe Anzahl von umgedrehten Karten, was auf ein aufwärts gerichtetes Energiemuster hinweist. Als nächstes beachte man die Energie, die in exzellenter Weise positiv von Osten nach Westen fliesst. Alles deutet auf eine aufwärts strebende Anordnung hin. Lassen Sie uns nun jede Karte individuell ansehen.

Grundkarte: Sie wurde gewählt, da sich die Fragestellung mit Weisheit befasst und mit den Zielen dieser Weisheit. Die Karte des Weisen scheint dies gut zu repräsentieren (⚏).

1. Karte: Der Narr (⚏). Eine gute Karte, um deutlich die gegenwärtige Position des Autors auszudrücken. Er beschäftigt sich mit dem Unbekannten und tritt in neue Bereiche ein, in denen er sich nicht auskennt und in denen er wenig Führung durch andere erwarten kann. Der Erfolg der Karte hängt von der Fähigkeit ab, mit dem Fliessen der Umstände gehen zu können.

2. Karte: Der Herrscher (•••). Der unmittelbare Einfluss zeigt sich in der Karte der Schöpfung durch Wille und Macht. Die Karte weist in die richtige Richtung und befindet sich an der Energiequelle; eine besonders mächtige Karte in dieser Stellung. Sie stellt Verwirklichung durch Handeln dar. Hier eine sehr glückverheissende Karte, nichts Vages ist an ihr. Sie bedeutet: Die Energie ist verfügbar, benutze sie!

3. Karte: Die Herrscherin (•••), umgedreht. Da es sich hier um die Schicksalsposition handelt, haben wir es mit einer Warnung zu tun, das Selbst mit grosser Sorgfalt zu beobachten. In dieser Position kann die Herrscherin von der Vitalität der Herrscherkarte zehren. Aber wegen der Kraft des Herrschers ist es das Beste, die Herrscherin als ein Warnungszeichen zu nehmen, das stürmisches Wetter auf der Ich-Ebene ankündigt. Es ist die Karte der Manipulationen und der Warnung bezüglich der Schwierigkeiten, seinen ersten Zielen treu zu bleiben.

4. Karte: Die Zerstörung (≜), umgedreht. Hier begegnen wir der Basis der Fragestellung, der Grundlage des Anliegens des Fragestellers. Möchte der Fragesteller die bestehende Ordnung auf den Kopf stellen? Verkehrt herum liegend haben wir es hier mit der Karte des Unfalls und der Zerstörung zu tun, aber diese darf hier nicht negativ interpretiert werden, da es die Karte der Befreiung ist. Es wird nahegelegt, dass das Erreichen des Zieles zufällig geschehen wird. Die notwendige Befreiung, um das Unbekannte auszudrücken, wird trotz Anstrengungen zustandekommen.

5. Karte: Der Tod (≣). Diese Karte befindet sich im Osten, der Stelle der aufsteigenden Energie. Es handelt sich um eine an dieser Stelle ausgezeichnete Karte, denn sie bezeichnet das Ende des Alten und den Beginn des Neuen. Ein neuer Tag, eine neue Bewegung. Es ist die Karte der Zukunft, die den Tod des Vergangenen bedeutet.

6. Karte: Der Hohepriester (━). Dies ist die Karte von jenem, der das Wissen weitergibt. Der Hohepriester ist der Diener der Gesellschaft, und in dieser Position wird er ein guter Diener sein. Es ist eine sehr schöne Energieverteilung: die Bewegung der Energie vom Tod über den Herrscher zum Hohepriester, überfüllt mit beinahe ununterdrückbarer Energie, die der Menschheit von Nutzen sein wird.

7. Karte: Der Krieger (⚌). Die Karte des Sieges, guter Nachrichten und Offenheit, die den Fragenden selbst offenbart. Seine Ideale scheinen sehr hoch gesteckt zu sein. Die Karte bedeutet Willen zur Handlung, in offener und echter Weise zu forschen, im Bewusstsein, dass das, was als Fehler erscheinen mag, in Wahrheit eine gute Möglichkeit zu lernen darstellt. Es ist die Karte der Sprache und der Ausdrucksweise. Sie deutet auch darauf hin, dass sich der Fragende viele Gedanken über die Formulierung der Frage gemacht hat, so dass sie sich gleichzeitig offenbaren und verstecken wird. Die Karte weist auch darauf hin, dass die Ziele durch die Fähigkeit der sprachlichen Ausdruckskraft erreicht werden.

8. Karte: Das Glücksrad (≡), umgedreht. Es ist die Karte des Lernens in der Position der Umwelt. Umgedreht schliesst sie Wiederholung mit ein. Wenn wir die gegenwärtige Umgebung nehmen, scheint es, dass der Fragesteller notwendigerweise immer wieder das Grundlegende wiederholen wird, damit seine Botschaft verstanden wird. Es wird unendliche Wiederholungen geben (wie etwa eine Vortragsreise). Da diese Karte nach der des Kriegers, der Karte der Sprache, steht, bedeutet das, dass die Wiederholung sich in sprachlicher Form äussern wird; das gilt auch im Hinblick auf die gegenwärtige Situation des Fragenden.

9. Karte: Die Hohepriesterin (••). Dies ist der Platz der Erwartungen und der inneren Emotionen. Die Priesterin ist die Karte der vermischten Emotionen, der geteilten Aufmerksamkeit. Man kann sehen, dass der Fragende sich mit nicht geringen Ängsten auf die Reise zu seinem Ziel macht. Es gibt auch wenig Zweifel, dass die Energie vorhanden sein wird, um die zweifelhafte Natur dieser Karte zu überwinden. Falls die Karte verkehrtherum liegen würde, kämen grosse Schwierigkeiten durch egozentrische Kurzsicht auf. Glücklicherweise lächelt diese Karte auf die Durchführung des Zieles herab und hilft dabei, die Schwierigkeiten mit der Karte der Herrscherin zu überwinden.

10. Karte: Die Liebenden (⚌). Das Endprodukt ist die Karte der beiden zusammengeführten Hälften, die Karte der Inspiration und der Liebe. Es ist die Karte des Zusammentragens der Erfahrung. Sie drückt das Bekannte und das Unbekannte aus, die in Liebe zusammenarbeiten, und ohne Zweifel deutet dies auf ein sehr erfolgreiches Resultat.

Frage: Wird der Autor das Ziel erreichen, das er sich im Hinblick auf dieses Werk gesteckt hat?

Zusammenfassung der Auslegung: Das Ziel wurde sorgfältig unerwähnt gelassen. Allerdings ersehen wir aus der Kartenanordnung, dass starker Druck hinter diesem Ziel liegt, das mit Dienen zu tun hat und eine vielfache Wiederholung mit sich führen wird. Es hat den Anschein, als wäre die Aufgabe nicht aus den höchsten Idealen hervorgegangen, aber die Umstände der Situation werden die Dinge zu einem Abschluss führen, der nicht nur den Fragesteller verändern wird, sondern vor allem auch seine Wahrnehmung von dem, was er glaubt, dass er tut. Die Arbeit wird erfolgreich sein, aber nicht aufgrund von dem, was der Fragende glaubt, und nicht in der Weise, die er sich vorstellt.

Pflege der Karten

Da die Karten dazu da sind, die verborgenen Seiten des Selbst wiederzuspiegeln, muss man sie respektieren und mit Aufmerksamkeit und Sorgfalt behandeln. Es gibt Leute, die zwei Kartenpakete verwenden: einen Satz für den eigenen Gebrauch, einen anderen für das Legen der Karten für andere. Ihr eigener Satz ist in Seide gehüllt und wird so gut wie möglich vor den Händen und Blicken der anderen ferngehalten.

Da Seide ein Widerstand der elektrischen Leitung ist, formt sie eine gute Barriere gegen die verworrene Mischung externer Schwingungen. Seide agiert auch als Generator elektrischer Ladung und arbeitet so wie ein Faraday-Käfig. Sie isoliert die aufgebauten Schwingungen gegenüber äusserem Kontakt.

Respekt ist das Schlüsselwort. Die Karten sollten nicht als Partyspiel verwandt werden. Es handelt sich um ein sehr ernstes Werkzeug zur Prüfung des Selbst.

Zeremonialmagie und die Karten

Für jene, die an diesem Thema interessiert sind, sei gesagt, dass es viele Zeremonien gibt, die mit den Karten in Verbindung stehen. Ihr Sinn ist, den Benutzer der Karten von den alltäglichen Beschäftigungen mit der Welt um sich zu isolieren und seinen Geist auf das vor ihm liegende Werk zu konzentrieren. Der Autor schlägt einen einfachen Ansatz vor, da Zeremonien so komplex werden können, dass sie den Grund ihres Gebrauches selbst verdunkeln können.

Viele Schriftsteller können nicht denken, solang sie nicht an ihrer Schreibmaschine sitzen, oder können nur denken, wenn sie mit der Hand schreiben. Die Zeremonie erfüllt denselben Zweck. Der Autor schlägt den Gebrauch einer Art Priesterstola vor. Sie könnte schön bestickt werden. Sie kann auch als Umhüllung der Karten dienen, so dass sie beide zusammen bleiben. Hier ist ein Vorschlag für jene, die eine solche Stola haben wollen.

Diese Zeichnung hat den Vorteil, dass sie einfach ist und von beiden Geschlechtern getragen werden kann.

Die Stola soll nur aus 100 % natürlichen Materialien angefertigt und mit Seide gefüttert werden. Sie kann mit Stickereien von wunderschönen Mustern versehen werden. Die Farben sollten stark und klar sein. Sie können das Design der Gefiederten Schlange benutzen, solange es nicht kommerziell verbreitet wird.

Die Bestickung der Stola kann verschieden aussehen, je nach persönlichem Geschmack, sollte aber relativ einfach gehalten werden, so dass sie über eine Tasche faltbar ist und so eine einfache Verpackung ergibt.

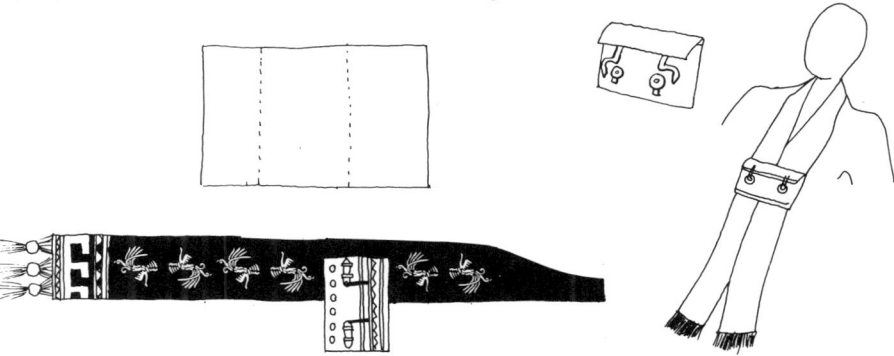

Die grosse Kreuz-Anordnung

Das erweiterte, detaillierte Auflegen von dreiundzwanzig ausgewählten Karten

Diese erweiterte Anordnung wird verwendet, um genauere Informationen zu erhalten. Sie wird anders erstellt als das «Kreuz von Quetzalcoatl». Es wird keine Grundkarte verwendet. Statt dessen werden zufällig 23 Karten aus dem Paket gewählt. Das Kartenpaket wird dann zur Seite gelegt, und die 23 Karten werden erneut gemischt. Dann werden die Karten in drei Haufen geteilt, und zwar mit der linken Hand (mit der rechten für Linkshänder). Die drei Kartenhaufen werden zusammengebracht und die Karten in der üblichen Weise ausgelegt.

In einer Spirale vom Zentrum ausgehend werden nun die Karten aufgelegt, wie in der Abbildung dargestellt. Die Karte mit der Nummer 20 repräsentiert die Person, für welche die Karten aufgelegt wurden (sie kann auch für den Auflegenden selbst stehen). Die Karten 15, 14 und 13 stehen für die *Erwartungen* der Person (20). Alle Situationen in dieser Anordnung bestehen aus drei Karten, ausser der Person selbst (20) und dem Ergebnis (18). Wenn drei Karten zusammengehören, stehen sie immer für die Vergangenheit, die Gegenwart und die Zukunft der Erwartungen (ausgenommen man behandelt Vergangenes oder Zukünftiges speziell; dann stehen sie für die nahe, mittlere und weit weg liegende Vergangenheit oder Zukunft).

Die Karten 7, 6 und 5 deuten auf Erwartungen des Fragenden gegenüber gewissen *Situationen* hin. Die *Zukunft* ist in den Karten 12, 19 und 22 repräsentiert, die *Gegenwart* in den Karten 8, 1 und 4 und die *Vergangenheit* in den Karten 23, 21 und 16. Die *Grundlage* der Fragestellung liegt in den Karten 9, 2 und 3.

Die *Möglichkeiten*, die in der Fragestellung liegen, zeigen sich in den Karten 17, 10 und 11. Das *endgültige Ergebnis* repräsentiert die Karte mit der Nummer 18.

Weil es sich hier um eine grosse Anordnung handelt, die sehr viel mehr Information enthält, braucht man auch viel mehr Praxis, um damit umgehen zu können.

Wie in der kleineren Anordnung muss man zunächst die Energien in der Anordnung selbst beachten. Sind diese im Aufschwung begriffen oder im Absinken? Als nächstes beobachten Sie die Anzahl der umgedrehten Karten. Als allgemeine Regel kann man daraus eine positive oder negative Richtung der Anordnung bereits erkennen. Die umgedrehten Karten müssen besonders vorsichtig gedeutet werden, denn wenn Karten der Grossen Arkane mit den Nummern 4 (••••), 9 (≡≡), 14 (≡≡≡) oder 19 (≡≡≡) dabei sind, werden diese durch ein Umkehren nicht in ihrem Wert «vermindert».

Hat man sich einmal Überblick über die Verteilung der Energie in der Situation verschafft und gesehen, ob es sich eher um ein negatives, positives oder ausgewogenes Auslegen handelt, so hat man ein allgemeines Mass im Hinterkopf, um die einzelnen Karten in der individuellen Position beurteilen zu können.

Fangen Sie mit der Karte 20, ganz oben, an. Diese Karte steht in der Funktion der Grundkarte und gibt Auskunft über die Person, für welche die Karten gelegt werden. In gleicher Weise werden alle Karten nun in Dreiergruppen «gelesen», und zwar oben beginnend bis zur Endkarte 18 ganz unten. Letztere steht für das endgültige Ergebnis und sollte eine klare Situation beinhalten. Wenn sie aber vage ist und nicht gut anwendbar, dann kann es sein, dass dies von der Energie der Anordnung abhängt. Eine gute, detaillierte Auslegung dieser Anordnung kann gut eineinhalb Stunden in Anspruch nehmen. Haben Sie deshalb keine Eile. Seien Sie immer entspannt und forcieren Sie nichts. Wenn ein Teil der Auslegung nicht klar ist, gehen Sie auf den nächsten Abschnitt über. Wenn so die Situation klarer wird, gehen Sie zum unklaren Teil zurück. Wenn Sie einmal erfahrener sind, wird es Ihnen möglich sein, von einem Teil zum anderen zu springen und so einen allgemeinen Eindruck vom Inhalt der Anordnung zu gewinnen. Sie müssen allerdings immer nach oben zurückkehren und summierend nach unten weiter auslegen.

Erinnern Sie sich, dass Sie am Ende der Schiedsrichter sind. Falls Sie mit dem, was Sie aus den Karten gelesen haben, nicht glücklich sind, wiederholen Sie die Auslegung. Sie werden sicherlich zu einem persönlichen Stil der Auslegung finden. *Es gibt keine richtige Art, die Karten auszulegen.* Es hängt ganz von Ihnen selbst ab. Der Autor kennt einen Tarot-Ausleger, der sehr langsam ist und wenig Selbstbewusstsein zeigt. Dennoch ist er in der Lage, eine sehr genaue Interpretation zu geben. Die Genauigkeit der Interpretation ist ja das Wichtigste. Sie dürfen nie das Gefühl haben, dass es eine richtige und eine falsche Art der Auslegung gibt. Die Information kommt von Ihnen, nicht von den Karten. Die Karten sind nur der Spiegel, durch den gesehen wird.

Die astrologischen Entsprechungen

Als der Autor die Xultun-Tarotkarten malte, sagte man ihm, dass mit jeder Karte astrologische Information verbunden werden kann. Der Autor hat nur geringe Kenntnisse über Astrologie. Man gab ihm die Zeichen und er setzte diese auf die Karten. Als es an der Zeit war, einen sinnvollen Zusammenhang herzustellen, las er ein halbes Dutzend Bücher, die alle etwas anderes sagten. Der Autor wandte sich deshalb an einen Freund, Glen Dixon, der den Ruf eines Astrologen mit grossem Scharfblick hat. Glen willigte ein, die Zeichen auf den Karten zu untersuchen und ihre Ordnung aufzudecken.

Das Resultat war dieses wunderschöne Mandala, zusammen mit einer Ordnung, die weit über das hinausgeht, was der Autor zuvor selbst versuchte. Ein wenig Studium macht klar, in welcher Weise die Karten zur Astrologie in Verbindung stehen.

Da die Astrologie eine Disziplin mit eigenen Studien und Entsprechungen ist, würde man ein eigenes Buch benötigen, um diesen Aspekt zu erforschen. Das ist in diesem Zusammenhang hier nicht möglich. Glen war allerdings so zuvorkommend, einen Aufsatz zu schreiben, in dem er die Tarot-Anordnung für jene darstellt, die bereits Kenntnisse über Astrologie besitzen. Der Autor möchte an dieser Stelle Glen für seine offene und uneingeschränkte Hilfe danken.

Die vier Dreiecke im Zentrum des Mandala stehen für die Ritter-Karten

- ▓ *Feuer. Der Stab-Ritter.*
- ▦ *Luft. Der Schwert-Ritter.*
- ■ *Wasser. Der Kelch-Ritter.*
- ▢ *Erde. Der Münz-Ritter.*

Die astrologischen Häuser, die den Karten der Grossen Arkanen entsprechen, die auf dem äussersten Kreis angeordnet sind, weisen einen Buchstaben neben der Bezeichnung auf:

- **C** Kardinalzeichen: Widder, Krebs, Waage, Steinbock.
- **F** Feste Zeichen: Stier, Löwe, Skorpion, Wassermann.
- **M** Veränderliche Zeichen: Zwillinge, Jungfrau, Schütze, Fische.

Die Planetenzeichen wurden in folgender Weise gezeichnet:

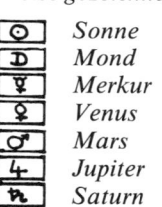

- ☉ Sonne
- ☽ Mond
- ☿ Merkur
- ♀ Venus
- ♂ Mars
- ♃ Jupiter
- ♄ Saturn
- ♅ Uranus
- ♆ Neptun
- ♇ Pluto

Die gemeinsamen Wurzeln der Astrologie und des Xultun Tarot

von Glen Wayne Dixon

Der Nutzen eines organisierten Satzes von psychologischen Symbolen liegt in deren Fähigkeit, Bedeutungen, die in der Psyche existieren, zu repräsentieren und wiederzuspiegeln; Bedeutungen, die tief unter der Bewusstseinsschwelle liegen. Diese Bedeutungen können nicht direkter angegangen werden, da wir nicht die Augen auf uns selbst richten können – wir müssen dafür einen Spiegel verwenden. Wer sich in einem Wissensgebiet mit einer ganzen Reihe von Symbolen auseinandersetzt, ist jemand, der lernt sich frei auf die archetypischen Bilder zu projizieren und die Arbeit seiner eigenen Psyche in diesen zu beobachten. Der Prozess, eine solche Disziplin zu erlernen, ist der Prozess, diese gleichzeitigen Verbindungen zwischen den objektiven und subjektiven Bereichen, zwischen Bedeutung und Symbol zu schaffen. Langsam lernt man durch diesen Projektionsprozess, wie man den Dingen Bedeutung verleiht und in den Dingen selbst reflektiert wird; man wird lernen, dass das, was zuvor als «dort draussen» erlebt wurde, in Wirklichkeit «hier drinnen» ist. So wird die Person zur Ganzheit, vereint mit dem Universum und der Bewegung des Lebens. Es verwundert nicht, dass C. G. Jung Astrologie und das I Ching praktizierte, da er verstand, wie Symbole psychische Vorgänge in der Person selbst wiederspiegeln können, und wie sie verwendet werden können, um zu einem grösseren Verständnis seiner selbst und zu einer gelungenen Integration zu gelangen.

Dies ist ein Buch über das Xultun Tarot. Für jenen, der sich mit diesen rätselhaften Bildern auseinandersetzt (so wie ich es selbst getan habe) und zunächst gelernt hat, die Verbindung zu einer anderen Reihe von Symbolen herzustellen, wird es hilfreich sein, beide in Verbindung zu setzen und die psychologische Basisarbeit zu benutzen, die so viel Zeit und Energie zur Konstruktion bedurfte. Dieses Kapitel ist für Leser gedacht, die sich in astrologischen Symbolen ein wenig auskennen und die dieses Wissen verwenden wollen, um das Tarot zu verstehen. Ich biete meine Erfahrung in der Verbindung dieser beiden Disziplinen an, nicht als ein Ersatz für die einzigartigen persönlichen Bedeutungen der Karten, sondern eher als ein Katalysator, um diese Assoziationen freizusetzen.

Es gibt mehrere Möglichkeiten, um die Symbole der Astrologie mit dem Tarot in Verbindung zu bringen. Alle scheinen umständlich zu sein, da die numerischen Aufteilungen der beiden Systeme verschieden sind. Diese Unterschiede treten besonders hervor, wenn man in feine Einzelheiten eindringt. Die Astrologie etwa legt grosses Gewicht auf die Zahlen 12, wahrscheinlich weil es 12 Neumonde oder Konjunktionen von Sonne und Mond im Jahr gibt. Diese Zahl ist im Tarot unbedeutsam. Die Zahl 10 aber ist im Tarot wichtig; eine Zahl, die in der Astrologie bis zur Entdeckung Plutos 1930 von geringer Bedeutung war. Seit der Entdeckung Plutos arbeitet die Astrologie mit zehn wichtigen Himmelskörpern (Sonne, Mond und die acht anderen Planeten). Die Aufteilung der Grossen Arkane in 22 scheint eher mit dem kabbalistischen Lebensraum in Verbindung gebracht werden zu können als mit der Astrologie. An der Wurzel des Tarot und der Astrologie steht allerdings die Aufteilung des Ganzen durch die Zahl vier, und an dieser numerologischen Basis finden wir einen gemeinsamen Bezug für beide begrifflichen Systeme. Genauso finden wir in den Grunderfahrungen der Menschen, die das menschliche Leben ausmachen, Bedeutungen, welche die beiden Systeme gemeinsam haben. Deshalb werde ich meinen Kommentar über den Vergleich auf dieses Grundniveau ausrichten, anstatt zu versuchen, eine ausführliche und umfassende Interpretation jeder Karte zu geben, die nicht nur im Hinblick auf die Astrologie erfolgen kann und in diesem Buch ohnehin gegeben wird.

Es soll ausserdem darauf hingewiesen werden, dass die astrologischen Symbole auf den Karten nur einen Teil der grösseren Symbole ausmachen und nicht mit den Karten selbst synonym sind.

Wir bedienen uns einer komplexen Organisation von Symbolen anstelle einer einfachen, um die Vielschichtigkeit der Natur des Lebens zu reflektieren. Es ist wichtig zu wissen, dass die verschiedenen Symbole in einem Ordnungsgefüge verschiedene Aspekte eines einzigen Ganzen wiederspiegeln, aber ebenso entscheidend ist es zu wissen, dass die Symbole untereinander scharf unterschieden werden. Dies macht Eigenart und Detailreichtum möglich. In dem Augenblick, in dem etwas definiert wird, in dem gesagt wird, was etwas ist, im selben Augenblick wird auch gesagt, was es nicht ist. Wenn ein Symbol alles und jedes bedeutet, dann bedeutet es überhaupt nichts. Deshalb muss ein Aufgliederungsprozess stattfinden, weil ein zusammenhängendes Gefüge von Symbolen erstellt werden soll. In diesem Prozess werden die Aspekte des Lebens auseinandergenommen, kategorisiert und den verschiedenen Karten des Spiels zugeschrieben, aber auch den Planeten, Zeichen, Häusern, Aspekten usw. Dieser bewusste analytische Prozess ist nur dann wertvoll, wenn er eine tieferliegende, natürliche Ordnung wiederspiegelt und nicht nur oberflächlich und konstruiert bleibt. Dies ist der einzige Weg, um eine Verbindung zwischen der Welt des Bewusstseins und der des Unbewussten herzustellen.

In der Astrologie wird die Einheit eines Jahres (ein Zyklus der Erde um die Sonne) zunächst in vier Jahreszeiten eingeteilt. Von einem gewissen Standpunkt aus ist dies eine willkürliche Entscheidung, da eine Jahreszeit in die nächste fliesst und keine klare Trennungslinie zwischen den einzelnen Abschnitten besteht. Allerdings sind diese Unterscheidungen auf unwiderlegbare mathematische Realitäten begründet, obwohl sie – wie der Äquator der Erde – imaginär sind. In diesem Fall handelt es sich um eine mathematische Beziehung zwischen der Erdachse und der Ebene des Solarsystems. Diese Verbindung erzeugt sozusagen die vier Kardinalpunkte des Erdumlaufes – Sonnenwenden und Tagundnachtgleichen (Äquinoktium). Eine Linie von Sonnenwende zu Sonnenwende halbiert das Jahr, eine andere von Äquinoktium zu Äquinoktium teilt es in vier Teile. Diese vier Jahreszeiten werden dann in Perioden von drei Monaten aufgeteilt. Die Interaktion zwischen den Zahlen drei und vier ergibt schliesslich die zwölf Zeichen des Tierkreises; diese sind nichts weiter als die Phasen des Jahreszeiten-Zyklus, an den sie untrennbar gebunden sind und dem sie ihre Bedeutung verdanken. Von der Erde aus gesehen tritt die Sonne jedes Jahr am ersten Tag des Frühlings in das Zeichen Widder ein. Definitionsgemäss stellt das Frühlingsäquinoktium die Spitze (oder den Anfang) des Widders dar.

Die Aufteilung in vier Jahreszeiten spiegelt sich in der Aufteilung der Niederen Arkane in vier Sätze im Tarot wieder. Die Schwerter stehen in Verbindung mit dem Frühling, die Stäbe mit dem Sommer, die Kelche mit dem Herbst und die Münzen mit dem Winter. Deshalb haben die ersten drei Schwerter das Zeichen des Widder, das des ersten Frühlingszeichens, die nächsten drei Schwerter tragen das Zeichen Stier, welches auf Widder folgt, und das dritte Trio trägt das Zeichen Zwillinge, das letzte der Frühlingszeichen. Die Zeichen werden dann noch in je drei Zehntage-Zyklen unterteilt. Jede Karte repräsentiert einen solchen Zyklus und trägt deshalb noch den planetaren «Unter-Herrscher» des jeweiligen Zehntage-Zyklus. Das Schwert-As steht in Verbindung zum Zehntage-Zyklus des Mars oder des ersten Drittels des Widders; die Schwert-Zwei steht in Verbindung zur Sonne usw. Hier soll gezeigt werden, dass eine Progression stattfindet, nicht nur von Zeichen zu Zeichen, sondern auch innerhalb eines Zeichens selbst. Die Asse der einzelnen Sätze sind besonders wichtig, um die grundlegenden Ideen des jeweiligen Satzes zu verstehen, da sie selbst mit den Kardinalpunkten in

Wechselbeziehung stehen. Deshalb wollen wir uns mit diesen speziell beschäftigen. Da die Zehn eine Zahl der Vollendung ist, können die Zehner-Karten als die Kulmination der jeweiligen Jahreszeit wiederspiegelnd aufgefasst werden. Sie tragen deshalb auch keine individuellen Symbole.

Diese Verbindungen einmal vorausgesetzt, welche Bedeutungen können wir ablesen? Anstatt wild zu spekulieren wollen wir uns die Natur der Jahreszeiten selbst ansehen. Wir sehen, dass die Hälfte des Jahres vom Anfang des Frühlings bis zum Ende des Sommers (wenn die Tage länger als die Nächte sind) eine Zeit des Ausdrucks von Licht und Energie darstellt, wenn Leben blüht und nach aussen dringt, während im Herbst und Winter der Rückzug des Lebens beobachtet werden kann, ein Zurücknehmen und Aufbewahren von Energie. Deshalb können wir sagen, dass Schwerter und Stäbe die extravertierten, expansiven, positiven Faktoren des Lebens repräsentieren, während Kelche und Münzen die introvertierten, sammelnden und aufbewahrenden Phasen wiederspiegeln. Da die Sonne als strahlendes Zentrum des Selbst gesehen werden kann, können wir auch die Zunahme der Tageslänge im Winter und Frühling und die Abnahme in Sommer und Herbst zu Münzen und Schwertern als Selbstwachstum oder persönliche Angelegenheiten, und Stäbe und Kelche als Selbstabnahme oder nicht persönliche Angelegenheiten in Beziehung setzen. Kombinieren wir beide, dann können wir sagen, dass die Schwerter für die Behauptung des Personalen stehen, für die Welt des Individuellen und den Konkurrenzkampf. Stäbe stehen für unpersönliche Dinge, die Welt der Kreativität und der selbstlosen Handlung. Kelche repräsentieren die Konservierung des Nicht-Personalen, die Welt der Aufrechterhaltung von Beziehungen und von Sicherheit. Münzen stehen für das Konservieren des Personalen, die Welt der Hilfsmittel und des «Business».

Genauer gesagt ist der Frühling eine Zeit grosser Energien, eine Zeit des Wachstums, aber er ist auch eine Zeit der Anstrengung und Strapazen. Das neue Leben, das um seine Existenz kämpft, ist immer noch jung und unterentwickelt und muss viele Hindernisse überwinden. Aber es ist im Besitze dieser mehr als reichlichen Vitalität der Jugend, um diese Aufgabe erfüllen zu können. Deshalb sind Schwerter Karten der Initiative, der Unternehmungslust; von Mut und Kampf; von Schwierigkeit, Sieg und Niederlage; Karten von Leben und Tod. Das As zeigt ein Schwert, das aus dem Boden spriesst wie eine neue Pflanze. Es hat seinen Weg zum Licht gefunden und steht bereit, um um seinen Platz in der Sonne zu kämpfen. Es ist die Karte des Zehntage-Zyklus des Mars im Widder; Mars, der Gott des Krieges, dessen Symbol dem Schwert und Schild ähnelt oder dem eregierten Penis; Widder, dessen Symbol der Rammbock ist; Widder, der mit dem gesenkten Kopf angreift; all dies sind angemessene Ornamente der ersten Karte des Satzes, die den Willen zu leben wiederspiegelt; Mut und Kraft, der Wille frei zu sein und gegen alles und jedes zu kämpfen, was versuchen sollte, diese Freiheit einzugrenzen oder zu unterdrücken.

Der Sommer ist die Jahreszeit der Vollendung, wenn Blüte und Wachstum erreicht werden. Die Vermehrung hat einen Zustand der Fülle hervorgerufen, die Schwierigkeiten weichen dem Einfachen, und die Belohnung für die vergangene Anstrengung kann geerntet werden. Die Stäbe sind Karten der Aktivität, erfolgreicher Unternehmungen, energetischer Ausdrucksfreude, Enthusiasmus, Erholung, Stärke und Meisterschaft. Das As zeigt eine Schale, die von den Feuern des Lebens überfliesst, ein Symbol der Vitalität und der schöpferischen Potenz. Die Symbole, die den Zehntagezyklus des Mondes im Krebs widerspiegeln, scheinen zunächst unangebracht zu sein, denn was können diese Wassersymbole der Mutter, des Zuhause, des Instinkts, der Hingabe und der Empfängnis und Abhängigkeit mit der feurigen Brillanz des Sommers zu tun haben? Die Symbole erinnern uns daran, dass das Leben im Meer geboren wurde, dass die Schöpfung im Mutterleib stattfindet (symbolisiert in der Schale mit den Flammen), wo der schöpferische Funke genährt und weitergetragen wird. Die Flamme, die auf der Karte abgebildet ist, bewegt sich strahlend nach aussen und ist positiv; aber gleichzeitig ist sie nachgiebig und abhängig. Sie ist für immer an ihren Brennstoff gebunden, an ihre Quelle und ihren Ursprung. Genauso ist es im Sommer: Wenn das Leben seinen Höhepunkt erreicht hat, sind wir am ausgeprägtesten passiv und faul. Wir liegen beim Swimmingpool herum und absorbieren die lebensspendenden Strahlen. Die Wurzeln der Macht der Stäbe werden hier offenbar: um grosse kreative Kräfte zu mobilisieren, muss man völlig empfangend werden, offen für diese Kräfte, um Brennstoff und einen Behälter bereitzustellen. Man muss sich den Kräften völlig übergeben und ihnen so die Möglichkeit bieten, spontan und intuitiv durch uns zu wirken. Es ist das Ich, das dem kreativen Feuer als Brennstoff geopfert wird.

Mit dem Herbst erreichen wir den Zustand der Ausgeglichenheit. Die Nächte beginnen länger zu werden als die Tage. Das Leben fängt an, sich in die Samen zurückzuziehen – ein Rückzug von der Ausdehnung. Die Spenden der Ernte werden in die Häuser genommen und aufbewahrt, um den Mangel der Jahreszeiten auszugleichen. Kelche sind Karten, die mit «Hineinnehmen» zu tun haben, der Befriedigung von Bedürfnis und Mangel, dem Wegnehmen von dem, was im Überfluss vorhanden ist, so dass das, was zuwenig ist, vermehrt werden kann. Es geht um Vervollständigung. Deshalb haben Kelche viel mit menschlichen Beziehungen zu tun, besonders mit Partnerbeziehungen, in denen wir das auszugleichen versuchen, was uns selbst fehlt. Egoismus und Unabhängigkeit muss geopfert werden, damit die Partnerbeziehung wachsen kann. Das As zeigt einen grossen Kelch, ein Symbol des Aufnehmens, des Aufbewarens. Ein leerer Kelch verlangt danach, gefüllt zu werden. Dieser Kelch ist auch mit Blumen geschmückt – Symbole der Kunst, Düfte, Frische, Romanze, Anziehung und Sexualität – und mit einem Vogel, Symbol der Musik und der Leichtfertigkeit. Es besteht die Verbindung zum Zehntagezyklus der Venus in der Waage, dem Symbol des Ausgleichs, der Harmonie, der Zuneigung, Kooperation und des Friedens. Der Herbst ist die schönste Zeit des Jahres, wenn das Laub ausgelassen mit Farben zu spielen beginnt und die Tage weich und sanft sind. Diese Schönheit ist ein Ergebnis des Nach-Innen-Kehrens des Lebens; so wie die Schönheit magnetisch ist, zieht sie eher nach innen als nach aussen. Das Symbol der Venus, das einem Handspiegel gleicht, zeigt, dass dieses Nach-Innen-Kehren auch die Form des Narzissmus und der Eitelkeit annehmen kann, oder aber die Form des Seelen-Suchens und der Selbsterkenntnis, die von der Ausarbeitung unserer Beziehungen kommt und uns dazu bringt, uns selbst in den anderen widergespiegelt vorzufinden.

Im Winter vervollständigt sich der Rückzug des Lebens. Die Vegetation ist gestorben, das Leben schläft und wartet, von der Wärme des Frühlings wiedererweckt zu werden. Viele Tiere ziehen sich in Sicherheit und Abgeschlossenheit zurück, um Energie zu konservieren. Lange Nächte und kaltes Wetter fordern zu Aktivitäten im inneren eines Hauses und zu längeren Schlafperioden auf. Es ist nicht ein Zustand permanenter Ruhe, sondern eine Vorbereitung auf zukünftige Unternehmungen. Diese Jahreszeit kann sehr produktiv sein, so wie die Kälte einige Tiere veranlasst fortzuziehen, so können wir diesen Umstand als einen Hinweis auffassen, uns aktiver und aufgeweckter zu fühlen. Münzen sind Karten von ausdauerndem Fleiss, von Selbstverteidigung, Anhäufung von Quellen, praktischer Notwendigkeit, weltlichen und irdischen Angelegenheiten aller Art. Das As ist mit Symbolen von Wachstum und Beschützung ausgeschmückt und steht in Verbindung zum Zehntagezyklus des Saturn im Steinbock – Symbol der Vaterschaft, Autorität, Begrenzung; der Ambitionen, Verantwortung und Disziplin. Die Strenge des Winters ist es, die uns lehrt, den Wert der Vorsicht, Vorbereitung und Klugheit zu schätzen. Zeiten der Begrenzung sind es, die uns lehren, wieder auf die Erde zurückzukommen (wie die Schlange auf der Karte), um unsere Potentiale in konkreter Form zu manifestieren. Diese Zeiten weisen aber auch auf die grosse Gefahr hin, dass wir auf die unterste Stufe sinken, uns der Gier und dem Besitzstreben ausliefern und in zynischer Selbstsucht und Egoismus verhärten. Durch das unpersönliche Feedback der Realität lernen wir, dass wir vom Leben erhalten, was wir hineinstecken, und dass wir deshalb unsere Verantwortung unseren Handlungen gegenüber akzeptieren müssen, und letztlich, dass die Belohnungen ehrlicher Anstrengungen es wert sind, unseren Beitrag zu leisten.

So kommen wir zum Frühling zurück und vervollständigen den Zyklus, während wir uns daran erinnern, dass das Tarot (Taro = Rota, ein Rad) ein sich zyklisch erneuerndes Ganzes ist, und nicht eine lineare Progression mit einem Anfang und einem Ende.

Die zwölffache Unterteilung des Jahres in vier Jahreszeiten von jeweils drei Monaten ist nicht die einzige Beziehung zwischen den Zahlen drei und vier, um eine allgemeine Ordnung und Klassifikation des Tierkreises zu erreichen (eine Ordnung, die durch beigelegte Eigenschaften auch dem Tarot zukommt). Allgemeiner verbreitet und nützlicher ist die Klassifikation der zwölf Zeichen in vier Elemente und je drei Modalitäten (oder Qualitäten). Diese Elemente sind Feuer, Erde, Luft und Wasser, und die Qualitäten werden als kardinal, fest und veränderbar charakterisiert. Die Elemente sind abwechselnd auf dem Rad angeordnet, angefangen beim Feuer und in der angegebenen Ordnung fortschreitend, so dass die Zeichen jedes Elements ein gleichseitiges Dreieck und nicht Gruppen formen, wie es etwa für die Jahreszeiten der Fall ist. Die Qualitäten werden ebenso abwechselnd zugeschrieben und man wird rasch bemerken, dass die Kardinalzeichen jene der Sonnenwenden und der Tagundnachtgleichen sind. So beginnen die Zeichen Individualität zu gewinnen, denn es gibt jeweils drei Feuer-, Erd-, Luft- und Wasserzeichen und jeweils vier Kardinalfeste und veränderbare Zeichen, aber es gibt nur ein kardinales Feuerzeichen, ein festes Erdzeichen usw.

Das Konzept der vier Elemente verweist auf eine in der Natur vorhandene Tendenz, zu trennen und in hierarchischen Strukturen zu ordnen, in Niveaus und Dichten; eine Idee, die im Symbolismus der Bilder selbst steckt. Dieses Konzept lässt sich auf viele verschiedene Bereiche des Lebens ausdehnen. Wenn wir uns mit der physikalischen Welt auseinandersetzen, dann finden wir Ausdehnungszustände der Materie – Erde steht in Verbindung zu fester Materie, Wasser zu Flüssigkeiten, Luft zu Gasen und Feuer zu Energie. In menschlichen Beziehungen finden wir die vierfache Konstitution des Menschen wiedergespiegelt – Erde als Körper, Wasser als Seele (Gefühle), Luft als intellektuelle Seele (mind) und Feuer als Geist. In der Jungschen Terminologie korrelieren die Elemente mit den vier Persönlichkeitsmodalitäten – Erde als Empfindung, Wasser als Gefühl, Luft als Denken und Feuer als Intuition. Im interpersonalen Sprachgebrauch stehen sie in Beziehung zu den vier Typen der Liebe – Erde als Sexualität, die Anziehung des Körpers; Wasser als Eros, der ozeanische Drang zur Vereinigung; Luft als *Philia,* brüderliche Liebe und Freundschaft; Feuer als *Agape,* selbstlose Liebe in religiösen oder nicht besitzergreifendem, romantischem Sinn.

In okkulter Hinsicht sehen wir die Beziehung zu verschiedenen Schwingungsebenen und Niveaus der Realität, die der vierfachen Konstitution des Menschen entsprechen – die Erde als materielle, physische Ebene, Wasser als die Ebene des Astralen und des Wunsches, Luft die Ebene des Kausalen und Mentalen, Feuer als die Ebene des Spirituellen. Der Symbolismus, der in den Bildern steckt, hilft uns in der Vorstellung gleichzeitiger Existenz verschiedener Schwingungsebenen im selben Raum-Zeit-Punkt, denn wir können sehen, wie Boden, Wasser, Luft und Energie gemeinsam zum gleichen Zeitpunkt und auf dem gleichen Ort existieren können. Wir nehmen die dichte physische Ebene mit unseren Sinnen wahr, da sie auf diese besondere Wellenlänge eingestellt sind; dennoch gab es immer Leute, deren Sinne feiner eingestellt waren und die subtilere, verfeinerte Aspekte der materiellen Welt wahrnehmen konnten, wie etwa die Energiefelder, die alle Menschen umgeben. Auf der anderen Seite wird die astrale Ebene durch unsere Gefühle verstanden; wenn wir etwa unbestimmte Ahnungen haben und manchmal Dinge anderer Personen erfühlen (speziell solcher Personen, mit denen wir in emotionaler Verbindung stehen). Diese Ebene ist die Quelle der Träume, symbolischer Visionen und paranormaler Eindrücke.

Durch den Geist (mind) «sehen» wir auf der kausalen Ebene: Durch mentale Konzentration und Ausschalten des sensorischen Inputs werden wir uns eines anderen Ortes bewusst, der nicht nur unserer Imagination entspringt, sondern auch objektiv vorhanden ist. Grosse Denker erfinden nicht nur einfach die Wahrheiten, die sie ausdrücken, sondern sie entdecken sie in derselben Weise, wie jemand etwas auf der physischen Ebene entdecken mag. Und durch das Herz (Geist) erfahren wir die spirituelle Ebene des Lebens. Indem wir uns selbst aufgeben und den intuitiven Eingebungen des Geistes folgen, entkommen wir dem Gefängnis des Isolierten Ichs und können wirklich das Sein eines anderen Menschen oder die Essenz des Lebens selbst *erfahren*.

Dieses Konzept lehrt eine sehr wichtige Lektion. Nämlich, dass die idealen und himmlischen Welten nicht woanders existieren, getrennt von der Welt der Formen und der konkreten Realität, sondern *genau hier und jetzt* sind, dass sie alles durchströmen und hinter den Sinnen versteckt liegen, hinter den faktischen Realitäten, die sie beseelen.

Wir müssen nicht warten, bis unser Körper stirbt, um in den Himmel zu gelangen. Wir sind bereits dort und müssen dies nur realisieren, indem wir die Schwingungsebene unseres Bewusstseins anheben. Wir können den Himmel auf Erden haben, wenn wir dafür arbeiten wollen. Dies ist der Grund, warum wir danach suchen, das Physische in symbolischer anstatt in wörtlicher Form zu sehen (obwohl beide ihre Berechtigung haben).

Wenn wir einmal gelernt haben, in dieser Weise durch die Dinge hindurchzusehen, dann werden Symbole wie Tarotkarten oder astrologische Zeichen lebendig und beginnen, uns ihre Geheimnisse zu offenbaren, was für uns sehr nützlich ist.

Wenn wir den Symbolismus der vier Elemente an die Xultun-Bilder anlegen, sehen wir, dass er sich in den drei Hauptabschnitten der Karten verschieden auswirkt. Da die Niederen Arkane als Ganzes gesehen sich mehr mit dem äusseren Leben auseinandersetzen, beschreiben die Elemente, die dieser Ebene beigefügt werden, die vorhandenen Möglichkeiten äusserer Erfahrungen. Die numerierten Karten beschreiben die archetypischen Situationen und Umstände der Existenz, während die Bildkarten die verschiedenen Typen von Menschen darstellen, denen man begegnen mag, und die eine Rolle im eigenen Leben spielen können. Da die Grossen Arkane sich mehr mit dem inneren Leben auseinandersetzen, beschreiben die Elemente die verschiedenen Ebenen, in denen wir uns erfahren und entwickeln, und sie helfen, die Meilensteine dieses Prozesses zu markieren.

Die Elemente lassen sich dem Satz der Niederen Arkane in folgender Weise beifügen: Erde steht in Beziehung zu den Münzen, Wasser zu den Kelchen, Luft zu den Schwertern und Feuer zu den Stäben. Diese Beziehungen liegen übereinander und sind verbunden mit den jahreszeitlichen Korrelationen, um den Sätzen zusätzliche Bedeutung zu verleihen. Die Symbole für die individuellen Zeichen jedes Elements können auf den Bildkarten jedes Satzes wiedergefunden werden – die ersten vier oder ursprünglichen Zeichen auf den Königen, die nächsten vier oder individuellen Zeichen auf den Königinnen und die letzten vier oder universalen Zeichen auf den Buben. Mit anderen Worten findet man das Zeichen für die drei Feuerzeichen auf dem König, der Königin und dem Buben der Stäbe, das der drei Wasserzeichen auf König, Königin und Bube der Kelche usw. Der Ritter aus jedem Satz entspricht dem jeweiligen Element als ganzes und trägt dehalb kein individuelles Zeichen. Interessant mag sein, dass die Sätze, die mit ungeraden Zeichen verbunden sind – die Feuer- und Luftzeichen, die als positiv polarisiert angesehen werden (ausdrucksstark, aktiv, dynamisch etc.) – Symbole aufweisen, die männlich/phallisch sind, während die Sätze, die mit geradzahligen Zeichen verbunden sind – die Erd- und Wasserzeichen, die negativ polarisiert aufgefasst werden (zurückhaltend, aufnehmend, stabil – Symbole weiblicher/vaginaler Natur aufzeigen.

Es ist wichtig, dass wir die Symbole, die den Bildkarten zugesprochen werden, bei der Interpretation nicht «überwörtlich» nehmen. Die Königin der Kelche repräsentiert nicht notwendigerweise «einen Skorpion» (eine Person, deren Sonnenzeichen Skorpion ist). Sie bezeichnet aber eine Person, die die Qualitäten besitzt, die durch das Zeichen Skorpion symbolisiert werden, und zwar im Kontext einer gegebenen Situation. Die gleiche Person kann in verschiedenen Kartenanordnungen durch verschiedene Karten dargestellt werden – in Abhängigkeit von ihrer Rolle in der bestimmten Situation. Genauere Kenntnisse über Zeichen und Persönlichkeitsmerkmale kann für den hilfreich sein, der sich auf diesem Gebiet besondere Fähigkeiten erarbeiten will.

Wenn wir uns den Karten der Grossen Arkane zuwenden, treffen wir auf den Zug des Xultun Tarotspiels, der sich am radikalsten von den Grundlagen der Vergangenheit aus entwickelt und begründet. Ich erinnere mich an 1976, als ich Peter besuchte.

Zu diesem Zeitpunkt arbeitete er an dem Bild für die Grossen Arkane, und ich erinnere mich, wie verblüfft ich war über die intuitive Richtigkeit des vereinigten Konzepts und über die Tatsache, dass er die Konzeption gerade zur Wintersonnenwende von 1975 entwickelte – in einem Jahr, das für Okkultisten von so grosser Bedeutung war. Ich meine, dass es gerade deshalb zu einer Regeneration und Reorganisation dieser Archetypen der inneren Ebenen kommt, weil sie in ein Zeitalter gehören, in dem der Wert und die Wichtigkeit des subjektiven Weiterkommens und der Erfahrung wiederentdeckt werden.

Ich muss noch einer Methode begegnen, um die astrologischen Symbole mit den individuellen Karten in Verbindung zu setzen (obwohl ich dem Leser vorschlage, dass er sich darüber selbst Gedanken macht). Wenn wir die Karten zum Gesamtbild zusammenfassen, sehen wir die Hierarchie der Ebenen, wie sie durch das astrologische Konzept der Elemente symbolisiert wird. Die unterste Ebene entspricht der Erde, dem Physischen, und ist – wie die Münzen – grün gemalt, die zweite Ebene entspricht dem Wasser, dem Emotionalen, und ist blau wie die Kelche, die dritte Ebene entspricht der Luft, dem Mentalen, und ist gelb, wie die Schwerter, die vierte Ebene entspricht dem Feuer, dem Spirituellen, und ist rot wie die Stäbe. Die Karten auf dem «Gipfel» mögen Teil der spirituellen Ebene sein, oder aber sie gehören zu einem fünften Element, das in astrologischen Kreisen seit längerer Zeit diskutiert wird – dem Äther.

Bislang haben wir uns dem Tarot über die Astrologie von einem theoretischen, philosophischen, meditativen Standpunkt aus genähert, wobei wir die spezifischen, praktischen und dynamischen Aspekte, die der Wahrsagung beiseite gelassen haben. Diese letzteren Aspekte des Tarot sind für viele Menschen gerade die faszinierenden; diejenigen, die mehr in Bann ziehen als der trockene, intellektuelle Diskurs. Man will nicht einfach ein teures Kartenpaket kaufen, lediglich um es anzuschauen, darüber nachzudenken und es schliesslich zu verstauen. Man will etwas damit tun, man will sie zu einem Teil des Lebens machen. Das ist leicht zu verstehen. Es ist allerdings auch kein Zufall, dass die ernsthaften Kenner des Tarot mit diesen Aspekten die grössten Unannehmlichkeiten und Verlegenheiten hatten. Das ist verständlich, wenn man sieht, wie solche Praxis gehandhabt wird. Mit den seichtesten und korruptesten Motiven im Hintergrund, dienen schale, starre Interpretationen als Ersatz für wirkliches Verständnis, und eine fatalistische Philosophie scheidet das innere vom äusseren Leben in der Unterstellung, dass Geschehnisse dem Individuum «passieren», das seinerseits als passiver, machtloser Beobachter in dem Drama steht. Dies ist die Antithese zu einem kreativen Gebrauch der Karten, weil sie uns eher versklaven denn befreit. Was hilft es uns zu wissen, dass wir eine grosse Summe Geld bekommen werden, oder dass wir den Zusammenbruch einer engen persönlichen Beziehung erleben werden, wenn wir nicht verstehen, was wir getan haben oder was sich in uns befindet und der Grund dafür ist, dass gewisse Dinge geschehen? Müssen wir machtlos resignieren im Angesicht des übermächtigen Schicksals? Diese Philosophie macht uns blind gegenüber der Tatsache, dass unsere Einstellungen und Reaktionen Ereignissen gegenüber genauso wichtig sind wie die Natur der Ereignisse selbst. Kann man die Erbschaft einer grossen Summe Geld als glücklich bezeichnen, wenn sie dazu führt, uns einer Schwäche im Charakter auszuliefern, die bislang nicht genährt wurde? Ist der Zusammenbruch einer Ehe als Unglück anzusehen, wenn wir dabei lernen, auf unseren eigenen Füssen zu stehen, und wenn er uns hilft, stärker und erfolgreicher zu werden? So können wir sehen, dass tiefes psychologisches und philosophisches Verständnis unserer selbst und der Symbole, mit denen wir arbeiten, eine notwendige Bedingung für ein gutes Auslegen des Tarot ist. Nur mit diesem Verständnis kann eine Person erfolgreiche Voraussagen anstellen. Auf einer solchen Basis wird die Wahrsagung zur Ehrerbietung der Meditation gegenüber, und die Elfenbeinturm-Einstellung der Intellektuellen kann nicht mehr entschuldigt werden, da sie das gleiche Ergebnis wie der unwissende Fatalismus erbringt: Sie trennt das innere Leben von der äusseren Erfahrung. Divination, Wahrsagekunst üben bedeutet zu erlauben, dass uns die spontanen Ereignisse des Lebens Bedeutungen offenbaren, die jenseits aller vorgefasster Meinungen liegen. Divination erlaubt uns zu testen, was wir gelernt haben, denn zu oft finden wir in der praktischen Anwendung, dass sich die Theorien der Autoritäten auf dem Papier grossartig anhören, aber einfach nicht funktionieren. Und die Selbsterfahrung, die durch ein tiefes meditatives Studium der Symbole entsteht, wird durch die Selbstdisziplin und die Entwicklung, die durch die Anwendung und das Arbeiten mit diesen Einsichten entsteht, erhöht.

Ich will deshalb dem angehenden Kartenleger einige Hinweise geben, die sich auf jahrelange Erfahrung und berufsmässige Praxis der symbolischen Künste begründet. Zunächst sollten Sie dieses und andere Bücher zu diesem Bereich ausführlich studieren. Erwerben Sie sich Wissen über weitere, mit diesem Bereich in Beziehung stehende Wissensgebiete. Studieren Sie die Karten selbst und lassen Sie die Bilder zu Ihnen sprechen, finden Sie selbst Bedeutungen, die Sie in diesem Buch und in anderen nicht vorfinden. Sie müssen die Karten so gut kennenlernen, dass ihre Bedeutungen verinnerlicht werden und ein intuitives Gefühl sich entwickeln kann. Machen Sie sich Ihr Kartenpack zu eigen, legen Sie es unter das Kopfkissen, tragen Sie es bei sich, nehmen Sie es häufig heraus, studieren Sie es, hantieren Sie damit, gebrauchen Sie es. Halten Sie durch, denn der Prozess, über den ich im ersten Paragraph berichtet habe, braucht seine Zeit.

Für jene, die gewisse Erfahrung mit der Astrologie haben, schlage ich vor, einmal die Horoskopanordnung zu versuchen. Besonders brauchbar scheint mir diese Anordnung, um psychologische Charakteranalysen durchzuführen und um eine Durchleuchtung der verschiedenen «Abteilungen» des Lebens des Fragenden einzuleiten. Andere Anordnungen sind brauchbarer, um spezifische Fragestellungen oder den Ablauf von Ereignissen zu behandeln. So müssen Sie vorgehen: Nachdem Sie sich auf den Fragesteller konzentriert, das Kartenpaket gemischt und geschnitten haben, legen Sie zwölf Karten in einem Kreis entgegen dem Uhrzeigersinn auf. Dabei beginnen Sie mit dem Auflegen ganz links aussen. Jede Karte korrespondiert mit einem astrologischen Haus, durch welches die gesamten Abstufungen der Erfahrung kategorisiert sind. Hier ist eine Zusammenfassung der Bedeutung jedes einzelnen Hauses:

1 Die Person und ihre Einstellung sich selbst gegenüber, ihre Persönlichkeit (Fenster oder Maske der Welt gegenüber) und wie sie überlicherweise Handlungen durchführt und ans Leben «herangeht».

2 Was die Person schätzt, was sie besitzt, ihr Einkommen, Geld, die Freude, die aus ihrem Besitz und ihrem Leib kommt.

3 Wie die Person denkt und lernt, was sie interessiert, wie und mit was sie kommuniziert, ihre Nachbarn und Geschwister, kurze Reisen.

4 Das Heim, die Familie der Person, das häusliche Leben allgemein, Einflüsse aus der frühen Jugend, Wurzeln und Grundlagen, Landbesitztum.

5 Die kreative Ausdrucksweise der Person, Kunst, Freude und Erholung, Romanze und Liebe, Sport, Kinder, Hobby und Darstellungsarten der Persönlichkeit.

6 Die tägliche Routine, die Arbeit, Diät, Hygiene, Gesundheit oder Mangel an Gesundheit, Dienstleistungen, Beziehung zu Angestellten.

7 Die Beziehungen der Person zu anderen von gleichem Rang, kooperative Unternehmungen und Partnerschaften, der Gatte oder die Gattin, offene Feinde.

8 Der Anteil an gemeinsamen Dingen (Bank etc.), emotionale Beziehungen, Sexualität, Tod, Krise und Übergang, Vermächtnisse.

9 Die Expansion der Person in Form weiter Reisen, weiterführender Ausbildung, Philosophie, Religion, das Gesetz und die Wirkung in der Öffentlichkeit.

10 Karriere, Status, Ruf, Ambitionen, Errungenschaften, Ehren, Beziehung zu Chefs und Autoritätspersonen.

11 Die Freunde, Partner, oberflächliche Bekanntschaften, soziale Beziehungen, Clubs, Gruppen, Hoffnungen und Wünsche.

12 Die Geheimnisse der Person, die privaten Angelegenheiten, spirituelle Erfahrungen, Meditation, Haft und Isolation.

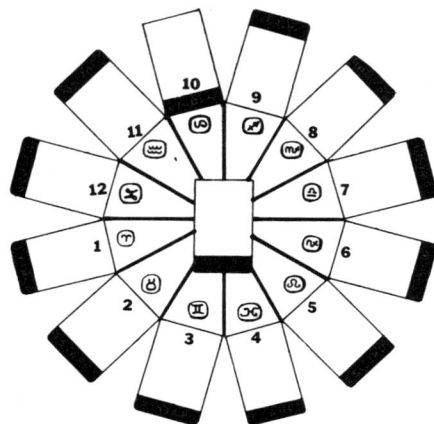

Hier ist ein kurzes Beispiel einer Interpretation nach dieser Methode. Die Karten fielen wie folgt: 1: Münzen-Vier, 2: Stäbe-Vier, 3: Der Stern, 4: Münzen-As, 5: Schwert-Sechs, 6: Schwert-Königin, 7: Schwert-As, 8: Schwert-Fünf, 9: Der Hohepriester, 10: Münzen-Sieben (umgedreht), 11: Schwert-König, 12: Münzen-Zehn. Die Person hält sich selbst für praktisch, stark, zuverlässig; sie ist vorsichtig und langsam im Herangehen an Dinge. Sie schätzt schöne Dinge, Kunstgegenstände, ist freudvoll und liebt einfach verdientes Geld. Die Person studiert das Leben und spricht pausenlos über ihre Erfahrungen in der Welt und was sie von diesen gelernt hat. Diese Person lebt in einem teuren Haus und investiert Geld in handfeste Dinge. Ihr Hobby ist es, mit der Wissenschaft zu experimentieren, ihre Kinder sind hilfsbereit, aber konkurrenzbewusst. Ihre Arbeit schliesst viel Umgang mit anderen Menschen ein, vielleicht auch Kunst, und sie hat ein gutes Verhältnis zu den Untergebenen. Diese Person – es ist ein Mann – hat grosse Schwierigkeiten in Partnerschaftsbeziehungen, weil er seinen eigenen Weg durchsetzen will und immer der «Boss» ist. Er hat viele Kämpfe in seinen emotionalen Beziehungen durchzustehen. Er ist obendrein intensiv religiös – wenn er in ein fremdes Land reist, will er vor allem religiöse Monumente besuchen. Bislang hat er es noch nicht geschafft, seine Karriereambitionen zu erreichen. Er liebt es, sich mit Personen zu umgeben, die gut informiert sind und gut konversieren können. Er mag vermutlich irgendwo eine Menge Geld gestapelt haben.

Hier handelt es sich um eine sehr mechanische Auslegung, die keine paranormale Inspiration braucht und die jeder mit ein wenig Praxis erfolgreich durchführen kann. Sie illustriert nicht die Beratungstechnik, die für gute Auslegung so wichtig ist. Wenn wir etwa das Münzen-As im vierten Haus auslegen, dann sagen wir dem Klienten nicht, was es bedeutet – wir fragen ihn, ob er aus einer reichen Familie stamme. Dieser Klient kannte seine Eltern nicht und wuchs in einem Waisenhaus auf. Wir fragen ihn, ob er ein teures Haus besitze. Er antwortet, dass er ein solches besitze, das komfortabel, ja fast prunkvoll sei und ihm ein Gefühl der Verwurzelung verleihe. Wir fragen ihn, ob er Land besitze neben seinem Haus. Seine Augenbrauen gehen hoch. Wir fragen ihn, ob er Geld in Grundstücken investiert hätte. Er antwortet, dass er erst vor kurzer Zeit eine grosse Investition dieser Art getätigt habe. Wir sagen ihm, dass es sich dabei wohl um eine vernünftige Investition handelt, und gehen weiter zum fünften Haus. Durch die Beratungstechnik «öffnen» wir die andere Person und etablieren so den gegenseitigen Energiefluss, der eine gute Auslegung bewirkt. Erinnern Sie sich daran, dass die Karten Möglichkeiten und Prinzipien ausdrükken, und der Grund, sie auszulegen, besteht darin, dem Klienten zu helfen, seine Ausdrucksmöglichkeiten zu lenken, und nicht darin, ihm mit Zukunftsvorhersagen zu imponieren. Vermeiden Sie in jedem Fall dogmatische Festsetzungen.

Man wird lernen, der Erfahrung zu vertrauen und sich von ihr leiten zu lassen, ohne zu sehr auf Buchinterpretationen zurückgreifen zu müssen. Es gibt viele gute Gründe dafür. Auf der einen Seite ist ein Grossteil der geschriebenen Literatur über das Tarot hoffnungslos korrupt. Schuld daran haben vor allem Esoteriker, die behaupten, Angst zu haben, der Öffenlichkeit geheimes Wissen zukommen zu lassen, jener Öffentlichkeit, die angeblich für die Wahrheit nicht reif sei. Ihre seltsame Logik bringt sie schliesslich dazu, Halbwahrheiten auszustreuen, vage Angaben zu machen und offene Lügen zu verbreiten, anderersets jedoch gibt es eine schlechte Tarot-Literatur, weil sie zum Teil von Leuten geschrieben wird, die keine eigene Erfahrung und kein Verständnis im Umgang mit diesem System haben. Diese kopieren ohne Unterschied von weisen und wertlosen Autoren und Autoritäten und lassen so die Verwirrung und das Unverständnis fortbestehen. Viele prominente Autoritäten des Tarot schrieben um die Jahrhundertwende ihre Bücher. Deshalb sind deren Ansichten eher auf ihre denn auf die heutige Zeit anwendbar. Sie tendieren häufig dazu, sich dem Fatalismus und dem Dualismus zu verschreiben. Einige Karten werden als nur gut, andere als nur schlecht angesehen, anstatt die positiven und negativen Aspekte in jeder Karte zu erkennen. Was bleibt einer Person übrig, die eine absolute negative Auslegung erhält – Selbstmord? Das Tarot basiert auf dem Prinzip der Synchronizität, und die Auslegung ist ein Produkt dieses einzigartigen Augenblicks. Wenn wir durch die Augen der Toten blicken, werden wir blind für das Jetzt. Während uns die Erfahrung anderer die richtige Richtung weisen kann, ist dies nie ein Ersatz dafür, uns unsere eigene Richtung anzueignen. Sie würde uns nur warnen, uns der eigenen Begrenzungen und unserem Erfahrungsmangel bewusst zu sein. Aber eine Einstellung der Bescheidenheit wird die Tore von selbst öffnen und uns von den Zwängen befreien, die unrealistischen Erwartungen der anderen erfüllen zu müssen.

Wir sind alle durch das Ausmass des angeborenen Talentes begrenzt, das wir in ein Wissensgebiet mitbringen, aber die richtige Disziplin wird das vorhandene Talent zum bestmöglichen Ausdruck hin entwickeln. Fraglos sind jene, die paranormal begabt sind, auch die erfolgreichsten Tarot-Ausleger, jene die Wasserzeichen sind und das vierte, achte und zwölfte Haus stark belegt haben und/oder den Mond, Neptun und Pluto auf prominenter Stelle in gegenseitiger Annahme besitzen. Die Feuertypen eignen sich auch, um ins Potential von Situationen zu blicken, aber sie scheinen nicht so erfolgreich zu sein, wenn es darum geht, Eindrücke von anderen zu empfangen. Aspekte der intuitiven oder paranormalen Planeten zu Merkur helfen der Person, das zu formulieren, von dem sie eine verschwommene Ahnung hat.

Jung sagte, dass die Zukunft vorhergesagt werden kann, weil Geschehnisse sich im Unbewussten vorbereiten, lange bevor sie sich manifestieren. Symbole können uns helfen, in jene Schichten vorzudringen, wo Ereignisse geboren werden, wo sie lediglich noch Potential sind und bis zu einem gewissen Grad beeinflusst und verändert werden können. Der Wert dieser Art von Einsicht braucht nicht erst hervorgehoben zu werden. Durch diese Einsicht können wir zu Teilhabenden an der Erschaffung unseres Lebens werden, anstatt eine Schachfigur in einem Kräfte- und Triebfeld zu sein, über dessen Existenz wir uns nicht einmal bewusst sind, geschweige denn, dass wir es verstehen. Symbole sind auch die Schlüssel zu Ebenen, in denen wir selbst in einem Geburtsprozess stehen, wo der Mann und die Frau von morgen hier und jetzt in der Form des Keims existieren. Die Frage an dich, lieber Narr, ist diese: Besitzest du das, was dir ermöglicht, dich selbst in diesem Spiegel zu sehen und zu erkennen, wer du wirklich bist, das, was dir ermöglicht, durch diesen Spiegel zur anderen Seite hindurchzugehen? Ungeträumte Schrecken und Wunder erwarten dich. Das Werkzeug liegt vor dir, der Weg beginnt zu deinen Füssen.

Was wird deine Antwort sein?

Das Tarot und die Körperteile

Es gibt eine alte indische Tradition, in welcher die Monatstage zu den Körperteilen in Verbindung gesetzt werden. So können die Tarotkarten in dieselbe Position gebracht werden. Ein solches System kann vor allem im Hinblick auf Fragen der Gesundheit angewandt werden. Die Karte, die den bestimmten Körperabschnitt repräsentiert, über den Auskunft erlangt werden soll, kann als Grundkarte dienen.

Es gibt auch eine alte astrologische Tradition der gleichen Art. Die astrologischen Beziehungen sind zu der jeweiligen Karte der Grossen Arkanen aufgeführt. Diese sind aber anders. Die Mayas begannen einfach die rechte Körperhälfte zu numerieren und schritten so fort zur linken Hälfte. In der folgenden Zeichnung ist die rechte Seite durch die Frau, die linke durch den Mann dargestellt. Es gibt nur eine Stelle, in der die Karten nicht für beide Geschlechter die gleichen sind: die Erdkarte, Nummer 21. Diese Karte repräsentiert den Mutterleib.

Die Karte (•) wird auf das rechte Bein gelegt und steht für alle Teile des Beines, die Zehen, Rist, Ferse, Knöchel, Wade, Knie, Oberschenkel und für alle Knochen, Muskeln, Bänder und Sehnen, die mit dem rechten Bein verbunden sind.

Die Karte (••) ist das Herz, der Thron des Blutes, wie es die Maya nennen. Diese Karte steht für das gesamte Venen- und Arteriensystem des gesamten Körpers.

Die Karte (•••) steht für die Lungen und alle Teile des Körpers, die unmittelbar mit der Luft als Speise für den Körper zu tun haben.

Die Karte (••••) repräsentiert Mund, Zähne und die Muskeln, die für das Kauen verantwortlich sind.

Die Karte (—) ist die rechte Hand, Daumen und Finger mit eingeschlossen, das Handgelenk, der Ellenbogen und der ganze Arm.

Die Karte (•⎯) steht für das rechte Ohr, das Gehörorgan auf derselben Seite und das Ohrläppchen.

Die Karte (••⎯) hat mit der Gurgel, dem Hals, den Muskeln des Halses und den Sprachorganen zu tun.

Die Karte (•••⎯) steht für das rechte Auge und alle damit verbundenen Teile, samt der Augenhöhle, dem Lid und den Muskeln, welche die Bewegung des Auges steuern.

Die Karte (••••⎯) repräsentiert den Kopf samt dem Schädel, dem Gehirn, der Haare und der Stirn.

Die Karte (▬) steht für das linke Auge und alle seine Teile.

Die Karte (≐) hat mit Nase, Nasenlöchern und dem Geruchssinn zu tun.

Die Karte (≘) steht für das linke Ohr und alle seine Teile.

Die Karte (≝) steht für das Rückgrat von der Schädelbasis bis zum Steissbein.

Die Karte (≞) repräsentiert Zunge, die dazugehörenden Muskeln und den Geschmackssinn.

Die Karte (≡) steht für die linke Hand, die Finger, den Ellenbogen und den Arm.

Die Karte (≡̇) repräsentiert Nieren und Blase.

Die Karte (≡̈) steht für den Magen und die Verdauungsorgane.

Die Karte (≡⋮) steht für Anus, Dickdarm und die dazugehörige Muskulatur.

Die Karte (≣) repräsentiert den linken Fuss, die Zehen, den Knöchel, das Bein etc.

Die Karte (≣) hat mit den Genitalien und dem gesamten Geschlechtssystem zu tun.

Die Karte (≣̇) steht für den Schoss der Frau und für das Lymphsystem beider Geschlechter.

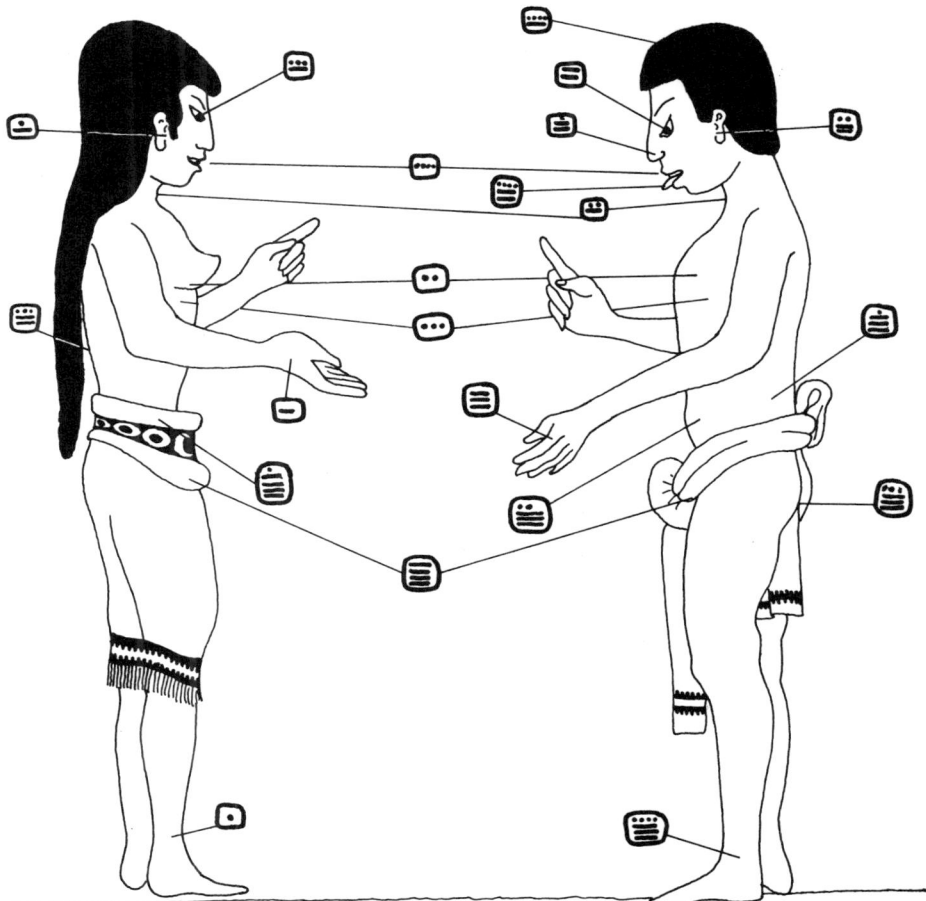

Es gibt andere Körperteile, die hier nicht erwähnt wurden, aber man kann leicht sehen, zu welchen Karten sich diese in Verbindung bringen lassen. Es wird nicht vorgeschlagen, die Karten zur Lösung eines medizinischen Problems zu verwenden. In diesem Fall sollte der Klient einen Arzt aufsuchen. Die Karten können allerdings verwendet werden, um Beziehungen, mögliche Ergebnisse und ähnliches abzuschätzen.

Die Grossen Arkanen

Die Tarotkarten lassen sich in drei Sätze teilen: die Grossen Arkanen, bestehend aus 22 Karten; die Bildkarten, bestehend aus 16 Karten (als Brücke zu den Grossen Arkanen zu verstehen); die Niederen Arkanen, bestehend aus 40 Karten.

Das Wort Arkane heisst Mysterium, verborgener Gegenstand. Grosse Arkanen soll nicht heissen, dass die Mysterien dieser Karten denen der Niederen Arkanen überlegen sind. Die Ausdrücke «gross» und «niedrig», manchmal auch «hoch» und «klein», haben nur mit den Dingen zu tun, die mit den Karten abgehandelt werden. Die Niederen Arkanen beschäftigen sich mit den alltäglichen Begebenheiten des Lebens, mit dem Weltlichen, mit der Methode, Geld zu machen, mit unseren wechselwirkenden Handlungen und mit der Art, wie wir unser Leben leben. Die Grossen Arkanen haben mit den dahinter liegenden Motivationen zu tun, mit den psychologischen und spirituellen Gegebenheiten in unserem Leben.

Zum ersten Mal tauchten Tarotkarten in Europa im zehnten oder elften Jahrhundert auf. Viel Zeit und Forschungsarbeit wurde aufgewendet, um die Ursprünge des Tarot zu erkunden, aber alles war wenig erfolgreich. Der Meinungskonsens scheint sich in Richtung eines chinesischen Ursprungs zu bewegen. China war das einzige Land, das überhaupt Karten in Verwendung hatte.

Im Frankreich des achtzehnten Jahrhunderts wurde die Ansicht populär, dass die Karten ihren Ursprung in Ägypten hätten. Wir wissen heute, dass dem nicht so ist. Niemals wurden in den vielen ägyptischen Schriften Karten erwähnt. Zudem konnte die Karte Null (der Narr) nicht existieren, da das Konzept der Null überhaupt nicht bekannt war. Und ein Tarot ohne Narr ist völlig undenkbar, da es sich hierbei um die wichtigste Karte handelt. Als Kartenspielen ein Zeitvertrieb wurde, liess man die Grossen Arkanen einfach beiseite – einzig der Narr überlebte in der Form des Jokers.

Die chinesischen Karten standen in Verbindung zum I Ching und waren in vier Sätze organisiert, die Münzen, Münzen-Zehner, Münzen-Hunderter und Münzen-Tausender genannt wurden. In diesem Zusammenhang mag es interessant sein, dass in verschiedenen Tarotspielen die Niederen Arkanen einen Satz haben, der Münzen genannt wird[1]. Diese sind immer die Erdkarten, Karo in den gewöhnlichen Spielkarten.

Die ersten bekannten Tarotkarten scheinen in Italien aufgetaucht zu sein, wahrscheinlich in einer kleinen Stadt in der Nähe Venedigs, Piedemonte genannt. Diese Stadt liegt in einem Tal, durch das der Tarot-Fluss fliesst. Keiner weiss, ob dies ein sinnvoller Zufall ist, denn niemand kennt die Beutung des Wortes Tarot. Vielleicht handelt es sich um ein Anagramm des lateinischen Wortes «Rota», das Rad bedeutet.

Jene, die am ägyptischen Ursprung des Tarot festhalten, glauben, dass «Tarot» durch eine Verschiebung des Wortes «Thoth» – in

---

[1] Im Original des Xultun Tarotspiels heissen die Münzen «Jades» (Jaden). Hier wurde durchgehend der eingeführte Ausdruck Münzen verwandt, um Unklarheiten vorzubeugen (Anm. d. Übers.).

Ägypten der Gott der Weisheit und der Wissenschaften – zustandekam. Thoth soll der Erfinder der Sprachen und Schriften gewesen sein sowie der Beschützer der Künste. Er verwahrte die Aufzeichnungen der Urteile in der Halle des Osiris. Gewöhnlich wird er mit einem Ibis- oder Hundekopf dargestellt. Der griechische Gott mit den gleichen Attributen war Hermes. Wie attraktiv auch diese Idee erscheinen mag, so fehlt einfach jede Bestätigung für diese Anschauung.

Die am vernünftigsten scheinende Erklärung ist die, dass die Karten durch einen venetianischen Reisenden aus China mitgebracht worden sind, da diese seit den Tagen der Römer Reisen in den fernen Osten unternahmen. Der Grossvater Marco Polos brachte die Idee des Papiergeldes nach Italien – zu den Spielkarten ist es dann nicht mehr weit.

Zu verschiedenen Zeiten versuchte die Kirche die Niederen Arkanen zu verbannen, jedoch erfolglos. Einen Versuch, die Grossen Arkanen zu unterdrücken, gab es meines Wissens nie.

Viele Legenden ranken sich um die Karten, und der Narr diente als Vorbild für viele mittelalterliche Dramen. Sir Galahad, Ritter in der König-Arthur-Legende, der, weil sein Herz rein war, die Kraft von zehn Menschen besass, war der Narr auf der Suche nach dem Heiligen Gral (jenem Kelch, der das Blut Christi enthält).

Die Persönlichkeit Parsifals in den deutschen Legenden, wie sie von Richard Wagner in Musik umgesetzt worden ist, war dem Narren nachempfunden. Die Suche nach dem Gral ist natürlich eine verschlüsselte Art, die Suche nach Erleuchtung auszudrücken.

Im Mittelalter musste man mit der Erklärung solcher Ideen allerdings sehr zurückhaltend sein, da die Tempelritter von der christlichen Kirche angegriffen wurden, deren Gesetzesarm, die Inquisition, sich durch die Jahrhunderte hindurch einen blutrünstigen Ruf angeeignet hatte. Aufzeichnungen zeigen, dass mehr als zwei Millionen Menschen von den Inquisitionsgerichten zum Tode verurteilt wurden, was ohne Zweifel darauf hinweist, dass das Christentum niemals eine unangefochtene Stellung gegenüber den Völkern Europas innehatte.

Es gibt eine Theorie in bezug auf den Ursprung des Tarot, die direkt mit den Tempelrittern zu tun hat. Die Ritter wussten, dass das Ende naht. Also sollte alles in einer Form festgehalten werden, so dass sich ihr Wissen gleichzeitig offenbarte und verborgen blieb. Die Legende erzählt, dass sie dafür die ersten Tarotkarten anfertigten. Leider konnte aber diese Ansicht nie konkret bestätigt werden.

Es gibt Tausende von Variationen von Tarotspielen; fast jede Nation hat ihre eigene Version der Karten. Komplexe philosophische Systeme stehen mit den Karten in Verbindung. Ein bekanntes ist die Verbindung der Kabbalah, einem hebräischen System von Erkenntnis, mit den Grossen Arkanen. Das hebräische Alphabet besteht aus 22 Buchstaben, die jeweils in ein komplexes Wertsystem eingewoben sind, das schliesslich zu den 22 Karten der Grossen Arkanen in Beziehung gesetzt wird.

Der Narr

Null

Beschreibung
Eine junge Person unbestimmten Geschlechts steht im Rachen eines Jaguars, die linke Hand erhoben, als ob sie zweifeln oder schlecht sehen würde. In der rechten Hand hält sie eine einfache weisse Blume mit sechs Blütenblättern. Auf dem Kopf sind grüne Federn, aus denen ein recht lebhafter Schädel blickt. Andere Teile der Kopfbedeckung bestehen aus verschiedenen Bändern, einer Wasserlilienknospe und einer kanuartigen Dekoration, unter der sich ein Kreis mit einem Punkt in der Mitte befindet. Über dem Narren leuchtet ein helles weisses Licht, und hinter ihm – an der linken Seite der Karte – befindet sich der obere Teil der Sonnenscheibe. Vor dem Kiefer des Jaguars, auf der Fussplatte des Magiers, sieht man das Bild eines alten Mannes, der ein Kanu steuert, in dem ein Fisch sitzt. Die anderen Passagiere erscheinen auf der nächsten Karte.

Interpretation
Der Narr wird als Person dargestellt, die unfähig ist, auf sich selbst oder auf die Dinge um ihn herum aufzupassen. Es ist dies der gewöhnliche Zustand der meisten von uns in unserem gegenwärtigen Verhalten, indem wir wenig Weisheit zeigen, apathisch der Umgebung gegenüber sind, und offensichtlich das Opfer der Umstände zu sein scheinen. Wie wir alle, so ist der Narr voll von Möglichkeiten. Kinder und Narren sagen die Wahrheit; und diese Naivität (Unschuld) ist der Atem, die Energiequelle, die den Narren unvermeidlich vorantreibt auf der Reise zum Wissen des Magiers.

Bedeutung
Der Narr zeigt den ersten unbewussten Akt des geteilten Selbst, den Atem. Die Karte steht für den Geist einer Sache, ihrer ursprünglichen Essenz, ihrer Natur, ihrer kausalen Ausdrucksweise. Es ist die Person, die von ihren Sternen geführt wird, aber eine natürliche Neugierde aufweist – nicht eine Neugierde, wie die des Wissenschaftlers (diese folgt noch) sondern die tappende Erkundung eines Kindes, für welches das Spiel zur Entdeckung wird.

Umgekehrte Bedeutung
Das Spiel wird nun zu einem Zweck und so zur Arbeit. Die Entdeckungslust ist verschwunden, ersetzt durch die Suche nach Entdeckungen. Der Atem wird unterdrückt und kontrolliert, Umstände beginnen Druck auszuüben. Erwartungen entstehen und ebnen den Weg für Enttäuschungen. Der Narr entwickelt Absichten, und die Suche findet plötzlich Ziele. Glaubenshaltungen nehmen den Platz der Naivität ein und die Unschuld wird zum Werkzeug, um Erkenntnis zu manipulieren.

Sexuelle Bedeutung
Der Narr steht für den Wunsch, sexuellen Trieben Ausdruck zu verleihen. Diese Karte repräsentiert nicht die Reaktion dem sexuellen Drang gegenüber, sondern weist auf die Richtung der Reaktion. Sexuell gesehen ist die Karte geschlechtslos, ein Neutrum, denn der Narr hat noch keine Rolle, kein Modell, keine Helden und repräsentiert so die pubertäre Phase kurz bevor eine sexuelle Identifikation stattfindet; jene Phase also, in der

die Zuneigung jegliche Richtung annehmen kann, um befriedigenden sexuellen Ausdruck zu erlangen. Die Karte deutet auf das Liebesobjekt und die Art, in der sich Sex manifestieren wird.

Wert: Atem
Ton: E
Farbe: Blasses Gelb
Richtung: Keine

Auslegung

Der Narr repräsentiert der eigenen Person gegenüber das Nagual. Er ist dem Unbekannte sich selbst gegenüber. Er ist in dem Glauben gefangen, sich selbst erkennen zu können, er glaubt, dass der Geist (mind) das Mysterium des Seins erkennen kann – und so beginnt sein Suchen. Zunächst wandert der Narr ziellos durch den Urwald des Geistes, indem er hie und da Informationsbrocken aufschnappt. Langsam beginnt dieses Anhäufen Bedeutung zu erlangen; er bekommt das Gefühl zu wissen, wohin er geht. Verschiedene Wege scheinen ihn zu wichtigen Weggabelungen zu führen. Er stellt sich offenbar selbst bedeutsame Fragen: «Wer bin ich? Wohin gehe ich? Was ist der Grund des Seins? Was ist Leben überhaupt? Was ist Beziehung?» Er stellt alles und jedes in Frage. Und je mehr er fragt, desto weniger versteht er. Jeder, den er fragt ist mehr als willig, ihm Antwort zu geben, aber keine der Antworten befriedigen ihn. Er ist schrecklich unzufrieden, denn in ihm ist dieser treibende Drang, das Unbekannte zu finden, die Realität, Gott. Sein Geist reagiert nur auf diese Suche, das Unerkennbare zu verstehen, am Leib Gottes teil zu haben. Er möchte nach Hause zurückkehren. Er träumt von Glück und Freude und ist bereit alles zu tun, um dieses höchste Ziel zu erreichen. Er will keine Frage unbeantwortet lassen, er möchte in allen Philosophien nachforschen, jeden Weisen fragen, jeden Heiligen, die alle den Weg weisen und keinem wird er glauben. Er wird soziale Reformen befürworten, idealisierte politische Slogans ausrufen. Er wird zum Guten der Menscheit arbeiten. Er wird politische Parteien und Heilinstitutionen gründen, aber das Selbst, das Unbekannte, die Realität wird er immer noch nicht kennen. Er muss sich noch mehr anstrengen! Er macht es, strengt sich an, und am Ende ist er erfolgreich! Er erkennt, der Geist ist ruhig und er weiss es. Am Ende liebt er jeden und er weiss es. Er kennt das Glück und kann anderen den Weg weisen – dennoch? Nein! Nein! Er ist wirklich glücklich, ist er nicht dem Trubel, dem Schmerz, der Verwirrung des Lebens endlich entkommen? Hat er nicht endlich das Geheimnis des Lebens entdeckt, die göttliche und immerwährende Sicherheit? Dann aber plötzlich, in einem gedankenverlorenen Moment sieht er, welch hervorragenden Zufluchtsort er sich errichtet hat! Was ist er bloss für ein Narr!

Uranus

Dies ist der Planet des Unerwarteten. In seinen besten Aspekten kann er einen Genius hervorbringen, öfters aber steht er für irregeleitetes Verhalten. Das Uranische ist einzigartig und originell. Gewöhnlich sind vom Uranus gelenkte Menschen in ihren Wahlgebieten tüchtig und originell, sie weisen Integrität und einen inneren Sinn auf, der schwer niederzuzwingen ist. Sie möchten auf praktische Art erfolgreich sein; sie besitzen die Fähigkeit, die Art der zukünftigen Dinge vorauszusagen. Schlecht aspektiert kann Uranus Exzentrizität, die an Wahnsinn grenzt, produzieren, Revolutionäre und Leute, die aus unkonventionellem Verhalten einen Fetisch machen. Diese neigen auch dazu, leichtsinnig zu sein.

Uranus regiert: Haus des Wassermanns
Tag: Morgen
Pflanzen: Fenchel, Rhabarber, Baldrian, Englische Eiche, Stechpalme
Körper: Nervensystem
Metall: Aluminium
Blume: Klee, Sauerklee

Der Magier

Eins

Beschreibung
Ein kraftvoll aussehender Mann, der auf seinen Zehenspitzen steht, als ob er sich gegen den Wind stemmen würde. In seiner Rechten hält er, hoch über seinem Kopf, einen Zauberstab aus sieben Jade-Ringen. An seine Schulter gelehnt hält er in der linken Hand einen einfachen Holzstab mit einem lebenden Blatt. Um seine Hüfte trägt er einen kunstvollen Gürtel, geschmückt mit zwei Masken mit Quasten daran. Sein Kopf- und Halsschmuck ist besonders sorgfältig ausgearbeitet. Über ihm befindet sich dasselbe weisse Licht, das auch auf der Karte des Narren auftaucht. Auf der linken Seite der Karte, zur Rechten des Magiers, befindet sich ein nahezu perfekt geformter Berg. Er selbst steht auf einer hohen Plattform, auf der sich auch eine leere Schale befindet. Auf der Seite der Plattform geht die Zeichnung weiter, die auf der Karte des Narren begann: ein Kanu mit einem Affen, dem Narren, einem Papagei und einem Jaguar. Das Kanu wird von einem jungen Mann vom Bug aus gelenkt.

Interpretation
Der Magier wird als selbstbewusste Person dargestellt, offen gegenüber allen Möglichkeiten, die sich ihm bieten, und fähig, aus ihnen Nutzen zu ziehen. Dieser Mann ist nicht von Träumen und Phantasien hin und her gerissen, er weiss, was ist. Er hat keine Wünsche, die nicht erfüllt werden können, weiss wie das Selbst funktioniert und ist fähig, innerhalb der Begrenzungen des Selbst kreativ zu arbeiten. Der Magier hat alle Aspekte seines Seins in Balance gebracht, das sich nun in der Macht und der Fähigkeit, mit den Dingen auf der materiellen Ebene umzugehen, zeigt. Er ist der Narr am Ende seiner Reise.

Bedeutung
Der Magier weist das Prinzip der Einheit auf, dessen Ursprung dem menschlichen Bewusstsein unbekannt ist. Seine geradlinige Einstellung zeigt den Willen, der zur Tat führt. Der Magier steht an der Quelle zum Unbekannten; er kann es sehen, fühlen, gebrauchen aber nie erklären. Der Magier ist ein Licht für andere und sucht nie nach dem Grund dafür. Er handelt.

Umgekehrte Bedeutung
Der Intellekt ist defekt und demonstriert sich im Aufstellen kunstvoller Fallen für andere, tückische und subtile Praktiken des Ichs. Die Macht des Magiers wird in destruktiver Weise und zur Selbstverherrlichung benutzt. Der Magier wird zum Meister, der unterlegenen Geschöpfen das Leben erklärt. Er wird eigensinnig. Seine kreativen Fähigkeiten zeigen sich nicht auf der materiellen Ebene sondern im Bereich der Ideen.

Sexuelle Bedeutung
Der Magier erfreut sich an einem ausgewogenen Sexualleben. Allerdings mag dies einem Beobachter nicht unmittelbar einsichtig sein, da der Magier zwischen Perioden völliger Abgeschlossenheit und Perioden von Hypersexualität schwanken mag. In den Perioden stärkeren sexuellen Ausdrucks wird der Magier für beide Geschlechter sexuell attraktiv, was sich in bisexueller Betätigung niederschlagen kann. Die Einheit und Balance dieser Person zeigt sich nach aussen (ob Mann

oder Frau) in der Form eines sexuell aktiven, jugendlichen, tatkräftigen Individuums, das die besten Qualitäten des jeweiligen Geschlechts zur Schau trägt.

Wert: Intellekt
Farbe: Intensives Gelb
Ton: E
Richtung: nach oben

Die Asse der Niederen Arkanen stellen die elementaren Entsprechungen und Ausdrucksweisen des Magiers dar: sie sind die vier Werkzeuge für die Erneuerung.
Mit dem As der Stäbe erschafft sein Geist und bietet Unterstützung.
Mit dem As der Kelche wird seine Emotion bewahrt und aufgefrischt.
Mit dem As der Schwerter entscheidet und schweigt sein Geist.
Mit dem As der Münzen wird sein Körper erlöst und belohnt.

Auslegung
Was für ein Narr war dieser Magier bloss! Indem er die Dummheit seiner Handlungen erkannte, stolperte der Magier ins Licht der Wahrheit. Pausenlos hat er sich mit der Frage beschäftigt, was es wohl war, das ihn auf diese Suche trieb, sodass ihm nie Zeit blieb, seine Verwirrung zu hinterfragen, seinen Hader und den Antagonismus, all die törichten Dinge, die seine Sicht des Lebens ausmachten. Wenn Dummheit verschwindet, dann kann Intelligenz an deren Stelle treten. Der Narr, der dumm ist und intelligent werden will, bleibt ein Narr mit dummen Wünschen. Dummheit kann nie zu Weisheit werden. Nur wenn Dummheit aufhört, gibt es Weisheit und Intelligenz. Der Narr versuchte angestrengt, intelligent zu werden, was ihm nicht gelang. Er konnte Intelligenz vortäuschen, aber das hat ihn nicht glücklich gemacht. Der erst magische Akt war der des Sehens. Der Narr sah nicht, er war dumm, er konnte nicht sehen. Dann aber sah er, dass er dumm war, und der Magier war geboren. Der Narr hörte auf ein Narr, zu sein, und der Magier entstand. Der Magier ist es, der erkennt, was es war, das die Verwirrung im Narren auslöste, seine Suche nach Ruhm und Anhäufung von Wissen. Der Magier erkennt, was es war, das den Narren veranlasste, durch Kunst und Musik fliehen zu wollen. Indem er das Gewusste wegwarf konnte er das Unbekannte sehen. Der Magier ist kein Produkt des Geistes, sondern das was passiert, wenn der Geist still ist, wenn er nicht mehr eine Zukunft zu erschaffen trachtet, die sich erfüllen soll. Der Magier sucht nicht nach dem Unbekannten, aber er versteht die akkumulierenden Prozesse des Geistes, die sich immer im Gewussten, Bekannten abspielen, im Organisierten und «Verstandenen». Der Magier ist immer aufmerksam, immer bewusst, ohne Ablenkung, ohne Identifikation und ohne Verdammung. Er sucht nicht nach dem Unbekannten (Gott), aber versucht, die Verwirrung in ihm selbst zu verstehen, denn durch diese Arbeit kommt Freude und Erfüllung.

Merkur
Dieser Planet hat eine besondere Beziehung zu jungen Menschen. Wenn er an prominenter Stelle steht, hat die Person eine jugendliche Qualität an sich, die immer erhalten bleibt. Der Merkur kann chamäleonhaft sein, rasch aufsteigen und fallen, in Reaktion auf die Umstände. Merkur-Leute werden hervorragende Kritiker, Anwälte, Wissenschaftler, Autoren und Journalisten. In der Regel sind diese Leute logisch, zwingend in der Ausdrucksweise und im Schreiben, schnell und genau. Sind sie schlecht aspektiert, werden sie schlau und tückisch, gemein und hinterhältig. Sie können clever, trickreich und falsch sein.

Merkur regiert: Haus der Zwillinge
Tag: Mittwoch
Pflanzen: Aniskörner, Karotten, Sellerie, Dill, Flachs, Gräser, Leinsamen, Maulbeeren, Hafer, Petersilie.
Körper: Der Geist (mind). Die Erinnerungsfähigkeit. Die Fähigkeit der Sprache, der Hände, Arme und Finger.
Metall: Quecksilber
Blume: Jasmin, Geissblatt

Die Hohepriesterin

Im Mutterleib

Imix

Zwei

Beschreibung
Eine attraktive Frau sitzt unter einem Baldachin und hält in ihrer linken Hand ein Faltbuch. Es ist die Karte der Reise des Narren. Mit der rechten Hand deutet sie auf Sterne, die ihn führen mögen. Zu ihrer Rechten stehen zwei kleine Säulen, eine schwarze und eine weisse. Davor sieht man das Banner, das aus der darunterliegenden Karte des Kriegers stammt: das Sternenbanner. Der Baldachin ist dekorativ ausgeschmückt. Der Kamm ist grün bemalt und mit zwei Augenpaaren dekoriert. Unter dem Strohdach stehen vier Bildzeichen: Schild/Jaguar, oben, eine (sanft?) sprechende Frau, ein dunkler (alter?) abnehmender Mond. Andere Bildzeichen befinden sich an der Basis des Baldachins. Einige sind lesbar, andere nicht, aber ihre Bedeutung ist unbekannt. Etwas, das wie Weinranken aussieht, windet sich um den Baldachin. Der Himmel ist voller Sterne. Sieben davon sind gross und hell und wahrscheinlich Planeten.

Interpretation
Die Priesterin ist als eine Person dargestellt, deren Aufmerksamkeit konzentriert, in gewissem Sinne aber auch geteilt ist. Ihr scheint gerade etwas Wichtiges eingefallen zu sein. Die Hohepriesterin repräsentiert das Bewusstsein. Sie ist der Inhalt des Geistes (mind), zwischen den Pfeilern des Geistes: einen davon erkennt sie (Ich), der andere steht für die unbekannte, die dunkle Seite, die das Unbewusste genannt wird. Die Frau in dieser Karte inspiriert Träume und Visionen, die das Sein des Lebens jenseits unserer bewussten Wahrnehmung offenbaren.

Bedeutung
Die Hohepriesterin steht für die Erinnerung, diese unbedingt notwendige Komponente in der Konstruktion des Ich. Die Information wird im Gehirn in Gegensätzen gespeichert, um einfach wieder abgerufen werden zu können. Dasjenige, was dem Geist Freude und Befriedigung gibt, wird positiv, gut, wird Ich genannt. Das was Schmerz und Qual vermittelt wird negativ, schlecht, das Andere genannt. Bewusst, unbewusst; richtig, falsch; Zustimmung, Ablehnung; mögen, nicht mögen; weiss, schwarz. Das menschliche Gehirn ist ein Organisierungsinstrument. Es versucht Ordnung hervorzubringen.

Umgekehrte Bedeutung
Durch die Spannung, die in der dauernden Berührung der Gegensätze erzeugt wird, erwählt die faule Person für sich selbst eine negative Einstellung. Sie entwickelt eine passive Opposition anderen gegenüber, bemitleidet sich selbst, wird habgierig und auf sich selbst hin ausgerichtet. Der Geist verhüllt sich selbst in Dunkelheit, um seine Unfähigkeit, das Gedächtnis in konstruktiver und bewusstseinserweiternder Art zu gebrauchen, zu verdecken. Dieser Geist mag auf Drogen zurückgreifen in der Hoffnung, dass sie Harmonie bringen und die tiefe Trennung heilen, die durch nichts anderes mehr angesprochen werden kann als durch konzentrierte Anstrengung und Arbeit.

Sexuelle Bedeutung
Die Hohepriesterin steht für den weiblichen Aspekt in jeder Person, insbesondere bei Männern. Sie ist die Anima, dieses Urbild, das uns Intuition und das Gefühl für das Magische verleiht. Diese Karte repräsentiert die perfekte Frau, von der alle Männer träumen und die alle Frauen sein möchten. Für den Narren ist sie die «ältere Frau», die die Tore für sexuelle Reaktionen öffnet, die er nicht kannte und die sexuelle Befriedigung für Körper und Geist sicherstellt. Die Hohepriesterin hat die Möglichkeit, den Narren zu gebrauchen und zu missbrauchen. Für sie gibt es im Sex keine Sünde.

Wert: Gedächtnis
Farbe: Blau
Ton: Gis; As
Richtung: nach unten

Auslegung
Dies ist die erste Begegnung, die der Narr auf seiner Reise zum Wissen des Magiers macht. Er ist sich kaum der Verstrickung in den Gegensätzen bewusst und kümmert sich fast gar nicht um deren Wirkung. Die Hohepriesterin zeigt dem Narren, dass sich im Innern des Gedächtnisses die Gegensätze formen und das Ich geboren wird. Durch die Spannung zwischen dem, was der Narr als positiv und negativ ansieht, bekommt das Ich seine Energie, sein Leben, seine Form. Im Leib des Gedächtnisses wird das Ich geboren. Erst die Interaktion von Polaritäten erzeugt alle Konzepte aufgrund eines Wertsystems, das allen anderen überlegen ist. Dieses Vorgehen erlaubt dem Individuum, sich in der Illusion der Geteiltheit zu glauben.

Die zwei Augenpaare auf dem Baldachin über der Hohepriesterin sind Symbole für die zwei Welten, die der Narr bewohnt: Illusion, die da, was er mag, aus allem herausschält und Realität nennt; und das wahllose Bewusstsein, das Verstehen für jene Dinge bringt, die sind, die wahre Wahrnehmung der Wirklichkeit. Der Narr erkennt, dass er gespalten ist und glaubt, nicht fähig zu sein, in einer integrierten Weise funktionieren zu können. Diese Karte ist Ausdruck der Spaltung, die in uns allen existiert. Sie bringt dem Narren keine Hoffnung, seinen Zustand überwinden zu können. Der Narr muss wählen zwischen den Möglichkeiten, muss ein Gefühl der Sicherheit schaffen; aber je mehr er dies tut, desto grösser wird der Druck der unterdrückten Seite, ebenso anerkannt zu werden. Unter Anstrengung erkennt der Narr, dass alles auf diesem Planeten, vielleicht im gesamten Universum, in dieser Art strukturiert ist: in eine negative und eine positive Seite, ein Männliches und ein Weibliches; und ein Teil funktioniert nur schlecht ohne den anderen. Es scheint, als bekäme die Lebenskraft selbst all ihre Energie, ihre Essenz von dieser Spannung zwischen den Gegensätzen. Der Narr glaubt, dass wenn eine Sache wahr und brauchbar ist, ihr Gegenteil falsch und unbrauchbar sein muss.

Mond
Der Mond steht für das Selbst, das wir der Welt zeigen. Ein gut aspektierter Mond ist ein hervorragender Indikator für eine angenehme und populäre Persönlichkeit. Schlechte Aspektierung des Mondes kann auf Persönlichkeitsprobleme hinweisen; andere Personen mögen sich von diesem Individuum eine schlechte Meinung bilden. Die Position des Mondes zeigt die Stellung an, die der Durchschnittsmensch im Alltag einnimmt. Bei herausragenden und berühmten Personen zeigt der Mond das Bild, das sie in der Öffentlichkeit innehaben.

Mond regiert: Haus des Krebses
Tag: Montag
Pflanzen: Bohnen, Bananen, Kohl, Gurken, Schwarzwurz, Salat, Melone, Pilze, Kürbis, Zuckerrohr, saftige Früchte, Brunnenkresse, Weide
Körper: Linkes Auge, Körpersäfte, Verdauung, alle Sinneswahrnehmungen: Sehen, Hören, Berühren, Schmecken, Riechen
Metall: Silber
Blume: Lilie

Die Herrscherin

Geboren aus Luft

Ik

Drei

Beschreibung
Eine attraktive Frau mittleren Alters sitzt aufrecht auf einem Stuhl, um dessen Lehne ein Jaguarfell drapiert ist. Sie trägt einen ornamentalen Kopfschmuck, der bis auf ihre Schultern herunterreicht und den Kiefer einer Schlange formt, durch den sie unverwandt nach vorne blickt. Unter dem linken Arm trägt sie einen Schild und hält in dieser Hand zwei Pfeile von der gleichen Farbe. Ihr rechter Arm ist zu einer Geste erhoben, die bedeuten soll: Ruhe, entspanne dich. Ihr Stuhl steht auf einer stark verzierten Estrade, hinter der ein grosser Teil der aufgehenden Sonne zu sehen ist. Sie ist die Herrscherin, die Gefährtin des Herrschers. Zwischen ihr und der Sonne können zwei unheilvolle, geierartige Vögel gesehen werden, wahrscheinlich die Gegensätze zu der vorangegangenen Karte.

Interpretation
Die Herrscherin erhält Kraft vom Herrscher und trägt mit ihm das Gewicht der Verantwortung. Es handelt sich um eine fruchtbare und kreative Position, oft verantwortlich für Projekte in Zusammenhang mit Kunst und Wissenschaft. Eine erfolgreiche Herrscherin ist ausgewogen, stabil, und sie zeigt Offenheit und Fairness anderen gegenüber. Die Herrscherin steht für die Wahrnehmung und Geburt neuer Ideen, aber auch für die Geburt von Kindern.

Bedeutung
Die Herrscherin repräsentiert neues Leben. Sie ist die Beherrscherin des irdischen Paradieses, die Erdmutter. Durch Hingabe an physische Arbeit und kreative Interessen bringt sie spirituelles Erwachen hervor. Die Geburt eines dritten Prinzips – die Zusammenführung der Gegensätze – macht ein Kunstwerk möglich. Aber in Wirklichkeit ist es die Arbeit selbst, die diese Zusammenführung der kreativen und destruktiven Teile vollführt. Diese Arbeit gibt dem wahren Kunstwerk seine Ausstrahlungskraft.

Umgekehrte Bedeutung
Der Einfluss des Herrschers auf die Herrscherin wird zur Manipulation. Das Ergebnis ist Instabilität. Mehr und mehr zehrt sie an der Kraft des Ursprungs, bringt die Partnerschaft aus dem Gleichgewicht, zerrüttet das Heim und führt es zur unvermeidlichen Vernichtung.

Sexuelle Bedeutung
Eine Person mit der Natur der Herrscherin sucht ihre eigenen Sexualpartner und ist selbst Anstifter der Vereinigung. In einer Kartenauflage weist diese Karte auf sexuelle Initiative hin. Sie sagt Fruchtbarkeit und reiche Ernte im Akt selbst voraus. Sie verspricht erfolgreiche Werbung, ausgedehntes Vorspiel und befriedigenden Geschlechtsverkehr. Umgedreht neigt die Karte der Herrscherin dazu, die sexuelle Funktionsfähigkeit zu bezweifeln, was sich in einem erfindungsreichen Rückzug vom Sexualakt auswirken kann. Es kann auch ein Hinweis auf Untreue sein.

Wert: Reaktion
Farbe: Grün
Ton: Fis; Ges
Richtung: Osten

Auslegung

Die Herrscherin zeigt dem Narren die Möglichkeit, die Spannung zwischen den Gegenständen aufzulösen, und zwar durch ein drittes, vereinigendes Prinzip. Bislang hat der Narr die Welt nur dualistisch gesehen, als gut und schlecht, richtig und falsch. Nur über Bilder, wie sie kamen und gingen, war er sich im klaren. Deshalb war er sich nicht über Existenz bewusst. Der Narr machte sich nur der Dinge bewusst, die in ihm selbst lagen; diese waren Illusionen; nicht bewusst war er sich seines Zustandes, in dem er wirklich war. Der Narr kämpfte, um positiv zu sein, für das Leben und gegen den Tod. Er suchte nach Schönheit und vermied Hässlichkeit, hielt sich an der Wahrheit fest und vermied Fehler. Er wollte erschaffen, nicht vernichten. Wie konnte seine Suche nach dem Guten nur Kummer bringen? «Warte! Mach' langsam, Narr. Warum hältst du dich nur an das Positive?» fragt die Herrscherin. «Ich suche Gutes, Wahrheit, Schönheit und Licht. Ich sehe, dass mir diese Qualitäten überleben helfen – und ich will leben. Ich fühle einen Drang, einen Willen zu leben!» Armer Narr! Er hat einen Willen zu leben (zumindest sagt ihm das sein Geist). Der Narr lebt. Er braucht sich dazu nicht anzustrengen. Im Gegenteil, wenn er aufhören will zu leben, dann muss er sich anstrengen. Sein Bedürfnis zu leben ist irrational. Es hängt nicht von seiner Einstellung zum Leben und gegenüber dem Tod ab, sondern ist ein natürliches Ergebnis seines Geborenseins. Er hat natürliche Vorsicht mit einer Lebensgesetzmässigkeit verwechselt. Der zweite Tag wird von den Maya «geboren aus Luft» genannt, wobei Luft für sie das Grundelement des Lebens darstellte. Zudem galt es als Symbol höherer Ebenen des Verstehens. Dies ist der wichtigste Schritt, den der Narr machen kann, denn er bringt ihn in eine Position von wo aus er das Tonal beobachten kann. Er ist geboren aus Luft, hat gelernt über die Verwicklung in Gegensätze hinwegzufliegen. Das Leben ist nicht der Feind des Narren, es will ihn nicht umbringen.

Venus

Dieser Planet herrscht über Liebe und Schönheit. Sein Effekt ist grundsätzlich weiblich und hat die Tendenz, diesen Aspekt in beiden Geschlechtern hervorzurufen. Mond und Venus haben viele Attribute; im Gegensatz zum Mond ist die Venus meist wohlwollend, bringt Freude und Erfüllung. Der poetische und musikalische Aspekt zwischen zwei Liebenden wird häufig durch die Venus hervorgerufen. Schlecht aspektiert verweist die Venus auf einen Hang zu Trägheit und Vergnügungssucht und kann zu einer oberflächlichen Einstellung anderen Menschen gegenüber und zum Leben im Allgemeinen führen.

Venus regiert: Haus des Stieres
Tag: Freitag
Pflanzen: Apfel, Spargel, Bohnen, Birke, Tollkirsche, Holunderbeere, Goldrute, Trauben, Himbeere, Erdbeere
Körper: Nieren
Metall: Kupfer
Blume: Rose

Der Herrscher

Geboren aus Wasser

Akbal

Vier

Beschreibung
Eine junge, kräftige, spektakulär gekleidete Person steht vor dem Podium, zu ihrer Rechten der Hohepriester, zu ihrer Linken die Herrscherin. In seinen Händen hält er den Autoritätsstab der Maya, das Mexquimilli. Sein Helm ist eine Maske, auf dem ein goldener Kelch sitzt, aus dem sich leuchtend grüne Federn ergiessen. Er trägt einen «Rucksack» aus grünen und rosa Flügeln, voller komplexer Zeichnungen. Um die Hüfte hat er einen ornamentalen Gürtel geschlungen, an dem, wie beim Magier, zwei Masken hängen. Hinter ihm hängt ein Jaguarfell. Hinter ihm zur Linken kann noch ein Teil der aufgehenden Sonnenscheibe gesehen werden.

Interpretation
Der Herrscher ist der Anfang, die Handlung, die Vollendung und das Ergebnis. Wie die Herrscherin steht er für Schöpfung durch Macht und Wille anstatt durch Gefühl und Liebe. Der Herrscher ist der vollendete Elternteil, ja der balancierte elterliche Aspekt überhaupt. Diese Karte ist Vater/Mutter und repräsentiert Selbstbehauptung, Verwirklichung durch Handlung, Mitgefühl und Stabilität. Es ist die Karte der Führer in allen Aspekten.

Bedeutung
Der Herrscher verkörpert die vier Elemente. Er ist die vier Jahreszeiten. Er ist Norden, Süden, Westen und Osten. Er ist die Vierheit alles Geschaffenen. Um zu seinem umfassenden Verständnis zu kommen, musste der Herrscher die vier Ebenen des Seins durchschreiten und sie in vorteilhafter Weise verbinden. Um zu seiner Vision zu kommen, musste seine Vergangenheit vernichtet werden. Um zu seiner Handlungsfähigkeit zu gelangen, musste der Tod sein Ratgeber werden. Seine Emotionen befinden sich im Kelch seines Herzens und fliessen nicht, wohin sie wollen. Er ist der Meister seines Lebens und weiss über dasselbe nichts.

Umgekehrte Bedeutung
Es ist die Karte des meisterhaften Liebhabers, von Autorität und Wille, von Dominanz und Sättigung des Sexualpartners in jeder Beziehung. Es ist der Ausdruck äusserster Männlichkeit – ein Ausdruck, nach dem vor allem jüngere Männer in sexueller Hinsicht streben. Die homoerotische Zuwendung des Herrschers verändert keinesfalls die sexuelle Ausrichtung der begehrten Person. Die sexuellen Handlungen des Herrschers, ganz egal wie bizarr sie sein mögen, verletzen oder beeinflussen den Partner nicht, es sei denn in positiver Hinsicht.

Wert: Gesichtssinn
Farbe: Scharlachrot
Ton: C
Richtung: Nordosten

Auslegung

Der Narr sieht, dass der Herrscher sich aller Aspekte seines Seins zu jeder Zeit bewusst ist. Der Herrscher ist frei von konditionierten Reaktionen und reagiert nicht mehr auf den Reiz der Gegensätze. Er lässt sich von ihnen nicht mehr anziehen. Es gibt keine Trennung, kein Unbewusstes für den Herrscher, keine versteckten Seiten, nichts, das verdrängt und unterdrückt ist. Er sieht das, was ist, nicht das, was er sehen möchte. Er hält nichts fest und hat somit nichts zu verlieren, er hat keine Hoffnungen und kann deshalb nicht enttäuscht werden. Den Narren interessiert vor allem, dass der Herrscher handelt und nicht reagiert. In jedem Augenblick ist er so konstruktiv, wie es die Umstände zulassen. Eine Reaktion ist eine erinnerte Handlung, die auf dem Resultat vergangener Aktionen basiert. Die Vergangenheit des Herrschers ist ausradiert. Er wurde wiedergeboren, das heisst neu geboren, nicht aus einer Frau, sondern aus seinem eigenen Wesen heraus. Schwer ist es für den Narren, all dies zu verstehen. Der Herrscher hat alle Gegensätze in seine Persönlichkeit integriert. Er sieht die Aufgabe der Angst und meidet sie nicht, aber er baut sie in seiner Psyche auch nicht auf. Jede Angst ist dieselbe Angst. Die Angst, von einem Jaguar gefressen zu werden, wird nicht als Angst vor Erniedrigung internalisiert. Er erkennt, dass im Geist kein Platz für Angst ist. Angst ist eine Reaktion des Körpers, die besonders angemessen ist, wenn man nachts im Urwald herumläuft. Aber die Angst, einen Beurteilungsfehler zu machen und das «Gesicht zu verlieren», ist eine Illusion (denn Herrscher machen keine Fehler). Solche Angst ist Dummheit, und was immer er sein mag, dumm ist der Herrscher nie. Der Narr sieht die Gegensätze als einander zerstörend an als Todfeinde. Für den Herrscher erscheinen diese ganz anders: Der Antagonismus wird zur Komplementarität, und das Zusammenarbeiten dieser sich ergänzenden Teile wird zu einer Grundvoraussetzung dafür, dass sein eigenes Handeln kreativ ist. Denn Schöpfung – Kreation – hat an Konstruktion ebenso Anteil wie an Destruktion. Er weiss, dass die Handlung, die von längster Dauer ist, von gleichen Kräften aufgebaut und ausbalanciert ist.

Widder

Der Rammbock. Die Sonne ist das Symbol des Ichs und thront im Widder. Wenn er nicht krankhaft ist, dann wird der Widder-Mensch ehrlich in seinen Idealen und seinen Geldmitteln sein. Widdergeborene sind von Natur aus sparsam, in der richtigen Stimmung können sie allerdings mit den ihnen zur Verfügung stehenden Mitteln recht freigiebig sein. Geschäftsinteressen werden mit grosser Fairness gehandhabt, und obwohl der Widder bei einem Geschäft nicht verlieren will, zeigt seine Einstellung eine gewisse Blindheit, die ihn oft zu einem Opfer der Ausbeuter macht. Der Widder stürzt sich mit starker Ichbezogenheit kopfüber in die Welt. Konflikte entstehen, weil keine Zeit zum Denken übrig bleibt und wegen einer gewissen Sorglosigkeit im Umgang mit anderen.

Herrscher: Mars; auf den Thron gesetzt ist die Sonne
Pflanzen: alle Pflanzen auf der Erde, die anderes Wachstum vorbereiten, Algen und Flechten
Qualität: männlich, Feuer
Körper: Gesicht, Kopf
Stein: Amethyst

Der Hohepriester

Kenntnis des Bösen

Kan

Fünf

Beschreibung
Eine aufsehenerregend gekleidete Person, von Kopf bis Fuss in ein Jaguarfell gehüllt. Auf seinem Rükken trägt der Hohepriester einen «Rucksack» aus Masken und Federn. In seiner Rechten hält er einen Stab mit einem lebenden Blatt. Ein goldfarbenes Tuch ist um diesen Stab gewickelt. Vor ihm befindet sich ein Teil desselben Jaguarfells, das auch hinter dem Herrscher ist. Er steht am anderen Ende des Podiums, auf dem auch die Herrscherin sitzt. Um die Hüfte trägt er einen verzierten Gürtel mit der Maske des Maisgottes. Er scheint sanft und sicher zu sein.

Interpretation
Der Hohepriester führt den Träumer in die Bedeutung des Lebens ein und erklärt dessen Geheimnisse in Anlehnung an die Lehren der Ahnen. Er ist der Vermittler von Tradition und traditionellem Wissen. Der Hohepriester ist der Gesellschaft, der er dient, verbunden und ihr treuer Ratgeber. Er hält diese Gesellschaft im Wachstum und im Wechsel, lebendig und sinnvoll.

Bedeutung
Der Hohepriester ist der Speicher der Kultur. Er ist es, der mit einem Fuss in der wirklichen Welt, der Welt der Natur, stehen muss und mit dem anderen Fuss in der künstlichen, der Welt der von Menschen geschaffenen Dinge. Er muss im Jetzt leben und sich an die Vergangenheit halten. Sein Attribut ist das Hören, denn durch den Gehörsinn werden Worte gehört, und es wird ihnen Bedeutung verliehen. Der Hohepriester hört auf alles und weiss, was gesagt wird. Der Hohepriester kennt die Stille und lauscht den Bekenntnissen.

Umgekehrte Bedeutung
Der Hohepriester ist Konformist, er will sozial anerkannt werden. Er ist mit den Konventionen verbunden und versucht den status quo zu erhalten. Er wird starr, tendiert zu Ausschliessung und beschäftigt sich lediglich mit den äusseren Zeichen der Religion. Aberglaube tritt anstelle von Untersuchung und Überheblichkeit anstelle von Würde und Demut.

Sexueller Ausdruck
Der Hohepriester ist der männliche Aspekt der Frau, ihr Animus, jenes ursprüngliche Bild im weiblichen Unbewussten, das sie mit rationalem Verstehen ausstattet, einem Gefühl der Macht und dem Wissen, wie diese Macht zu gebrauchen ist. Es ist die Karte des Unverheirateten, jenes Menschen also, der Sexualität nicht unterdrückt oder fürchtet, sondern sie ruhen lässt und sie nicht pausenlos für Befriedigung und Vergnügen benutzt. Es ist dies auch die Karte des männlich oder weiblich, offen oder latent Homosexuellen. Die Position der Karte in Beziehung zu anderen entschlüsselt erst ihre endgültige Bedeutung. Allgemein gesprochen handelt es sich um die Karte eines passiven heterosexuellen oder eines homosexuellen Ausdrucks.

Wert: Gehörsinn, Tradition
Farbe: Rotorange
Ton: Cis; Des
Richtung: Südosten

Auslegung

Der Narr hat gelernt, viel zu verstehen und besitzt nun eine gewisse Klugheit über sich und andere Menschen. Was er noch nicht erkannt hat, ist die Macht, die er jetzt besitzt, andere zu manipulieren, um seine Wünsche zu erfüllen. Jetzt ist er im Besitz von Klarheit, und er muss sie überwinden. Er sieht und versteht und will jedem die «Wahrheit» mitteilen. Der Narr kann nicht hören. Hören ist jenseits von lediglichem Zuhören, und der Narr hört zu, damit er weiss, wann der andere zu reden aufgehört hat und er anfangen kann. Hören schafft Stille und Vereinigung mit dem anderen. In dieser Stille mag der Narr die Stimme des Unbekannten hören. Der Hohepriester zeigt dem Narren das Prinzip eines lebendigen, mysteriösen Universums. Symbolisiert wird dieses im Stab mit dem lebendigen Blatt. Das Jaguargewand des Hohepriesters steht für den Feueraspekt der Person. Es ist ein Symbol der dem Narren zur Verfügung stehenden Energie und Vitalität, die für die Aufgaben, die er sich selbst setzt, gebraucht werden können. Der Hohepriester ist der Brückenbauer, der Pontifex; er ist jener, welcher die Richtung weist, aber nicht voran geht. Der Hohepriester ist der Guru, der Lehrer, der Wissenschaftler. Er ist der Untersucher und der Hüter der Tradition. Es wird gesagt, dass Tradition nicht geerbt, sondern nur mit Liebe erworben werden kann. Der Hohepriester ist der Hüter der Wissenschaften und muss diese lehren. Der Narr bemüht sich zu lernen, ein Heiliger zu werden. Er hat seine Sexualität unterdrückt und will zu einer moralischen Person werden, er quält sich ab. Der Hohepriester ist unverheiratet, aber hat seine Sexualität nicht unterdrückt und macht selbstverständlich keine Anstrengungen, um moralisch zu handeln. Der Narr ist auf seine Vorstellung fixiert, gefangen im Nachahmen von endlosen, unbrauchbaren toten Slogans und Mantrams. Sein Verhalten ist eher destruktiv als konstruktiv, was natürlich nicht seine Absicht war. Auf der anderen Seite ist das Verhalten des Hohepriesters letztlich eher konstruktiv denn destruktiv, obwohl das nicht sein Ziel war. Das ist deshalb der Fall, weil der Hohepriester von der reinen Aktivität ausgeht und sich an Gegebenheiten anpasst, so wie sie sich ihm bieten. Der Hohepriester sagt nicht: «Ich werde enthaltsam sein.» Er ist enthaltsam. Diese Position wird nicht bewusst formuliert, wie es beim Narren der Fall ist. Es ist das spontane Ergebnis einer bewussten Person, die nicht Handlungen erträumt, sondern durchführt.

Stier

Ein besonders charakteristisches Merkmal der Stiergeborenen ist deren sanfte, überzeugende und friedliebende Disposition. Oft werden sie wegen dieser Milde ausgenützt. Sie können mit den unmöglichsten Leuten freundschaftlich zusammenleben und selten dabei die Kontrolle verlieren. Als Liebhaber von gutem Essen und Trinken sind Stiergeborene Selbstverwöhner. Wenn die Sonne gut aspektiert ist, können Venus-Energien leicht fliessen und zu einem starken, ausgewogenen Typus führen. Schlecht aspektiert kann sie der Grund für hysterische Ausbrüche sein und tiefliegende Eifersucht und Zorn hervorbringen. Als junge Menschen haben Stiergeborene selten weltlichen Erfolg, da ihre Genialität die Tendenz hat, spät zu blühen, aber wenn sie blüht, ist sie üblicherweise tiefgehend und konzentriert.

Herrscher: Venus, Erde
Gehoben: Mond
Pflanzen: Pilze, die nahe der Erdoberfläche wachsen, und Trüffel, die darunter wachsen; Lilien; Spinat
Qualität: feminin; Erde
Körper: Hals, Gurgel
Stein: Achat.

Die Liebenden

Erfahrung der Zusammenkunft

Chac Chan

Sechs

Beschreibung
Zwei Personen sind auf dieser Karte abgebildet. Eine davon ist ein Mann, der unter einem Baldachin steht und leicht bekleidet ist. In seiner Linken hält er einen beschlagenen Spiegel und deutet mit der Rechten auf diesen. Das andere Ende des Spiegels wird von einer Frau gehalten. Auch sie ist nur leicht bekleidet und deutet ebenfalls auf den Spiegel. Sie steht unter einem Sternenhimmel. Um ihre Füsse herum wachsen winzige goldene Blumen. Beide scheinen in Eintracht und zufrieden zu sein.

Interpretation
Die Liebenden stellen den Narren vor die Probleme und Schwierigkeiten einer Beziehung. Sie zwingen ihn, die Liebe zu untersuchen. Er muss auch die Wahl untersuchen, denn dies ist die Karte des Wählens. Der Mann steht unter dem Baldachin, beschützt vom Bekannten, vom Gewussten, vom Handwerk des Hohepriesters. Die Frau steht unter den Sternen, offen ihren Einflüssen gegenüber, offen gegenüber dem Einfluss des Unbekannten, wie auch immer es sich manifestieren mag.

Bedeutung
Die Liebenden sind im Netz von Bild und Wirklichkeit gefangen. Der Spiegel, den sie halten, ist dunkel und beschlagen, er zeigt ihnen ihre Gesichter nicht. Dennoch weisen sie auf ihn. Diese Karte deutet auf die Nähe des Endzieles der Reise des Narren. Harmonie von innerem und äusserem Leben ist hier dargestellt. Die Karte deutet auf Inspiration und führt auf den Pfad der Liebe.

Umgekehrte Bedeutung
Die Inspiration misslingt und die Person muss wieder Zuflucht in der Wahl nehmen, abermals in den Gegensätzen gefangen. Die Verwirrung wird zur Hemmung und Unklarheit. Streitigkeiten und unharmonisches Zusammensein entstehen aus dem Bedürfnis nach Stabilität und Offenheit. Die Dinge fliessen nicht zusammen, und es gibt Schwierigkeiten, eine begonnene Arbeit zu Ende zu führen.

Sexueller Ausdruck
Eine unverfälschte, offene sexuelle Vereinigung. Diese Karte kündet, dass alle Hindernisse, die der Vereinigung im Wege standen, weggeschoben werden. Sie wird von einer Art Unschuld bestimmt, die nicht von etablierten Moralvorstellungen eingegrenzt ist; denn hier handelt es sich um eine vollständig moralische Reaktion auf eine vollständig moralische Handlung. Erfüllung auf allen Ebenen wird hier ausgedrückt. Der Partner erkennt und achtet die Qualitäten des anderen. Es gibt keinen «Liebenden» und keinen «Geliebten», denn beide sind einander gegenseitig Liebende. Friede und Harmonie herrschen vor und die wahre Vereinigung wird erlebt.

Wert: Geruchsinn
Farbe: Orange
Ton: D
Richtung: Osten - hinauf

Auslegung
Die Liebenden sind die letzte Station des Narren auf seiner Reise durch das Reich des Spirituellen. Sie führen ihm eine komplexe Informationsordnung vor, und um diese zu verstehen, muss er seine

ungeteilte Aufmerksamkeit aufbieten. Die Aufgabe des Narren ist es, hier die Spaltung in sich selbst zu heilen. Er steht geschützt vor der Frau in ihm, von den Dingen, die er vom Hohepriester, der in ihm ist, gelernt hat, von seiner Kultur, durch den Baldachin, der über ihm ist. Er ist ein Mensch, das namengebende Tier, und durch das Namengeben teilt er; er erschafft einen ungeheuren, unüberbrückbaren Abgrund zwischen sich selbst und dem Nagual. «Ich sehe», sagt er, «ich verstehe, also will ich nicht mehr benennen.» Armer Narr! Das ist nicht die Antwort. Wie willst du nach dem Weg fragen, wenn du dich verirrt hast, ohne zu benennen? Der Narr hat eine Welt von Dingen geschaffen und ist darin gefangen. Gefangen zwischen den zwei Gesichtern der Welt ist der Narr im *Tonal* eingesperrt, der Welt der Form, der Welt, die er erschaffen hat. Er sehnt sich nach einer anderen Welt. Er sucht nach dieser anderen und versucht sie zu benennen – dabei zerstört er sie. Der Geist kann nicht dazu verwendet werden, um die Macht des Geistes zu brechen. Nur wenn keine Entfernung mehr zwischen ihm und der Welt liegt, kann der Narr die Welt wahrnehmen, wie sie ist. Erst wenn er den Kampf zu «sehen» aufgibt sieht der Narr. Er hat nur einen Energieballen zur Verfügung; er kann ihn zum Kampf verwenden oder zum Sehen. Wenn er «sieht», spricht die Frau in ihm. Sie kümmert sich nicht um seinen Gebrauch von Namen. Sie hat kein Bedürfnis nach Bezeichnungen, da ihre Welt im Augenblick stattfindet. Dies sind die zwei Welten im Kopf des Narren, die zwei Welten, die er überbrücken muss. Das Gehirn hat zwei Seiten. Die linke Hemisphäre kontrolliert die aktive Hand, beinhaltet die intellektuellen Zentren und die Zentren der Sprache. Sie kann als *rationales* oder männliches Gehirn bezeichnet werden. Die rechte Hemisphäre scheint die Fähigkeiten zur Intuition zu beinhalten. Sie kann als das intuitive oder weibliche Gehirn bezeichnet werden. Unsere Gesellschaft hat die männliche Seite immer bevorzugt und die weibliche stark unterdrückt. Bevor der Narr die Balance in sich selbst nicht gefunden hat, kann er sie in der Gesellschaft, in der er lebt, auch nicht manifestieren. Eine Gesellschaft ist eine Reflexion, ein Konglomerat all der winzigen Teile, die sie ausmachen. Sie hat kein Eigenleben. Der Narr entdeckt, dass er sich verändern kann, und dass er sich verändern kann, ohne zu wählen. Durch das Sehen wird alles in Klarheit getaucht und es gibt keine Trennung mehr. Das Sehen ist Handlung, die Liebe ist. So ist letztlich das Dreieck aufgebaut, die Lektion der Herrscherin hat Früchte getragen. Der Name des Herrschers ist jetzt verstanden. Nem ist der Maya-Name für Herrscher. Diese Bezeichnung hat zwei weitere Bedeutungen: Vermittler und Spiegel. Der Herrscher – die integrierte Person – reflektiert das was unten ist nach oben, und das was oben ist nach unten. Der Narr wurde zu einem Liebenden seiner selbst. Verwundert steht er vor der aussergewöhnlichen Kreatur, die er ist, aber er darf sich nicht zu sehr mit sich selbst beschäftigen, denn die Reise hat eben erst begonnen.

Zwillinge

Die Stärke des Zwillinggeborenen steckt im Gehirn und in den Nerven, nicht im Herzen. Zwillinge haben einen raffinierten Geist, ein gutes Gedächtnis, und sie sind zu genauem Wissen fähig. Im Allgemeinen sind sie aufnahmebereit und intuitiv. Sie können viel Kraft und eine grosse Anzahl von Talenten haben. Das Zwilling-Zeichen ist das Vielseitigste des ganzen Horoskops. Zwillinggeborene sind von ruheloser Natur, sehr logisch eingestellt und erfahren im Argumentieren. Sie können hervorragende Manager werden, sie lieben zu reisen und haben keinen ausgeprägten Hang zu körperlicher Bequemlichkeit. Andererseits kann ein schlecht aspektierter Zwilling oberflächlich und seicht sein. Sie haben die Tendenz, beide Seiten eines Problems zu sehen und können deshalb unentschlossen sein, was sich in Unbefriedigtheit und Frustration ausdrücken kann. Zwillinge können einen Zustand ständiger Unzufriedenheit und von dauerndem Groll aufweisen.

Herrscher: Merkur
Pflanzen: Moose, Hängepflanzen, Krapp
Qualität: Maskulin, Luft
Körper: Schulter, Lungen, Arme, Schlüsselbein
Stein: Beryll, Perle

Der Krieger

Man stirbt

Cimi

Sieben

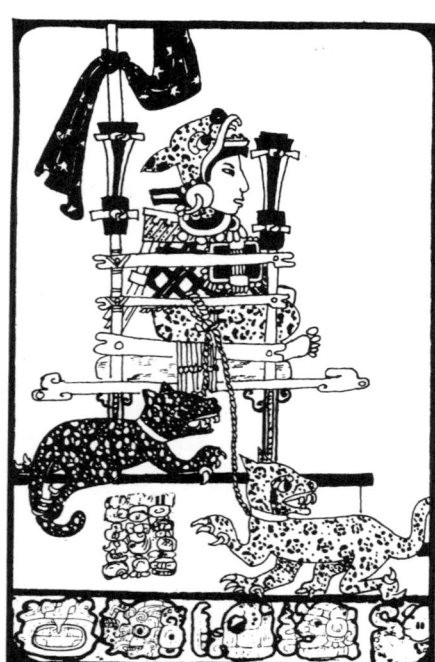

Beschreibung
Ein junger Mann sitzt auf einer Sänfte. Er ist als Jaguarritter gekleidet. An dem Stuhl ist ein Sternenbanner angebracht, das nach oben in die Karte der Hohepriesterin hineinreicht. Ein weisser und ein schwarzer Jaguar sind am Stuhl angebunden. Obwohl diese Tiere gezähmt aussehen, sind sie immer noch wild. Der Krieger stitzt auf einem Podium, das eine Inschrift trägt.

Interpretation
Dies ist die erste Karte der geistigen (mental) Ebene. Der Krieger scheint selbstbeherrscht zu sein, bereit für das was kommt. Der Krieger befindet sich in einem Zustand «wahlloser Bewusstheit». Die Jaguare scheinen Personifikationen der schwarzen und weissen Säulen der Karte der Hohepriesterin zu sein.

Bedeutung
Sieg über hartnäckige Probleme. Triumph in Geldangelegenheiten und Krankheiten. Es ist die Karte der Fähigkeit und der verantwortungsvollen Einstellung den Dingen des Lebens gegenüber. Der Krieger geht jede Aufgabe, die auf ihn zukommt, oder die er in Angriff nehmen will, mit grossem Ernst an.

Umgekehrte Bedeutung
Die Karte steht immer noch für einen Triumph, aber für einen unmoralischen, bis hin zum offenen Betrug, der zu diesem Triumph führt. Ein unausgewogenes Leben, eine unkontrollierte Leidenschaftlichkeit. Eine selbstgefällige Einstellung, die zum Niedergang führt.

Sexuelle Bedeutung
Der Krieger ist nicht nur der Eroberer von Frauen, er hat auch eine ausgefeilte Fähigkeit, Hindernisse zwischen ihm und der begehrten Frau aus dem Weg zu räumen. Der Krieger kann sich auch aus einer Beziehung zurückziehen, ohne beim Partner schlechte Gefühle zu hinterlassen. Eine umgedrehte Karte verändert die Einstellung des Kriegers nicht, hinterlässt aber die Geliebte zerstört und voller Schmerz, weil sie die Beziehung nicht aufgeben will.

Wert: Sprache
Farbe: Gelborange
Ton: Dis, Es
Richtung: Osten - unten

Auslegung
In der Karte der Liebenden hatte sich der Narr mit Wahl und Wählen auseinanderzusetzen. Hier, in den mentalen Bereichen, sieht er die Verzweigungen seiner Wahlen. Er wird sich auch darüber bewusst, wie seine Wahlen zustande kommen. Der Krieger ist ein Mensch, der mit seiner Umwelt vollständig verschmolzen ist, agil und unbelastet von Gefühlen und persönlicher Vergangenheit. Der Krieger weiss, dass jede seiner Handlungen seine letzte sein kann. Er ist alleine. Der Tod ist die Wurzel seines Lebens. Mit diesem Wissen im Hinterkopf kann er nicht anders als untadelig, unfehlbar handeln. Die Art zu leben ist für den Krieger nicht jene der Selbstbeobachtung und der mystischen Transzendenz, sondern eine von Gegenwärtigkeit in der Welt, in der er sich wiederfindet. Er hat seinen Halt im Wissen über die Allgegenwart des Todes. Also speku-

liert er nicht über das Leben. So gerät er in die Position eines Jongleurs, der den Schrecken und die Verwunderung darüber, geboren zu sein, ins Gleichgewicht bringen muss; ein Schrecken und eine Verwunderung über eine Welt, die im tiefsten Wesen unerfahrbar ist.

Der Krieger hat mit Sprache und dem, was die Sprache ausmacht, zu tun. Seinen ersten Kampf muss er gegen das Geplapper, das in seinem Kopf sich abspielt, ausfechten. Es ist der Kampf, der ihn auf seinen Weg führt. Er beschäftigt sich mit dem Erkennen der eigenen Angst und damit, wie man Ängstlichkeit und schlechte Essgewohnheiten überwinden kann, und schliesslich, wie man das innere Gespräch stoppen kann. Der Krieger beschäftigt sich mit totaler Revolution, totaler Erneuerung, nicht mit Wechsel. Die Karte des Kriegers ist auch die Karte der Gesundheit, denn nur unter optimalen physischen Konditionen kann der Krieger die Umwälzung hervorbringen. Sein Körper muss auf die Welt eingestimmt sein, wenn er sie beeinflussen und verändern will.

Der Narr glaubte immer, dass er sich verändert, jetzt aber sieht er, dass er immer nur ein Ding für ein anderes eingetauscht hat, ein Problem für ein anderes. Er war nie in der Lage, völlig neu, vollkommen anders zu sein. Der Narr kultivierte einen Wortschatz, von dem er glaubte, er würde ihm helfen, seine Welt analysieren zu können – und so war es. Aber weil er Worte gebrauchte, um die Welt zu verstehen, erschuf er diese Welt, limitierte sie und wies sie in Schranken. Worte und Sprachfähigkeit können ihn nie von der Welt befreien. Um von der Welt frei zu sein, muss der Krieger total in ihr sein; ungeteilt, ohne sich darüber Gedanken zu machen. Nur diese völlige Hingabe an die Welt kann Freiheit aus ihr hervorbringen. Die Gegensätze sind aktiv und wild, aber sie werden von der bewussten Aufmerksamkeit des Kriegers am Zügel gehalten.

Krebs

Krebs ist ein Ernährungszeichen, welches das Mutterprinzip darstellt. Es ist ein Zeichen, dessen Energie auf Heim und Familie ausgerichtet ist. Krebsgeborene haben in der Regel eine starke Vorstellungsgabe und sind sehr sensitiv. Sie sind gute Geschäftsleute mit hervorragendem Gefühl für das Anhäufen und die Kontrolle von Geldern. Die Vorstellungskraft ist ebenfalls sehr stark ausgeprägt. Wenn dies zutrifft, werden sie zu grossen Schriftstellern, Schauspielern, Poeten. Ein besonders guter Beruf für Krebsgeborene ist der Journalismus, insbesondere das Schreiben von Kolumnen, da Krebsgeborene nicht gute objektive Reporter sind. Wenn das Zeichen schlecht aspektiert ist, zeigt sich eine Tendenz zu einem Leben der Phantasie mit einem tiefverwurzelten Gefühl des Ungenügens. Häufig erkennt man dies am Rollenspiel der Leute, die damit die Sympathien der anderen gewinnen wollen.

Herrscher: Mond
Pflanzen: Bohnen, Bananen, Kohl, Salat und Blattgemüse, Farn, Lotus, Melonen, Pilze, Zuckerrohr, Kresse, Weiden, Veilchen
Qualität: Feminin – Wasser
Körper: Brust und Magen
Stein: Smaragd

Der Kaktus

Überwindet den Tod

Man-Ik

Acht

Beschreibung
Ein grosser grüner San Pedro Kaktus wächst in einem schönen, schwarz-weissen, dekorativ bemalten Topf. Die Dekoration zeigt einen Tempel und zwei Priester. Der Kaktus blüht; in seinen Zweigen sitzt ein kleiner weisser Vogel. Am rechten unteren Rand sieht man den Rauch, der aus dem Becken der Karte des Weisen steigt. Darüber ist noch ein kleiner Teil des Türrahmens der Tempeltür zu sehen. Am unteren Kartenrand sind Bildzeichen des Tempelpodiums.

Interpretation
Es gibt die Möglichkeit, seine Persönlichkeit in Harmonie zu bringen. Die Angst muss verstanden werden, denn diese liegt an den Wurzeln jeglicher Suche nach Sicherheit. Kein Raum bleibt im Geist für Ängste, gleich welcher Art. Mit dem Verstehen der Angst werden materielle Wünsche richtig eingeordnet und zeigen sich nicht als Gier. Ängste werden fallengelassen.

Bedeutung
Der Kaktus steht für Ausdauer, jene passive Stärke, die es uns gestattet, durch eine Handlung hindurch die Vollendung zu sehen. Der Kaktus ist nicht frei, denn er wächst in einem Topf. Dennoch hat er Reife erlangt, blüht und wird seinen natürlichen Zyklus unabhängig von seinem «Gefangensein» vervollständigen.

Umgekehrte Bedeutung
Die Sicherheit über die Ausdauer ist zerbröckelt und die Angst, Misserfolg zu erleiden, nimmt überhand. Der Humus im Topf ist modrig geworden. Niederlage und Aufgabe werden für den Narren unausweichlich.

Sexuelle Bedeutung
Dies ist die Karte des passiv Dominanten – der Person, die durch ungerührtes Dasein befriedigt wird. Die Karte steht auch für den Phantasieaspekt in bezug auf Sex, die geistige Aktivität, die den Körper dazu gebraucht, das zu befriedigen, was sie glaubt, dass seine Wünsche sind. Umgedreht wird sie zur Karte der Masturbation. Sex wird durch Vorstellungen begonnen, und die Phantasie spielt darin eine grosse Rolle.

Wert: Geschmackssinn, Ausdauer
Farbe: Gelb
Ton: E
Richtung: Norden – hinauf

Auslegung

Durch Arbeit hat der Narr zu «sehen» begonnen; ein Umstand, der ihn von den launenhaften Gefühlswechseln befreit, die ihn vorher kontrolliert haben. Jetzt «kontrolliert» er dieselben. Die Kontrolle, die der Narr ausübt, ist passiv, denn das «Sterben», das er als Krieger gelernt hat, ist nun zu einer «Gewohnheit» geworden, zu einem Teil seines autonomen Systems. Nicht länger empfindet er das Bedürfnis nach Anstrengung. Der Narr entdeckt die passive innere Stärke unerschütterlicher Gesinnung, im Gegensatz zur positiven äusseren Stärke der Handlung. Das Leben des Narren ist tugendhaft geworden, und die innere Stärke lässt ihn diese Tugend spüren. Die passive Stärke erschafft die Ordnung in seinem Leben, denn diese Stärke akzeptiert beides: nichts und alles. Alles wird in Erwägung gezogen, und es wird ihm erlaubt, sein eigenes Niveau durch seine eigene Bedeutung zu finden.

Viele amerikanische Wüsten waren einst Seen, umgeben von üppigen Wasserpflanzen. Als sich das Klima änderte und es heisser wurde, trockneten die Seen aus. Die meisten Pflanzen konnten sich nicht adaptieren und verschwanden deshalb. Kakteen entstammen solchen Wasserpflanzen. Durch bewundernswerte Anpassungsprozesse und Mutationen waren sie in der Lage, den Wechsel zu überleben. Der Kaktus gehört zur Sorte von Pflanzen, die auch Halluzinogene hervorbringen. Der Kaktus ist ein «Ureinwohner» Mittelamerikas und wurde in allen anderen Ländern als Exote eingeführt. Viele ursprüngliche Religionen haben sich die seltsamen Eigenschaften der Kakteen zunutze gemacht: als ein Hilfsmittel zur Suche nach Gott.

Der Maya Name dieses Tages ist Man-Ik, d.h. «Man überwindet den Tod». Ausdauer muss mit einer Einstellung einhergehen, die vom Tod selbst nicht sehr verschieden ist. Diese Standhaftigkeit, diese Ausdauer gibt dem Narren die Fähigkeit, durch Schwierigkeiten hindurchzukommen und sie zu überwinden.

Löwe

Wie demütig ein «Löwe» auch sein mag, solche Menschen sehen es als selbstverständlich an, dass sie auf die eine oder andere Weise überlegen sind. Sie sind geborene Monarchen. Löwegeborene sind grosszügig, liberal (bis zu einem gewissen Punkt) und ehrenvoll. Sie würden nie die Schwäche eines Rivalen ausnutzen, um ihr Ideal zu erreichen. Besonderes Interesse gilt allerdings dem Selbst und seinen Leistungen. Löwen lieben den Status, verbunden mit dem Gefühl, immer irgendwo in der Nähe des Gipfels zu sein. Man sagt, sie bevorzugen gefährliche Berufe, die etwa mit Feuer und explosiven Stoffen zu tun haben. Im Geschäftsleben sind sie häufig Manager oder in Direktorpositionen. Sie lieben auch Luxus und Ausschmückung. Schlecht aspektiert können sie bösartig sein und erst nach einem Angriff auf einen Feind zu denken beginnen. Gewöhnlich lässt dann ein Löwe mit seinem Angriff nicht locker, bis der Gegner zerstört ist. Stolz und Eitelkeit können Grund für das Versagen eines Löwegeborenen sein.

Herrscher: Sonne
Pflanzen: Pinien und Fichten, alle Pflanzen die Zapfen oder Kolben haben, wie Mais
Qualität: Männlich – Feuer
Körper: Seiten, Rücken, Herz und Rückgrat
Stein: Rubin

Der Weise

Überwindet das Materielle

Lamat

Neun

Beschreibung
Ein Mann kniet im Zentrum des Bildes und weist nach oben auf den Türrahmen, auf dem zwei Männer in einem Kanu dargestellt sind. Sie bewegen sich in verschiedene Richtungen, und zwischen ihnen befindet sich die Sonne, dekoriert mit Knospen von Wasserlilien. Mit seiner anderen Hand deutet der Mann auf ein Gefäss, in dem ein Feuer brennt, und aus dem viel Rauch entweicht. Hinter dem Weisen befindet sich ein Sternenhimmel, aus dem ein schmales Viereck ausgeschnitten ist, in dem ein Licht leuchtet. Hinter dem Weisen befindet sich ein Stab mit einem lebenden Blatt daran.

Interpretation
Der Weise ist allein, damit er die innere Stimme hören kann. Er sucht die Ruhe, damit er den Weg klar erkennen kann. Die Türschwelle steht für die Verwirrung, die das Leben des Weisen einmal regierte – denn sie zeigt zwei Menschen in einem Boot, die in verschiedene Richtungen rudern. Der Tunnel im Himmel ist die Offenheit, die der Weise benötigt, um «hinauszusehen».

Bedeutung
Der Weise hat keine Bedürfnisse, denn das Universum bietet ihm alles, um ihn zu unterstützen. Er hat keine Ansprüche. Er strengt sich auch nicht an – trotzdem überlebt er. Das Mysterium der Existenz (Stab) stützt ihn. Das Feuer in der Schale wärmt ihn. Auf der Schale sind die Gegensätze Wachen und Schlafen dargestellt, und das Feuer macht ein Dreieck der Versöhnung aus ihnen.

Umgekehrte Bedeutung
Es wird gezögert, eine verlorene Sache aufzugeben, eine weise Stimme anzuhören. Die Person vertraut nicht der eigenen ruhigen Stimme des Inneren.

Sexueller Ausdruck
Beherrschung von Sex. Nicht länger wird der Sexualität pausenlose Aufmerksamkeit zuteil. Der Sexualakt hat etwas Einfaches und Elegantes an sich, da nichts anderes erwartet wird, als was die Vereinigung ergibt. Höchste sexuelle Freuden. Der Weise wählt seine Partner nicht; wenn es an der Zeit ist, dann sind sie da, denn er hat das Verständnis und die Weisheit, befriedigen zu können.

Wert: Berührung
Farbe: Gelbgrün
Ton: F
Richtung: Norden – hinunter

Auslegung

Der Weise hat keine Bedürfnisse, denn das Universum stellt alles bereit, was er braucht. Der Weise zeigt dem Narren, dass es so etwas wie Freiheit gibt. Er demonstriert, dass Freiheit die Freiheit von allen Dingen bedeutet, ansonsten sie gar nicht existieren kann. Freiheit ist nicht, wie der Narr glaubt, Freiheit von Angst, von finanzieller Bedrängnis, von Krankheit, Alter und Tod. Reich sein befreit nicht von Armut. Armut ist ein Geisteszustand, eine konditionierte Reaktion. Freiheit ist keine konditionierte Reaktion und kann keinen Grund haben: man ist frei, oder man ist es nicht. Es handelt sich hier um eines jener Dinge, die nicht in Abstufungen eingeteilt werden können. Es ist oder ist nicht. In den meisten Fällen ist es nicht. Jegliche Suche findet im Bekannten statt. Deshalb befindet sich der Gegenstand der Suche bereits im Erfahrungsraum oder der Idee. Der Narr hat eine Vorstellung von dem, was Freiheit ist und sucht diese zu finden. Wie kann das Freiheit sein?

Weisheit ist, wenn Freiheit vorherrscht, denn die Freiheit ist ihre eigene Belohnung und kann nicht gelernt werden. Sie wird im «klaren Sehen» entdeckt, im Weg des Kriegers. Freiheit, das ist die Standfestigkeit des Kaktus, die es ihm ermöglicht, das aus der Umwelt herauszuziehen, was er zum Überleben benötigt.

Lamat heisst dieser Abschnitt auf der Reise des Narren. Es ist der Kampf, das Materielle zu überwinden; der Kampf, den Kampf selbst zu überwinden. Hinter dem Weisen dehnt sich der unermessliche Sternenhimmel aus – sein Bewusstsein mit den hellen und den verborgenen Seiten. Dies ist die Welt, die der Narr immer wieder erforschen muss: sehend, aber nicht benennend, versuchend nicht zu versuchen, arbeitend, um nicht zu arbeiten. Der Narr ist ein verlorener Reisender auf einem verlorenen Planeten in einer unentdeckten Galaxie. Seine Frage lautet: «Wenn ich nicht weiss, wo ich bin, und es mir egal ist, wo ich bin, kann man dann sagen, dass ich verloren bin?»

Jungfrau

Oberflächlich betrachtet scheinen Jungfraugeborene kaum Talent zur praktischen Organisationsfähigkeit zu besitzen, aber dem ist nicht so. Sie sind fähig, analytisch zu denken, und in der Lage, die verschiedenen Sinnesinformationen genau zu interpretieren. Jungfraugeborene sind gewissenhaft im Umgang mit anderen und zeigen die Tendenz, hochgestochene Prinzipien an den Tag zu legen. Sie lernen leicht und sind häufig mit mechanischen Angelegenheiten besonders geschickt; sie sind begabt für Beschäftigungen, bei denen man die Finger oder die Zehen gebrauchen muss: Schreibmaschine schreiben, Tanzen, Zeichnen, Werken, etc. Schlecht aspektiert beginnen die Jungfraugeborenen sich Sorgen zu machen, werden nervös und tendieren dazu, zwischen Perioden des Geselligseins und Perioden der Einsamkeit hin und her zu schwanken. Dinge werden in beiden Richtungen übermässig durchgeführt. Mehr als in allen anderen Zeichen finden sich hier unverheiratete Frauen und Junggesellen.

Herrscher: Merkur
Veränderbar: Erde
Pflanzen: Getreide, Weizen, Hafer, Gerste, Gräser und Riedgras
Qualität: Weiblich – Erde
Körper: Eingeweide, Verdauungstrakt
Stein: Jaspis

Das Glücksrad

Bringt Belohnung für Anstrengungen

Muluc

Zehn

Beschreibung
Am äusseren Rand eines grossen Rades befinden sich Maya-Reliefzeichen, die bisher nicht zu entziffern waren. Auf der Innenseite des Randes ist eine Schlange dargestellt, die sich in den Schwanz beisst. In der Mitte befindet sich die Abbildung aus dem Kalenderstein der Azteken. Es handelt sich um einen Kreis mit den zwanzig Tagessymbolen und um ein Kreuz mit einem menschlichen Gesicht in der Mitte. Das Rad steht zwischen zwei Steinen, ein Papagei befindet sich auf ihm. Darunter sieht man einen Jaguar, der sein Junges füttert.

Interpretation
Das Rad ist ein Mandala, ein Symbol psychischer Ganzheit. Es spielt deshalb auf die Gesetze an, die auf das Ganze der Existenz Bezug haben. Als Glücksrad repräsentiert es auch rhythmische Wechsel, in denen nichts konstant bleibt.

Bedeutung
Das Rad dreht sich, und keiner weiss, wo es stehen bleibt. Völliger Zufall bringt dem Narren Erfolg. Glück überdeckt alle Hoffnung. Die Gesetze des Zufalls gewähren Wohlwollen.

Umgekehrte Bedeutung
Der Zufall meidet den Narren. Die Glücksgöttin blickt in die andere Richtung. Dies ist der Trend nach unten, die Zeit, in der man darauf warten muss, dass sich das Blatt zum Besseren wendet. Es wird sich wenden . . . schliesslich.

Sexuelle Bedeutung
Das Auf und Ab der sexuellen Begierde der Individuen, der Menstruationszyklus der Frauen, alle zyklischen Geschehnisse, die mit dem Sexualleben zu tun haben – all das hat mit dieser Karte zu tun. Das Individuum verändert sich, ist nie konstant. Umgedreht verändert sich die Bedeutung nicht: aber jetzt liegt das Hauptgewicht auf dem absteigenden Ast in einem Zyklus, bevor es zu einem Aufschwung kommt.

Wert: Reichtum, Armut; Lernen
Farbe: Violett
Ton: As, B
Richtung: Westen

Auslegung

Im grossen ruhenden Behälter des Jetzt dreht sich das Rad. Leben und Tod, Sein und Nicht-Sein; es dreht sich, und ein Tonal folgt dem anderen, ein Alter dem anderen, Bewegung und Gedächtnis. Die Lektion, die der Narr vor dem Kalenderstein lernt, ist die, dass Bewegung aus dem Konflikt der entgegengesetzten Polaritäten entsteht. Bewegung ist Zeit, Geschwindigkeit ist Zeit und der Narr versteht, dass Zeit und ihr Verlauf nichts als Bewegung und Erinnerung ist.

Das Rad wird von zwei Steinen festgehalten: Sie demonstrieren, dass am Ende selbst die Zeit gebunden und endlich ist. Zwischen den beiden Extremen der vergangenen und der zukünftigen Zeit liegt der grosse Schatz, die grosse Belohnung, das lebendige Jetzt. Die einzige Freiheit auf dem Rad ist es, seine Bewegung und Gesetzmässigkeiten freudig zu erleben und mit diesen Gesetzen in Harmonie zu leben. Die Belohnung einer erfolgreichen Reise ist ein neues Alter.

Es gibt nichts, das der Narr tun kann, um sich so zu verändern, wie er will. Wenn er handelt, ersetzt er lediglich eine Sache für eine andere. Flucht zu Jesus, Buddha, dem Lebensbaum oder Alkohol ist und bleibt Flucht; es hat keine wirkliche Wandlung stattgefunden. Nur die Fülle des Lebens wird den Augenblick wählen, in den der Blitz einschlägt. Das Glück lächelt, und der Witz, das bist immer *Du,* armer Narr.

Mulac, die Belohnung für die Anstrengung erhalten, ist der Maya-Name für diesen Schritt auf dem Weg. Pflanze den Samen und die Ernte wird folgen. Wenn einmal das Gesetz verstanden wird, kann man am Rhythmus teilhaben, am Tanz und der Macht, den Kreis zu durchbrechen, den Rhythmus zu stören und den Tänzern ein Bein zu stellen. Das Rad dreht sich, und keiner weiss, wann es stehen bleibt.

Jupiter

Dieser Planet herrscht über Glück und Schicksal. Seine Wirkung ist wohltuend und bringt Qualität zu allem, was sie beeinflusst. Jupiter ist nützlich und repräsentiert nichts als das Gute. Er symbolisiert aber auch die Kultur des Menschen mit den Bedeutungen des Guten und des Bösen. Es ist der Planet des Geldes, und jene, die ihn gut aspektiert haben, werden immer genug Geld besitzen. Jupiter herrscht über die Gerichtshöfe und die Legislative der Regierung im allgemeinen. In einer Klassengesellschaft steht er für die Oberschicht, die Vornehmheit. Schlecht aspektiert symbolisiert Jupiter Klassen- und Rassenfanatismus. Schlechte Richtersprüche sind ebenfalls ein Ergebnis seiner unguten Seite. Zu letzterer gehören auch Snobismus und Klassentrennung.

Jupiter herrscht: Haus des Schützen
Tag: Donnerstag
Pflanzen: Anis, Aprikosen, Eichel, Zimt, Gewürznelken, Feigen, Trauben, Myrrhe, Majoran, Muskat, Eichen, Oliven, Tomaten
Metall: Zinn
Blume: Dahlie

Die Waage

Tritt vollständig in die Materie ein

Oc

Elf

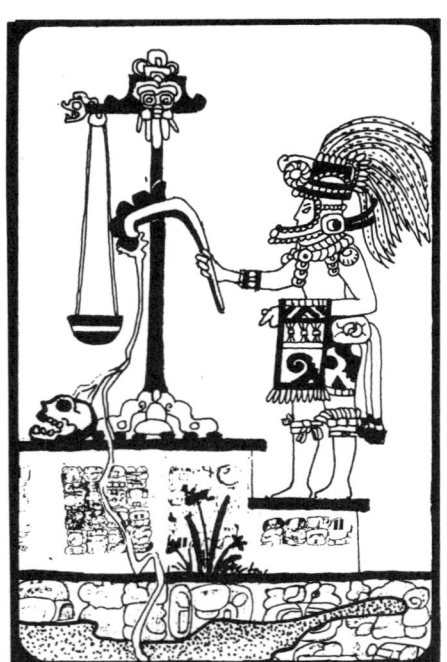

Beschreibung
Ein vornehm gekleideter Mann steht auf einer Treppe und hält in seiner Rechten ein Schwert, von dem ein Blitz ausgeht, der sich teilt. Ein Teil des Blitzes fällt auf einen Schädel an der Basis der Waage. Der andere Teil geht unten aus dem Bild hinaus. Über dem linken Arm des Mannes befindet sich ein länglicher Schild – vielleicht ist es auch ein gefaltetes Tuch.

Interpretation
Das Schwert soll bei allen Vorurteilen dazu führen, einen Ausgleich zu erzielen. Nur ein gut ausbalancierter Geist, der objektiv ist, kann entscheiden. Entscheidung heisst Teilung, und das Abschneiden einer Bewegung setzt die nächste in Gang.

Bedeutung
Die Waage steht in direktem Zusammenhang mit dem Fluss der Energie. Das Zünglein zeigt die Richtung dieses Flusses an. Das Glücksrad hat uns die Wirkweise des Zufalls nähergebracht, wie sie sich in der Kultur zeigt. Hier lernt der Narr, dass jede Kultur Entscheidung bedeutet. Dies ist die Karte des Energiegebrauchs. Es ist die Welt, wie sie durch die Entscheidungen des Narren hervorgerufen wird.

Umgekehrte Bedeutung
Der Geist ist voller vorgefasster Meinungen. Die Ergebnisse des Entscheidens können nicht gesehen werden. Da keine Entscheidungen gefällt werden, gibt es nur Reaktionen, und es wird nur dann Entscheidungen geben, wenn man dazu gezwungen wird.

Sexuelle Bedeutung
Aus dieser Karte ersehen Sie genau das, was auf Sie zukommt. Eine starke Anziehung des Sexuellen wird verspürt – eine Anziehung, die nicht emotional gefärbt, sondern eher ausgeglichen und stabil ist. Es ist die Karte der sexuellen Ursache und Wirkung. Belohnungen werden verdient und Bestrafungen erhalten. Schlecht aspektiert bedeutet Sex den Untergang des Fragestellers. Eigensinn und das Fehlen von Grosszügigkeit werden deutlich. Der Geist überzeugt einen nicht einverstandenen Partner durch emotionale Erpressung.

Wert: Arbeit, Entscheidungen
Farbe: Grün
Ton: Fis, Ges
Richtung: Nordwesten

Auslegung

Diese Karte ist die letzte des geistigen (mentalen) Bereiches, der Ebene des Denkens. Wenn der Narr Entscheidungen fällen will, dann muss er sich diesen vollends hingeben, ohne Halbheiten. Der Narr findet sich selbst in der Position eines Beurteilers, der eine Waage bedient, die nur einen Arm hat, denn er muss Bedürfnis und nicht Gleichheit bestimmen. Er muss Traum von Realität, Phantasie von Fakten trennen. So macht der Narr seine Welt: ein Produkt aller Entscheidungen, die er je gefällt hat. Er entscheidet und definiert durch die vorhandene Energie in einer Situation.

Entscheiden heisst teilen. Alle Entscheidungen zerstören die Unschuld. Es ist das aktive Prinzip, in das die Liebenden eindrangen, als sie die Autorität über ihre Welt übernahmen. Schöpfung und Zerstörung, das sind die beiden Seiten des Richterschwertes: er kann nicht die eine Seite gebrauchen, ohne zugleich auch von der anderen Gebrauch zu machen. Entscheiden heisst wählen, und der Narr ist gefangen im Vergleichen. Um eine Entscheidung zu fällen kann der Narr nicht vergleichen. Er muss jede Entscheidung als einzigartig ansehen. Wenn man dem Narren einen Kuchen gibt, dann entscheidet er, welches Stück er will; er nimmt es, und von diesem Augenblick an interessiert ihn der Kuchen überhaupt nicht mehr.

Es gibt keine Entscheidung, die nicht auch das Gefühl des Verlustes mit sich führt. Deshalb liegt der Schädel am Fuss der Waage und wird vom Blitz getroffen, denn die Einschränkung der Energie führt unvermeidlich auch zu einem gewissen Verlust an Energie. Energie wird aufgewendet um Energie zu blockieren und in die vom Teiler gewünschte Richtung zu lenken. Der Narr an der Waage ist sowohl der Gebraucher wie das Opfer der Energie, die er aufwendet. Nur die völlige Hingabe an diese Energie der Entscheidung kann ihn von der Bestechlichkeit seiner Handlung wirklich befreien.

Waage

Dies sind die Leute mit den besten Manieren. Ein Waagegeborener spricht ruhig und langsam. Waagengeborene haben die Tendenz, gutangezogene, schöne Menschen zu sein, die sich sehr ihres Körpers bewusst sind. Sie haben aber auch eine starke Neigung zur Selbstliebe. Es handelt sich nicht um ein besonders intellektuelles Zeichen, aber Waagen haben natürliche Schlauheit und einen grossen Selbsterhaltungstrieb. Sie sind hervorragende Agenten für andere Menschen. Waageenergien verbessern jede Beziehung: Sie machen sie objektiver und gestatten, dass die Zeit zeigt, dass eher Zusammenarbeit denn Konkurrenz wichtig ist. Wenn es um Kunst und Kulturprogramme geht, dann zeigen sich Waagen von besonderer Arrangierkunst. Waagen können die besten Verträge entwerfen, bei denen alle profitieren können und zufrieden sind.

Herrscher: Venus
Pflanzen: Iris, Lilien, Orchideen, Pflanzen, die in ihrer äusseren Struktur exakt symmetrisch aufgebaut sind
Qualität: Maskulin – Luft
Körper: Nieren
Stein: Diamant

Die Prüfung

Brennt ohne Flamme

Chuen

Zwölf

Beschreibung
Ein Mensch hängt verkehrt an einem Galgen, an dem er mit dem linken Fuss und mit der linken Hand gefesselt ist. Der rechte Fuss und der rechte Arm sind an einen blühenden Baum gebunden. Vom Körper geht eine Strahlung aus, und der blaue Himmel ist von ominösen Sturmwolken rötlich gefärbt. Der Galgen und der Baum stehen auf fruchtbarem grünem Boden.

Interpretation
Alle Abhängigkeit vom Geiste (mind) ist zum Stillstand gekommen. Jetzt besteht die Möglichkeit, die Dinge vollkommen anders als gewöhnlich zu sehen. Wenn der Geist schweigt, spricht die Stimme der Prophetie.

Bedeutung
Dies ist die erste Karte des emotionalen Bereiches. Sie zeigt, dass die Werte des Narren jetzt auf den Kopf gestellt sind. Der Geist ist nun völlig zum Stillstand gekommen; seine Grenzen werden von den Emotionen aufgezeigt, die diese Grenzen solange auf die Probe stellen werden, bis alles Leiden offenbar ist.

Umgekehrte Bedeutung
Ein Widerstand macht das Leben unmöglich. Der gehängte Mann muss selbst einen Weg finden, um vom Baum herunter zu kommen. Stagnation der emotionalen Reaktion: sein emotionales Leben, das sind seine eigenen Hände.

Sexuelle Bedeutung
In sexuellen Dingen wird zu viel überlegt. Die Person hängt zwischen dem sexuellen Ideal und der Realität sexueller Bedürfnisse. Häufig löst sie das Problem durch ein Wegschieben der sexuellen Neigung bis hin zur Asexualität.

Wert: Geist (mind)
Farbe: Hellblau
Ton: Gis, As
Richtung: Zentrum, Osten nach Westen

Auslegung

Der Geist ist zum Stillstand, zu völliger Stockung gekommen. Dies ist eine heilige Position, und heilig heisst ganz oder vollständig, was totale Aufgabe mit einschliesst. Totale Übergabe – hier geht es nicht um künstlich hergestellte Übergabe. Diese Totalität der Handlung ist für den Narren ein notwendiges Opfer, um die «kosmische Ordnung» zu verstehen.

Die Prüfung, das ist das absolute Paradox, das Brennen ohne Flamme, Chuen, das Verlieren des Selbst, um das Selbst zu finden. Hier handelt es sich um eine graphische Darstellung der Illusion des Ich, aufgehängt zwischen dem toten Vergangenen und dem blühenden, lebenden Jetzt. Das Ich entsteht, wenn es meint, ein Selbst zu haben, das vom Körper getrennt ist. Durch diese Einstellung den Dingen gegenüber findet es sich in einer feindlichen Welt wieder. Das Ich glaubt nicht, dass es selbst feindlich ist, aber es verteidigt das Recht, allein gelassen zu werden. Der Narr ist durcheinander. Das Leben, die Existenz, das ist eine heilige (vollständige) Sache, aber er fühlt sich als ein getrenntes Wesen. Wie kann das sein? Wenn er getrennt ist, kann ihn das Ganze nicht einschliessen, und deshalb kann er nicht ganz sein. Einmal mehr das Paradoxe: Jener, welcher sich selbst verliert, soll sich auch selbst finden. Wenn das Ich vergessen ist, gibt es wieder Ganzheit.

Der Narr muss innerlich durch sein Leiden aufgezehrt werden. Das Paradoxe entsteht, wenn man im neutralen Grund zwischen den Gegensätzen gefangen ist. In der Tat ist das die Chance seines Lebens: Festgefahren im Zentrum hat der Narr die Möglichkeit des Übergebens – wird er davon Gebrauch machen?

Neptun

Dieser Planet herrscht über das Unbewusste, den Aufbewahrungsort der geheimen und illusorischen Dinge. Der Neptun bewegt sich langsam, was seine schwerfällige und geheime Art ausmacht. Am stärksten wird er durch das Zeichen beeinflusst, in dem er sich befindet, weil er darin so lange verweilt. Neptun-Menschen werden vom Funkelnden und Dramatischen angezogen, aber auch sehr stark von okkulten Dingen und den Mysterien des Unbekannten. Sie fühlen sich zu Musik, Kunst und Poesie hingezogen. Das Kino ist ihr Lieblingsfeld. Als natürliche Wortverdreher sind sie häufig Schauspieler in leichten Rollen, ausgezeichnete Komiker und phantastische Solisten. Schlecht aspektiert mag ein Neptun-Geborener in einer Welt leben, die von anderen kaum akzeptiert werden kann. Er tendiert zur Annahme, dass andere seinen Sturz planen.

Neptun regiert: Fische
Tag: Nachmittag
Pflanzen: Spargel, Kakao, Ginseng, Lauch, Boretsch, Kastanien, Flechten, Pfefferminz und weisse Rüben
Metall: Neptunium
Blume: Arctotis

Der Tod

Beginnt hinauszuklettern

Eb

Dreizehn

Beschreibung
Diese Karte ist in leuchtenden Farben gemalt. Eine Skelettfigur bewegt sich über grünes, fruchtbares Land. Hinter ihr befinden sich feurige Wolken, und hinter diesen Wolken scheint das Licht eines neuen Tages aufzugehen. Die Figur hält einen Schild und zwei Pfeile in einer Hand, während die andere leer und lahm ist. Blumen blühen zwischen Schädeln.

Dies ist keine Karte des physischen Todes.

Interpretation
Es ist dies eine Karte der Erneuerung und Umwandlung, ein Akt des Sterbens dem Vergangenen, der alten Persönlichkeit gegenüber. Der Tod des Vergangenen erlaubt die Geburt der Freiheit.

Bedeutung
Für einen Menschen, der sich mit dem Mysterium der Existenz beschäftigt, ist das Leben ein ewiger Tagtraum, den der Tod nicht beenden kann, da der Tod in einer Welt des Denkens nicht richtig existieren kann. Der Tod ist eine Handlung, nicht eine Idee; er wird als Übergang zu einem anderen Zustand betrachtet. Der Tod selbst ist nicht ein Ende, er ist nicht vom Leben getrennt, sondern ein Teil des Lebens.

Umgekehrte Bedeutung
Katastrophen auf sozialer Ebene: politische Schwierigkeiten, Revolution, Umwälzung in der Regierung, was auf den Boss, oder auf einen dominanten Partner verweisen könnte. Es könnte zu einer zeitweiligen Stagnation an Ideenreichtum kommen, zu einem Zustand also, in dem das Vorurteil als ein ursprünglicher Gedanke aufgefasst werden kann.

Sexuelle Bedeutung
Diese Karte signalisiert eine grosse Veränderung im persönlichen Sexualleben. Diese Veränderung kann schlecht oder gut sein. Wenn jemand einsam und sexuell frustriert ist, verändert sich das, wenn jemand glücklich und zufrieden ist, mag dieses sich ändern. Die Veränderung aber ist wichtig für das innere Wachstum, wenn sie zum gegebenen Zeitpunkt auch unerwünscht sein mag.

Wert: Bewegung, Wechsel; Verbündeter
Farbe: Grünblau
Ton: G
Richtung: Südwesten

Auslegung

Der Tod steht auf den Schädeln und Gebeinen von denen, die auf den Weg gingen, aber nicht genügend zäh waren, die Aufgabe durchzustehen, und dann versuchten, sich zurückzuziehen. Für den Narren gibt es kein Zurück. Er versteht, dass es kein «hinten» gibt, zu dem er zurückkehren könnte. Alle Strassen führen dort hin, wo der Narr sich befindet.

Der Tod des Narren ist sein Freund, sein Verbündeter und Helfer. Der Tod verleiht der Lüge des Narren Perspektive und wird zu einem Masstab, um seine Handlungen abzuschätzen und ihre Bedeutung zu messen. Mit dem Tod als Freund ist es schwierig, den Narren zu gefährden, ihn zu einer oberflächlichen oder gefährlichen Handlungsweise zu überreden.

Der Tod, der durch die Gefilde der Emotionen wandert, ist der grosse Gleichmacher, der alles, was vorbeikommt, niedermacht. Der Name des Todes ist vom Narren immer wieder vernommen worden. Jetzt ist der Tod da, der letzte Schrecken des Geistes, der eine ewige Freund, der Weg aus dem Paradox. Der Tod ist jene Aktion, mit welcher der Geist nichts anfangen kann. Der Geist mag lügen, betrügen, sich entziehen, er mag tun, was er will, aber eines Tages muss er der ausgleichenden Gerechtigkeit ins Gesicht blicken.

Die Maya nannten diesen Tag der Reise Eb, dies bedeutet «das Herausklettern»: Man hat jetzt den Grund gefunden, das Fundament, auf dem der Geist seinen «Palast der Illusionen» aufgebaut hat, und jetzt bleibt nur eine Richtung übrig, und die zeigt nach oben. Der Narr beginnt aus der Illusion herauszuklettern.

Skorpion

Skorpion-Geborene sind magnetisch, charismatisch, leidenschaftlich, aber auch von den alltäglichen oberflächlichen Aspekten der Dinge losgetrennt. Sie möchten das vollständige Spektrum menschlicher Aktivitäten erfahren. Ein Skorpion-Geborener versteht die Schwächen und Stärken der anderen und hat keine Skrupel, dieses Wissen einzusetzen, um ein Ziel zu erreichen. Er ist auch besonders geschickt darin, Informationen aus anderen herauszuholen. Es ist ein Zeichen der Extreme und kann sich als gepflegt oder vulgär präsentieren, was eben am besten dem jeweiligen Zweck entspricht. Skorpione können hervorragende Sänger und Redner sein. Schlecht aspektiert, kann er zu einer streitsüchtigen Persönlichkeit werden, die über alles und jedes zanken will. Wenn ein Skorpion streitsüchtig ist, respektiert er keine «Fairness», schmutzige Tricks sind die bevorzugtesten Einsatzmittel.

Herrscher: Mars, Pluto
Pflanzen: Palmen und alle Pflanzen von phallischem Aussehen
Qualität: Feminin – Wasser
Körper: Sexualorgane
Stein: Spanischer Topas

Die Mässigkeit

Das Herauswachsen

Ben

Vierzehn

Beschreibung
Eine schöne Karte in Blau und Rosa. Die Sonne steht im Zenit, und ein Regenbogen erleuchtet die Erde. In der Mitte der Karte steht eine Figur. Sie trägt einen einfachen weissen Rock und hält einen Stab mit einem lebenden Blatt in der Hand. Es ist ein junger Mann, der Wasser auf den Boden giesst; es ist sternenübersätes Wasser, viel mehr, als die Kanne fassen könnte. Friede und Harmonie siegt in dieser Karte.

Interpretation
Die Mässigung der Gegensätze, so dass sie in nachhaltiger Weise zusammengeführt werden können. Mit anderen in Harmonie zusammenarbeiten, um Dinge zu verändern. Es ist die Karte des Chemikers oder Alchimisten; der Pharmazeuten, die Mittel zur Heilung bereitstellen.

Bedeutung
Die gemässigte Person weiss, was sie tut. Wenn sie isst, dann isst sie; wenn sie trinkt, dann trinkt sie; sie erkennt einen Gedanken als einen Gedanken und nichts anderes. Die Ordnung der Dinge wird verstanden, weil es keine Trennung von den Dingen gibt. Hier wird nicht jemand anderem «Raum» gegeben, sondern der eigene Raum wird festgelegt.

Umgekehrte Bedeutung
Die Kombination der Ereignisse ist unglücklich, jede Mischung wird explosiv, nicht fähig zur Kombination, zur Vermischung. Partnerschaften zerbrechen, weil die Interessen gegeneinander stehen und persönliche Angelegenheiten Konflikte schaffen. Geringes Urteilsvermögen zeigt sich.

Sexuelle Bedeutung
Keine überstürzte Aktion kann zu sexueller Befriedigung führen. Die ursprüngliche Investition wird genau zurückgezahlt, Pfennig für Pfennig. Eine einzigartige Harmonie zwischen biologischem Bedürfnis und emotionalen Wünschen entsteht und wird durch die Mässigung des sexuellen Triebs und durch Disziplinierung des Sexualappetits hervorgebracht.

Wert: Anpassung, Schwingung
Farbe: Blau
Ton: Gis, As
Richtung: Westen, nach oben

Auslegung

Hier handelt es sich um den Platz der Vorlieben des Narren, um den Platz, an dem er mit Mächten und Kräften zusammenstösst. Es ist jener Platz auf der emotionalen Ebene, an dem die Geheimnisse offenbart werden. Jeder Fels, jedes Steinchen, jeder Grashalm, jeder Gedanke wird vom Narren gepflegt. Er ist für diesen Ort verantwortlich, weil die Mächte es so befehlen. Jeder Wurm, der hier lebt, ist sein Freund. Er kann sie gebrauchen, und sie gebrauchen ihn. Das Opfer des hängenden Mannes machten diesen Zufluchtsort möglich. Er ist das Resultat der Fähigkeit des Narren, die kosmische Ordnung und seine Beziehung zu ihr zu verstehen. Das Opfer schloss alle Dinge, die der Narr tun konnte, mit ein. Er sieht die Destruktion der Umwelt, die durch ein Aus-der-Balance-Werfen der Dinge entstand. Er respektiert die Ausgeglichenheit, die den Halt der Welt darstellt.

Ben, was soviel wie herauswachsen heisst, ist der Name, den die Maya dieser Stufe gegeben haben. Das alte Tarot gab ihr das Attribut der Schwingung. Die lateinische Wurzel von Schwingung, Vibration ist *vibrere*, was soviel heisst wie in Harmonie schwingen. Von dieser Wurzel kommen die Worte *vita*, was soviel wie das Leben bedeutet, und *vivere*, was leben heisst, und das englische Wort «viper», Natter. Die Wurzel des Wortes ist immer die gleiche, *vibrans*, das Schwingende. Der Weg hinaus, der in der Karte des Todes begann, wird in der Karte der Mässigung fortgesetzt. Der Samen spriesst, und die hellgrünen Schösslinge kommen durch die Erde zur Luft und zum Licht der Sonne.

Der Narr hat die Macht, eine Gesellschaft mit Mass zu erschaffen, einen Ort, wo von allem etwas zu finden ist, aber von nichts zuviel. Der Narr weiss, dass dieser Ort erst in ihm selbst existent sein muß. Er weiss, dass es der Ort von Harmonie und Ausgeglichenheit ist, wo er sich eine Weile ausruhen mag auf seiner Reise nach oben – ein Ort, an dem seine Haut für die Schwingungen des Universums sensitiv wird.

Schütze

Schütze-Menschen sind humorvolle Leute – das Resultat der Aufmerksamkeit gegenüber den Dingen um sie herum. Sie haben einen starken Wunsch nach Ansehen und Angst vor der öffentlichen Meinung. Sie fühlen sich vom Gesetz angezogen und werden häufig gute Anwälte, denn sie lieben es, die zu belohnen, die im Recht sind, und jene zu bestrafen, die im Unrecht sind. Sie arbeiten hart, um die soziale Position ihrer Kollegen zu verbessern, und sie selbst sind auf den eigenen Lebensstandard stolz, der ihnen als Statusmittel wichtig ist. Schütze-Menschen lieben die Natur. Sie haben keine Schwierigkeiten, alte und unbrauchbar gewordene Ideen aus ihrer Lebensphilosophie zu streichen. Sie sind gute religiöse Führer. Schlecht aspektiert kommt eine heuchlerische Tendenz zum Vorschein. Dann können sie ungeheuerliche Nörgler werden, die ihre Freunde durch ständiges Keifen an die Grenze des Wahnsinns treiben. Sie können dann auch sehr wichtigtuerisch sein.

Herrscher: Jupiter
Pflanze: Schütze herrscht über die grossen Wälder, alle grossen Bäume, und Bäume, die Kätzchen tragen, wie Ulmen
Qualität: Maskulin – Feuer
Körper: Schenkel und Hüften
Stein: Granat

Der gebundene Mensch

Völlig rein gewaschen

Ix

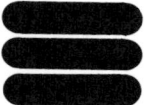

Fünfzehn

Beschreibung
Ein Mann und eine Frau stehen Rücken an Rücken, an eine Maske in der Mitte des Bildes festgebunden. Die Maske ist jene von Xipe-Totec, dem Gott des Frühlings. Über dem Kopf des Mannes hält er eine Fackel, die er gerade auslöscht. Über den Kopf der Frau hält er eine Schlange. Zwischen dem Mann und der Frau ist der Schwanz von Gefiederter Schlange aus der darunterliegenden Karte sichtbar.

Interpretation
Es gibt keinen Teufel, ausser jenem, den wir selber erschaffen. Es gibt keine Fesselung, nur die, die wir selber veranlassen. In dieser Karte liegt die Versuchung verborgen, menschliche Würde anstelle von Profit zu vernachlässigen. Sie steht für den kurz dauernden Profit, der ein unausweichlicher, lang andauernder Verlust ist. Durch die Position dieser Karte kann auch Krankheit aufgezeigt werden.

Bedeutung
Die Schlange der Zeit steht über dem Haupt der Frau (rechte Gehirnhälfte). Die Fackel, die ausgelöscht wird, befindet sich über dem Kopf des Mannes (linke Gehirnhälfte). Die zwei Schädel auf dem Kopf von Xipe-Totec stellen die Tür zur Materie dar (Geburt), aber auch die Tür, die aus der Materie hinausführt (Tod). Die zwei Menschen kämpfen mit ihren Fesseln, aber je mehr sie kämpfen, desto enger werden diese. Zwei Symbole des Verstehens stecken in dieser Karte: die Maske und der Schwanz der Schlange. Aber keiner der beiden ist sich dieser Symbole bewusst – also kann der Weg hinaus nicht benutzt werden.

Umgekehrte Bedeutung
Die Verbindung zur materiellen Existenz ist überwunden: Der Weg hinaus wird gesehen und begangen. Stolz wird überwunden. Echtes Verstehen herrscht vor, und ein herzliches Lachen ist das Ergebnis davon. Lachen reinigt die Seele und den Geist.

Sexuelle Bedeutung
Es ist dies die Karte von unbeständigem Sexualappetit. Es geht um die verwirrte Person, die nur durch Sex kommunizieren kann. Diese Karte repräsentiert die Extreme aller praktizierbaren sexuellen Missbräuche.

Wert: Lachen
Farbe: Blauviolett
Ton: A
Richtung: Westen, nach unten

Auslegung
Der Narr wird von jedem seiner Gedanken, von seinen Ideen, von seinen Gefühlen festgehalten; er ist ans Fleischliche gebunden und an seinen Appetit. Vernunft ist die Fessel des Narren. Welchen Platz nimmt die Vernunft in den Emotionen des Narren ein? Vernunft ist eine lächerliche Sicht des Tonal, denn durch seine eigene Vernünftigkeit offenbart es sich selbst als Lüge. Die Karte des gebundenen Menschen zeigt die Fähigkeit des Menschen zum Bösen und zur Blindheit.

Dies ist für den Narren eine gefährliche Begegnung, denn er begegnet den Energien des inneren Selbst. Er muss noch einmal kämpfen; wenn er verliert, wird das Ich stärker sein als je zuvor. Das Ich versucht den Narren davon zu überzeugen, dass er den Kampf gewonnen hat, dass er ein verwirklichtes Wesen ist. Wenn die Herausforderung des kollektiven Unbewussten angenommen werden kann, erkannt und ins Licht des Bewusstseins gehoben wird, dann werden die Kräfte der Dunkelheit in die Mächte des Lichts verwandelt. Es gibt kein Unbewusstes mehr, lediglich das vom Ich geschaffene – denn das Unbewusste besteht aus all den Begegnungen, die das Ich anscheinend gefährden. Bewusstsein ist etwas Ganzes, das ist dem Narren immer bewusst. Er täuscht lediglich vor, dass es einige schmerzhafte Dinge überhaupt nicht gibt.

Narr, wasche dich selbst völlig rein von deinen Fesseln und lache über dich selbst, denn du bist die Zielscheibe des Scherzes! Lache dich selbst rein.

Steinbock
Steinbock-Menschen sind ohne Eitelkeit, unsicher über sich selbst, besitzen aber eine ruhige Wärme. Wahrscheinlich ist das Steinbock-Zeichen das Ehrgeizigste von allen: Steinböcke lieben es, hinter der Szene zu arbeiten, denn letztlich sind sie Zweifler und Pessimisten. Die meisten Steinbock-Menschen haben eine schwierige Kindheit, und die Wunden dieser Zeit werden das ganze Leben hindurch mitgeschleppt. Steinbock-Energien beziehen sich auf das Praktische und Konkrete, denn sie orientieren sich am Ideal der Sicherheit. Mehr als alle anderen Zeichen fühlen sich Steinböcke vom Seltsamen, Mysteriösen und Bizarren angezogen. Bei schlechter Aspektierung können diese Tendenzen zu chronischem Übelwollen nicht nur in Geldangelegenheiten führen. Durch diese Beziehung zur Sparsamkeit haben Steinböcke einen Hang dazu, selbständig zu arbeiten. Sie weisen eine Diszipliniertheit auf, die sie befähigt, Hindernisse zu überwinden, die weniger kontrollierte Personen hinwegfegen würden.

Herrscher: Saturn
Pflanzen: Alle Pflanzen, die an ihren Blüten getrennte Blütenblätter besitzen
Qualität Feminin – Erde
Körper: Knie
Stein: Onyx

Die Zerstörung

Die Vollkommenheit ist nahe

Men

Sechzehn

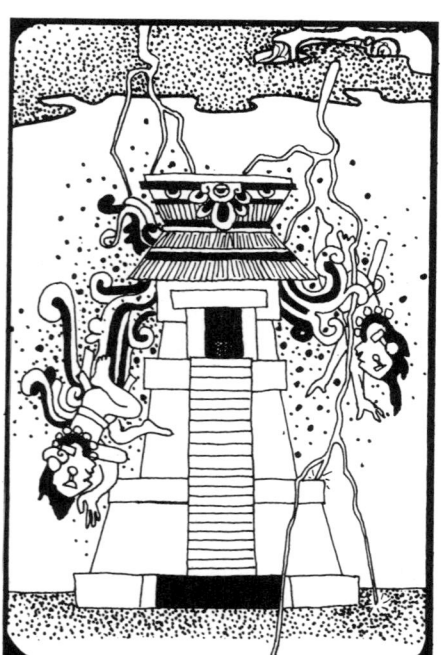

Beschreibung
In der Mitte der Karte steht ein Tempelturm mit einem Strohdach und einem verzierten Aufsatz. Der Tempel befindet sich auf der Spitze des Turmes. 22 Stufen müssen überwunden werden, um hinauf zu gelangen. Der Blitz des Schwerts der Entscheidung trifft den Turm und lässt ihn in Flammen aufgehen. Zwei Menschen fallen kopfüber vom Tempel herunter. Flammen und Funken erfüllen die Luft.

Interpretation
Veränderung wird alte Ideen zum Verschwinden bringen und die Möglichkeit zur Verwirklichung bereitstellen. Ein neuer Weg, das eigene Leben zu sehen, wird möglich; die Ambitionen, die weiterführten, können jetzt durch den Wechsel der Umstände ausgespielt werden.

Bedeutung
Man teilt, um ein Stück des Kuchens sicher zu stellen. Hat man das gewünschte Stück, wird das andere losgelassen. Die Zerstörung, der geteilte Mensch, das ist das Spiegelbild des hängenden Mannes, der an das Vergangene und an die Gegenwart gebunden war. Hier wirft das Jetzt (Blitz) die beiden Menschen aus der Vergangenheit hinaus (die Erkenntnisstruktur des Tempels). Die zwei Personen repräsentieren die linke und die rechte Hemisphäre des Gehirns. Indem die Teilung als das was sie ist erkannt wird, befreit man sich von allen Erwartungen. Man wird in die Freiheit geworfen; die Freiheit wird nicht gewählt. Man kann sie überhaupt nicht wählen. Wenn man sie will, wird man noch lange nicht frei sein.

Umgekehrte Bedeutung
Es findet kaum eine Veränderung statt, denn dies ist die Karte von Dingen, die auf den Kopf gestellt sind, und auf den Kopf gestellt sein heisst eben genau das. Die Kosten und der Kampf sind gross.

Sexueller Ausdruck
Die sexuelle Persönlichkeit ist auf den Kopf gestellt. Es kann sich um das plötzliche Aufhören sexueller Aktivitäten handeln. Sexueller Missbrauch findet ein Ende, und Friede wird in der Schönheit der Enthaltsamkeit entdeckt. Ein neues Verstehen der sexuellen Einstellung wird entdeckt, die Herdeninstinkte im Hinblick auf das Sexuelle hören auf zu existieren.

Wert: Anmut, Loslassen
Farbe: Scharlachrot
Ton: C
Richtung: Norden

Auslegung

Alle Beziehungen des Narren, all das, woran er festhält, seine Glaubenshaltungen und «ach-so-logischen» Überlegungen, werden vom Blitz der Befreiung getroffen und in Grund und Boden gebrannt. Der Tempel ist das Ich, denn auf dem Dachfirst kann man drei Augen erkennen. Das mittlere Auge steht allein und ist ausgeschmückt und hinter diesem befinden sich zwei andere. Dies sind die Augen des stummen Beobachters – das ruhige Sehen das weiss, was zu tun ist. Zweiundzwanzig Stufen führen zum Tempel und repräsentieren die zweiundzwanzig Karten der Grossen Arkanen. Alles was man weiss muss vom Blitz getroffen werden und bis auf den Grund verbrennen. Alles Wissen, das den Narren unterstützt hat, muss verschwinden, sogar jenes Wissen, das ihn so weit gebracht hat. Alle Abhängigkeit muss verschwinden. Der Prozess, durch welchen der Narr Wissen an sich bindet, ist selektiv. Er ist der Entscheider und Teiler, und es kann nicht vermieden werden, dass dieses auf Sand gebaute Wissensgebäude zusammenstürzen muss. Das, was geschieht, hat seine eigenen Gründe; und diese stimmen nur selten mit denen überein, die sich der Geist dazu ausdenkt. Die Logik der Ereignisse entspricht nicht der Logik des Geistes.

Verstehen kann sich nicht entwikkeln. Es handelt sich nicht um einen Prozess, der Zeit benötigt, es ist kein kummulativer Prozess. Er kann nicht erlernt werden, sondern er findet im Augenblick statt. Verstehen ist der Blitz, der den Turm des Wissens trifft und ihn in Flammen aufgehen lässt. Es ist dies der Blitz des Verstehens, der die Kerze der Freiheit entzündet, welche die Finsternis der Vernunft des Narren erhellt.

Men – die Vollkommenheit ist nahe – hier ist der Narr in der Flut der Emotionen gefangen. Hier kann es nie einen Sieg geben, denn kein Mensch kann die See bezwingen. Die Emotionen fliessen und färben die «vernünftigen» Ansichten des Geistes über die Dinge der Welt. Es ist Unsinn zu glauben, dass der Ozean aufhört zu Rauschen, aber das Herz mag die innere Musik vernehmen und sich am Glanz des Unvermeidlichen erfreuen.

Mars

Es ist der Planet von wissenschaftlicher Einsicht und Handlung. Es ist die Kraft der Muskeln und die Kraft, die sexuelle Instinkte zum Ausdruck bringt. Mars ist der dynamischste aller Planeten. Jene Menschen, die stark unter seinem Einfluss stehen, vollenden angefangene Dinge, egal, was geschieht. Wenn sie keinen Erfolg haben, zerstören sie. Für einen Mars-Geborenen wird alles zu einem Problem, das es zu überwinden gilt. Mars kann eine zerstörerische Macht sein, die – wenn sie ihrem eigenen Element überlassen bleibt – alte Traditionen und Werte niederreissen kann. Die sexuellen Aspekte des Planeten treten besonders hervor. Für die vom Mars beeinflusste Persönlichkeit bedeutet Sex einen überwältigenden Drang, der schwer zu befriedigen ist. In diesem Trieb steckt kaum Hingabe, denn diese wird als Schwäche angesehen. Schlecht aspektiert wird dieses machistische Element selbst zerstörend. Die Vorstellungen über das Verhalten überdecken jegliche Spontaneität der Persönlichkeit.

Mars regiert: Widder
Tag: Dienstag
Pflanzen: Basilikum, Kaktus, Senf. Nesseln, Zwiebeln, Pfeffer, Radieschen, Disteln, Tabak, alle Dornenpflanzen und Pflanzen mit Stacheln und Nadeln
Metall: Eisen
Blume: Stockrose

Der Stern

Volles Licht des Bewusstseins

Cib

Siebzehn

Beschreibung
Der Stern ist die erste Karte der physischen Ebene. Die Farbe der Karte ist strahlendes Grün mit einem geometrischen Rand an der Unterseite der Karte. Eine Frau sitzt auf einer Empore. Mit der linken Hand giesst sie, für alle sichtbar, Wasser aus. Mit der rechten Hand macht sie dasselbe im Verborgenen. Über ihr fliegt ein Papagei, und der Stern steht am Firmament. Der Stern hat acht Zacken.

Interpretation
Nur in der Stille kann die Stimme der Wahrheit vernommen werden. Es gibt Einsicht in die Bedeutung von Dingen und Ereignissen. Liebe entsteht aus der Fülle des Gebens. Es ist die Karte der guten Dinge der Erde.

Bedeutung
Der Stern ist die massivste aller physischen Formen, eine werdende Sonne, ein werdendes Planetensystem; trotzdem erscheint er als kleiner Diamant am Himmel. Dies ist die Ebene der festen, der soliden Illusion: nichts ist, was es zu sein scheint. Sterne sind Diamanten. Der Narr mag berühren, riechen, sehen, hören, aber wird er jemals wissen, was es ist, das er da erfährt? Der dargestellte Stern ist Sirius, der Hundsstern.

Die Frau giesst das Wasser des Bewussten und des Unbewussten auf die Erde. Die Inhalte des Geistes werden freigelassen, und das Bewusstsein ist nicht mehr mit Konzept und Trennung verbunden. Es gibt nicht mehr das Annehmbare und das Unannehmbare.

Umgekehrte Bedeutung
Starrsinn bringt Verlust. Die Unfähigkeit, starre Glaubensstrukturen abbauen zu können, kann in Krankheit enden.

Sexuelle Bedeutung
Es ist dies die Karte von jenen, die alles Sexuelle gesehen und getan haben. Es handelt sich um jene Sorte Liebhaber, die die verborgenen Wünsche der Partner akzeptieren und zulassen, dass diese zu schadlosem Ausdruck kommen können. Grosse Liebe wird gegeben und der Partner ist offen, sie entgegenzunehmen.

Wert: Meditation
Farbe: Violett
Ton: As, B
Richtung: Süden, hinauf.

Auslegung

Das Licht des Narren, das die Finsternis erhellt, ist das Ergebnis der Auflösung, das andauernde Einstürzen der Festung des Ich. Da alles, was brennt, so wie die Sonne, Licht gibt, bewirkt die Auflösung des Standpunktes des Narren jene Klarheit, die es ihm erlaubt, seinen Weg in einem spirituellen Licht zu finden. Das Licht des Verstehens, wie das des Sterns, braucht wahrscheinlich lange Zeit, um andere Menschen zu erreichen und erreicht sie häufig in einem «Phantomzustand», wie das Licht, das wir von jenen Sternen sehen können, lange nachdem sie ausgebrannt und dunkel sind.

In der Meditation werden für den Narren die Dinge klar. Die Sexualenergie wird gebraucht, ohne die Sexualzentren selbst zu erregen. Sehen und Verstehen sind keine in der Zeit getrennte Handlungen mehr. Die Einheit der Existenz ist für den Narren offensichtlich; einfach deshalb, weil es keine Trennung mehr gibt. Der Narr erkennt, dass alle seine Illusionen in dieser Ebene wurzeln, all seine Gedanken aus dem Stoff dieser Ebene gemacht sind, alle seine Wahrnehmungen als Reaktionen auf diese materielle Ebene geformt sind. Seine Sinne haben ihn nicht getäuscht: er hat sie getäuscht. Er hat sie ignoriert, zensuriert und ausgewertet, im Glauben sie besser als seinen Körper verstehen zu können.

Narr, kannst du sehen wie das Licht des Sterns täuschen kann? Giesse das Wasser des Bewusstseins auf die Erde des vernünftigen Menschen. Leere die Schalen des Bewussten und des Unbewussten aus, und du wirst keinen Tropfen verlieren. Diesen Wassern wird der Lebensbaum entspriessen. Seine Früchte sind nicht Wissen sondern Einssein. Richte das volle Licht des Bewusstseins (Cib) auf deine Welt und das Verborgene wird offenbar werden. Geheimnisse hören auf zu sein.

Wassermann

Der Schlüssel zum Wassermann ist das Wissen. Diese Suche nach Bewusstheit verleiht den Wassermann-Geborenen echte Humanität. Das Wassermann-Zeichen hat mit Freundschaft, Gruppenbeziehungen und originellen Problemlösungen zu tun. Wassermänner sind schwer durchschaubar, und ihre allgemeine Einstellung ist jene der Unabhängigkeit. Sie beschäftigen sich kaum damit, Aufsehen erregen zu wollen. Ihre Haltung ist häufig kühl, ja sogar brüsk. Dies ist natürlich ein Abwehrinstrument, hauptsächlich, um nicht involviert zu werden. Man sagt, dass das Wassermann-Genie in bezug auf Erfindungen der Faulheit entspringe. Der Wassermann-Geborene hat Angst vor Kritik und schätzt sich stets niedriger ein. Aber er ist sehr gefragt. Wenn allerdings echte oder eingebildete Kritik verspürt wird, zeigt sich ein in seiner Intensität beinahe selbstmörderisches und halsstarriges Verhalten.

Herrscher: Uranus
Pflanzen: Alle Pflanzen, deren Blütenblätter miteinander verbunden sind, aus einem Stück geformt sind oder nur aus einem Blütenblatt bestehen
Qualität: Maskulin – Luft
Körper: Wade und Knöchel
Stein: Blauer Saphir

Der Mond
Die Asche abschütteln

 Caban

 Achtzehn

Beschreibung
Eine grüne Karte mit dem Mond im Zentrum. Der Mond hat acht blaue Zacken, die von einem weissen Kranz eingeschlossen sind. Wasser, das von der darüberliegenden Karte der Mässigung kommt, tritt rechts oben in die Karte ein. Darunter befinden sich zwei Vulkane, aus denen Flammen schlagen. Bäume wachsen aus dem verzierten unteren Rand der Karte.

Interpretation
Es ist die Karte des Sensitiven, der paranormal begabten Person. Sie deutet auf unfehlbare Intuition, auf Träume, die die Zukunft vorhersehen mögen und auf das Entfalten latenter Kräfte. Unvorhergesehene Probleme können entstehen, die Kehrseite eines erfolgreichen, aber gewagten Unternehmens. Berühmtheit bringt auch Illusion. Kenntnis des Körpers, das ist die Schwingung dieser Karte.

Bedeutung
Wer sich selbst kennt ist weise. Der Körper hat seine eigene Ordnung, die sich über ewige Zeiten des Zusammenspiels mit den Bedingungen der Natur entwickelt hat. Der Geist, der den Körper ignoriert, muss dafür bezahlen, denn der Körper ist nicht lediglich ein Gefährt, das gut fahren soll, wenn es mit dem richtigen Öl geschmiert wird und Treibstoff bekommt. Vielmehr ist der Körper die Verbindung des Narren mit der wirklichen Welt, der Quelle aller Kraft (Energie) in diesem geschlossenen System. Der Körper nimmt auf, was er braucht, und lehnt ab, was er nicht braucht. Er ist ein vollständiges und heiliges Werk und führt diese Dinge auf einer alltäglichen Basis von selbst aus. Wenn der Geist darüber nachdenken müsste, würde er völlig dem Chaos verfallen. Der Körper wird ein Instrument der Engel genannt.

Umgekehrte Bedeutung
Täuschung wird als das erkannt, was sie ist. Fehler werden gesehen und Unbeständigkeit wird ausgewogen. Das Praktische ersetzt das Ideale, aber nichts Risikohaftes wird unternommen. Verlässliche Lösungen stehen zum Gebrauch bereit.

Sexuelle Bedeutung
Es ist die Karte der «Swinger», deren Sexualleben für alle offenbar ist. Nur ist dies falsch, nicht wirklich, lediglich ein Akt. Wenn dem Körper erlaubt wird zu fühlen, dann entsteht Ordnung sexueller Art. Partner können mehr in das Sexualleben hineinbringen, wenn sie Liebe zurückerstattet bekommen.

Wert: Schlaf
Farbe: Rotviolett
Ton: B
Richtung: Süden, nach unten.

Auslegung
Die geistigen Fähigkeiten des Narren haben ihre Grenzen erreicht. Er muss nun alle Ideen und Wünsche, die ihn so weit gebracht haben, aufgeben. Er muss sich völlig den nicht-rationalen Einflüssen seines inneren Lichts übergeben. Wenn er dies nicht macht, ist er ein Gefangener im Schlaf, der Umarmung seines Verbündeten, des Todes. Er muss völlig aufgeben, ganz gleich, welche Konsequenzen das mit sich bringt, seien diese auch Irrsinn oder Wahnsinn. Der Narr ist in grosser Gefahr. Seine Reise steht auf dem Spiel. Wenn er sich vom Glanz des Mondes anziehen lässt, wird er nicht in der Lage sein, weiter zu reisen. Die Welt beginnt ihn zu beachten, denn er weist Klarheit der Gesinnung auf, was die Welt mag und belohnen will. Seine Klarheit muss überwunden werden. Er ist im Körper gefangen, weiss, wie dieser arbeitet, und ist weise. Seine Weisheit muss überwunden werden. Abnutzung hinterlässt an ihm seine Spuren: Er ist alt. Sein Alter muss überwunden werden.

Der Narr muss das Licht des Bewusstseins völlig niederbrennen, um seinen Weg zu sehen, und wenn es verschwunden ist, muss er die Asche abschütteln (C'haban), denn nichts soll übrig bleiben, nichts, was die Welt fassen und bewundern kann. Er muss unsichtbar sein. Es darf nicht möglich sein, ihn in die Schablone der Berühmtheit oder der Illusion zu pressen.

Der Weg ist eng, beleuchtet von den Vulkanen der Entsagung und Überwindung. Er darf nicht zurückblicken. An seiner Seite geht sein Begleiter, der Tod. Für Bedauern ist es jetzt zu spät. Wie im Tod kann er nichts mit sich nehmen und muss die Reise allein fortsetzen. Der Preis ist in Reichweite ... beinah.

Fische
Die Fische, die in verschiedene Richtungen schwimmen. Dieses Zeichen repräsentiert den Erhalt des universellen Bewusstseins am Ende des Zyklus oder den vollständigen Zerfall und die Auflösung aller Werte in Untergang und Tod. Im Zeichen der Fische sind die beiden Fische aneinander gebunden – ein Zeichen für die Bewegungsschwierigkeiten von Fischegeborenen. Allgemein gesprochen haben Fischegeborene Angst, Dinge zu verlieren, und möchten ihre Besitztümer behalten, sie nie aus den Augen verlieren. Sie möchten alle Freunde und Bekannten an sich binden, damit sie nie fliehen können. Fische nehmen das Leben leicht, lieben die Unterhaltung und empfangen Fremde mit offenen Armen. Sie verfolgen Träume und können häufig schwer zwischen Phantasie und Realität unterscheiden. Daher sind sie häufig passive Persönlichkeiten. Sie sind hartnäckig, aber nicht kraftvoll. Sie zeigen wenig Stolz und können sklavenhafte Liebhaber sein.

Herrscher: Neptun
Pflanzen: Algen, Seetang, Sumpfpflanzen wie Mangroven
Qualität: Feminin – Wasser
Körper: Füsse
Stein: Olivin

Die Sonne

Vollkommenheit erlangt

Eznab

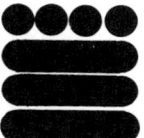

Neunzehn

Beschreibung
Eine grosse gelbe Scheibe befindet sich im Zentrum der Karte. Sie ist mit vier Zacken und vier Eiern dekoriert. Federn verzieren die vier Himmelsrichtungen. Oben links sieht man das Wasser aus der Karte der Mässigung und rechts die Wurzeln der Pflanze aus derselben Karte. Unten befindet sich das gleiche geometrische Muster wie in den vorangegangenen Karten. Bäume wachsen aus dem Muster.

Interpretation
Erfolg und Fruchtbarkeit ist die Botschaft dieser Karte. Dazu kommt die Zufriedenheit mit den einfachen Dingen der Natur, der Triumph über den sterilmachenden Effekt der Sonne. Aber sei wachsam, bleib nicht zu lange in der Sonne.

Bedeutung
Die Sonne ist das Symbol psychischer Ganzheit. Es ist die ungeteilte Einheit von Bewusstem und Unbewusstem, die auf den Boden der Stern-Karte ausgegossen wird und nun von der Sonne ausgesogen freigiebig verteilt wird. Der Funke des Lebens in jedem von uns kam zunächst von der Sonne, die uns erhält und nährt. Die Sonne vertreibt alle Illusionen. Sie leuchtet für alle sichtbar und ist die Quelle unserer Freuden. Dennoch leben wir in einem Zeitalter, das sich an seinen eigenen Handlungen erfreut und die Wunder der Natur unbeachtet lässt.

Umgekehrte Bedeutung
Diese Karte ist so stark, dass sie durch Umkehrung nichts verliert.

Sexuelle Bedeutung
Wer die Natur dieser Karte teilt, tritt in die Ganzheit ein und seine sexuellen Beziehungen werden vitalisiert. Liebe, nicht Lust, erzeugt die Sonnennatur, und Freude wird durch das einfache und liebende Verhalten empfunden. Es ist dies die Karte des unschuldigen Liebenden. Es ist die Karte «des ersten Males».

Wert: Energie
Farbe: Metallisches Gold
Ton: D
Richtung: Süden.

Auslegung
Fruchtbarkeit und Sterilität – die Äusserungen der Sonne – sind lediglich zwei Pole eines einzigen Effektes. Gemässigt macht die Sonne den Samen fruchtbar, im Übermass sterilisiert sie ihn: Zwei entgegengesetzte Wirkungen einer einzigen Kraft. Die Welt der Formen und Illusionen hält den Narren nicht länger gefangen, denn er hat es geschafft, die synthetischen Vorstellungsbilder des Geistes, die Kontinuität vermitteln, zu stoppen. Nun muss er sein eigenes Wissen gebrauchen, muss das ergreifen, was er braucht und weiter gehen. Die Versuchung, stehen zu bleiben, um in der Sonne zu spielen, ist gross. In der Wärme der Sonne liegt Freude, der Geist wird mit Gefühlen überladen. Der Geist suhlt sich in der Luftspiegelung und verliert jede Erkenntniskraft: die Energie der Sonne macht fruchtbar und sterilisiert.

Der Narr ist sicher durch das Land des Todes gekommen. Der Tod ist jetzt sein Freund und Begleiter, sein Ratgeber, der ihn vor Gefahren warnt. Der Narr ist aufgegangen in einem neuen Leben, wiedergeboren. Sein altes Selbst ist tot und wird nie mehr sein.

Die Energie, die der Narr bislang verwendete, kam von der Reizung durch die Gegensätze. Jetzt ist es eine direkte Energie. Da es keine Trennung der Gegensätze mehr gibt, kommt sie vom funktionierenden Gegensatz selbst und nicht von der Bewegung zwischen den funktionierenden Gegensätzen. Der Narr ist ungeteilt: Er sieht und formt keine Meinung über dieses Sehen. Die wirkliche Welt ist wirklich.

Sonne
Der Hauptstern des Sonnensystems, um den sich die Planeten drehen. Die Primärquelle der Energie für diese Galaxie. Die Sonne steht für die Kraft des Ichs, die Einstellung der jeweiligen Person zur eigenen Persönlichkeit. Sonnenmenschen können extrem eitel sein; sie lieben es, sich chic anzuziehen, im Zentrum der Aufmerksamkeit zu stehen, aber nicht nur aus Eitelkeit, sondern weil sie in der Tat interessant sind und diese Stellung verdienen. Sie lassen sich gern Komplimente machen, sind echt stolz über ihre Leistungen und wünschen anerkannt zu werden.

Sonne regiert: Löwe
Tag: Sonntag
Pflanzen: Grosse, goldene Blumen mit strahlenden Blütenblättern, wie die Sonnenblume; Früchte wie Orangen
Metall: Gold
Blume: Helitrop, Sonnenblume

Planet Venus

Die göttliche Natur zeigt sich

Cauac

Zwanzig

Beschreibung
Die obere Hälfte der Karte wird von einer leuchtend blau und rot gefärbten Gefiederten Schlange eingenommen. Hinter ihrem Kopf ist eine weisse Scheibe. Links von ihr sieht man die Wurzeln der Pflanze aus der Karte der Mässigung. Die gespaltene Zunge der Schlange weist nach unten zwischen dieselben Vulkane, die auf der Mond-Karte zu sehen waren. Der untere Rand wird wieder von dem bekannten Muster abgeschlossen.

Interpretation
Erneut ist Energie vorhanden, die eine Veränderung in der Art, die Welt zu sehen, signalisiert. Zuversicht, dass ein schwieriges Werk Vollendung findet, breitet sich aus. Friede wird erlangt und Zeitlosigkeit wahrgenommen, so dass der Fluss der Dinge gesehen und erkannt wird. Erfolg wird durch ein Gemisch von Vorsicht und Zufall erreicht.

Bedeutung
Diese Karte trägt das transzendente Symbol der Gefiederten Schlange. Denn Gefiederte Schlange, der Erlöser, opferte sich selbst im Feuer, reiste acht Tage durch die Unterwelt und entstieg ihr zur Venus transformiert. Verwirklichung wird erlangt. Das fragmenthafte Denken hat aufgehört zu sein. Liebe und Schönheit existierten.

Umgekehrte Bedeutung
Die Möglichkeit zur Verwirklichung wurde ausgelassen, und das Denken zerschlägt einmal mehr den Spiegel der Wahrnehmung. Zerteilung ist die Bewegungsrichtung des Geistes.

Sexuelle Bedeutung
Eine neue Perspektive, die das Gesamte der sexuellen Aktivität beinhaltet, offenbart sich. Die Energie wird regeneriert, und Freiheit von den animalischen Bedürfnissen der Persönlichkeit wird erlangt. Die Liebe hat in diesem Leben ihr Zeichen hinterlassen. Alles ist möglich.

Wert: Aufmerksame Bewusstheit
Farbe: Blutrot
Ton: C
Richtung: Mitte, Norden nach Süden.

Auslegung

Hier erreicht der Narr die Verwirklichung, und seine göttliche Natur offenbart sich. Der Zwillingsaspekt der Schlange hat sich in einem Körper vereint. Der Narr liess seine alten Wege hinter sich, seine Vergangenheit ist tot, und die Periode des Wachstums – symbolisiert durch die Sonne – hat ein Ende gefunden. Die individuellen Elemente der Psyche sind vollständig integriert. Die Schlange hat gelernt zu fliegen, denn nun reist der Narr auf seinem eigenen Weg und hinterlässt keine Spuren. Niemand vermag zu folgen; es gibt keine Fussabdrücke mehr, nichts wird mehr gestört. Alle Handlungen des Narren sind vollständig, nichts zieht ihn in die Vergangenheit, nichts stösst ihn in die Zukunft. Der Narr ist endlich frei. Seine Arbeit hat eben begonnen.

Der Narr ist Gefiederte Schlange (Quetzalcoatl) geworden. Der Mythos wurde zur Realität. Gefiederte Schlange ist zurückgekehrt um sein Reich zu beanspruchen, wie er versprochen hatte. Das Leben existiert, damit man lebt, und jenseits des Lebens gibt es keinen Sinn. Als der Narr nach dem Sinn des Lebens suchte, hatte er Erwartungen und empfing als Belohnung die Enttäuschung.

Das Leben ist nicht sinnlos. Es kann niemals sinnlos sein, da es nie einen Sinn hatte. Da das Leben keinen Sinn hat, ist es für den Narren destruktiv, nach einem Sinn zu suchen. Das Leben ist einfach und hat keinen Zweck, keine Absicht. Die Bedeutung des Lebens ist «leben», sonst nichts. Daraus folgt alles andere.

Pluto

Als entferntester Planet beeinflusst Pluto den einsamen Menschen, ein Individuum im wahrsten Sinn des Wortes (eins, ganz, kann nicht geteilt werden). Pluto-Menschen tendieren dazu, scheu zu sein und sich zurückzuziehen, und erscheinen deshalb häufig den anderen Menschen als seltsam. Sie können kühl sein, aber sie sind immer höflich und von ausgeglichenem Temperament. Ist Pluto schlecht aspektiert, kann die Isolation erzwungen sein: Es kann zum Exil von Geliebten kommen, zur Auswanderung in fremde und weit entfernte Länder. Pluto hat viel mit kriminellem Verhalten und asozialen Handlungen zu tun.

Pluto regiert: Skorpion
Tag: Nacht
Pflanzen: Mandeln, Kresse, Knoblauch, Brombeeren, Schwarzholz, Buchsbaum, weisser Andorn, Meerrettich und Wermut
Metall: Plutonium
Blume: Topfpflanze

Planet Erde

Eins mit der Göttlichkeit

Ahau

Einundzwanzig

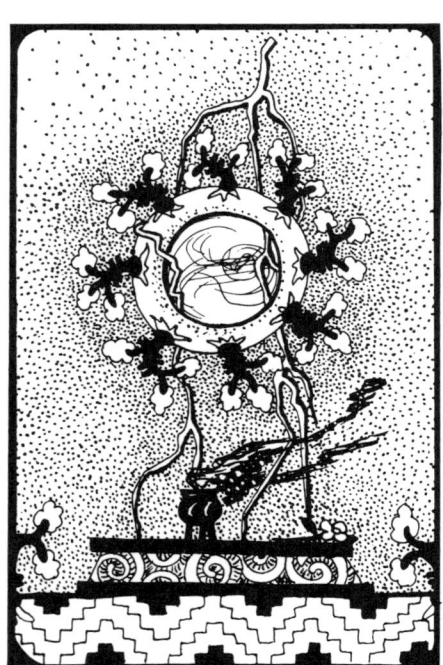

Beschreibung
Die letzte Karte der grossen Arkanen und der fünf Erdkarten. Im Zentrum dieser vorwiegend grünen Karte steht das Symbol der Erde: ein brauner Kreis, aus dem acht Bäume wachsen. Ein Blitz erscheint und endet auf einem Altar. Auf dem Altar steht der Kelch, den die Figur der Mässigung in der Hand hielt, aus dem jetzt aber Weihrauch emporsteigt. Auf der rechten Seite des Altars liegt die weisse Blume des Narren. Der untere Teil der Karte wird wieder vom gleichen geometrischen Muster abgeschlossen.

Interpretation
Erlangung und Erfüllung. Alle Dinge sind möglich. Was immer unternommen wird, führt zum Erfolg. Ein Wechsel zum Besseren zu Hause oder bei der Arbeit ist in Sicht.

Bedeutung
Die Reise ist vorbei und der Erfolg zeigt sich. Der Geist ist nicht mehr der Tyrann des Narren. Der Narr ist in die Schöpfung integriert: Zwischen ihm und der Welt gibt es keine Trennung mehr. Es herrscht Einheit mit der Göttlichkeit.

Umgekehrte Bedeutung
Noch ist der Sieg nicht errungen. Der Suchende verliert seinen Weg. Die Angst ist noch nicht überwunden.

Sexuelle Bedeutung
Diese Karte zeigt, was ein Mann über eine Frau in sexuellen Dingen denkt und umgekehrt. Ihre Bedeutung ergibt sich von den umliegenden Karten.

Wert: Integrität
Farbe: Blauviolett
Ton: A
Richtung: Mittelpunkt

Auslegung
Die Erde ist ein Mysterium. Die Erde hat zu allen Planeten und zur Sonne Verbindungen. So viel mehr gehört zur Erde, dass sie unendlich genannt werden kann. Sie ist nicht von ihrem Geschlecht getrennt – wie der Narr auch. Die Erde ist seine Mutter. Sie ernährt und unterstützt ihn. Die Reise ist beendet und hat eben begonnen. Das Tonal ist durchschritten worden, jetzt wird in das Nagual eingetreten. Einheit mit der Göttlichkeit (Ahau) ist entstanden, und keine Trennung ist mehr möglich, da sie im neuen Kosmos des Narren denkbar ist.

*Wo weder Himmel noch Erde waren,
ertönte das erste Wort des Einen.
Gott-Selbst wurde entbunden von
steinernem Schweigen
und verkündete seine Göttlichkeit.*

*Die ganze Grösse der Ewigkeit
erzitterte.
Das Gotteswort war ein Mass der
Würde,
und Gott durchdrang und brach das
Rückgrat des Berges.*

*Wer wurde da geboren, wer?
Du weisst es! Denn es ist ein Teil von
dir.*

*Es ist das Eine. Das, was
geschmeidig und fein
ist im Himmel, das Eine entstand.*

Das Buch von Chilam Balam

Saturn
Der griechische Name für diesen Planeten war Chronos und bedeutet Zeit. Es ist der Planet des Dauerhaften. Saturn steht für Alter, Gewohnheit, Sitte, Tradition, Geschichte und alte erhaltene Gegenstände. Hier gibt es kaum den Wunsch nach Erneuerung und Veränderung. Es handelt sich um den Erhalter. Menschen, deren Saturn gut aspektiert ist, sind ausgezeichnete Ökologen, Museumskuratoren, Archäologen, Forscher. Saturn ist gewöhnlich nicht schnell mit Belohnungen. Er hat die Tendenz einzureissen, zu hindern und zu zerstören. Der Nutzen des Saturn kommt spät im Leben, denn die Zerstörung hat eine gute Basis geschaffen, auf der anhaltender Erfolg aufgebaut werden kann.

Saturn regiert: Steinbock
Tag: Samstag
Pflanzen: Beständige Holzarten und Pflanzen, die Jahresringe aufweisen
Metall: Blei
Blume: Strandnelke

Die Kleinen Arkanen

Die Karten von allen vier Sätzen der Kleinen Arkanen sind von eins bis zehn numeriert und haben zusätzlich jeweils vier Bildkarten: König, Königin, Bube und Ritter. Die Karten von eins bis zehn beziehen sich auf Ereignisse, die mit dem besonderen Gegenstandsbereich des jeweiligen Satzes zu tun haben. Die Bildkarten stehen für die Personen, durch welche die Beziehung zu den Ereignissen hergestellt wird.

Könige stehen für Männer, männliche Funktionen, Kräfte und Prozesse.

Königinnen stehen für Frauen, weibliche Funktionen, Kräfte und Prozesse.

Buben stehen für junge Menschen beiderlei Geschlechts oder für den menschlichen Aspekt, durch den der Gegenstandsbereich des Satzes seine Funktion erhält.

Ritter stehen für unverheiratete Personen beiderlei Geschlechts oder für die Triebkraft, die Gedanken hinter dem Aspekt des jeweiligen Kartensatzes. Der Ritter ist als jenes Tier gekleidet, das den jeweiligen Satz repräsentiert.

Man kann den allgemeinen Hinweis geben, dass für die Auswahl einer Grundkarte, die den Fragesteller darstellt, eine Bildkarte gewählt werden soll. Für verheiratete Fragesteller wählen Sie eine Karte des Königs oder der Königin aus, für eine unverheiratete Person eine Ritterkarte und für einen Jungen oder ein Mädchen eine Bube-Karte. Andererseits weist eine Bildkarte, die in der Auflage der Karten auftaucht, auf eine Person, die mit dem Fragesteller eine Verbindung hat oder haben wird, deren Art von den übrigen Karten der Auflage festgelegt wird.

Wenn als letzte Karte in einer juristischen Fragestellung ein König auftaucht, bin ich der Meinung, dass diese einen Richter darstellt. Sie sollten dann die Karten noch einmal legen, um die Einstellung des Richters zur Fragestellung zu ergründen. Fragen, die sich auf das Geschlecht einer auftauchenden Ritter- oder Bube-Karte beziehen, müssen aus den übrigen Karten der Auflage oder der Art der Fragestellung beantwortet werden. Die Intuition hilft hierbei.

Man kann aus der Tabelle sofort ersehen, dass viele Verbindungen gefunden werden können, die in der Kartenauslage angewendet werden können. Diese Verbindungen sind sehr nützlich, und mit der nötigen Praxis kann aus ihnen, selbst in einer einfachen Kreuzanordnung, eine vollständige Auslegung der Karten erfolgen.

Dennoch kann nicht genug darauf hingewiesen werden, dass keine der aufgeführten Eigenschaften besser oder wünschenswerter ist als eine andere. Sie zeigen lediglich die Neigung, die Fähigkeit, jenen

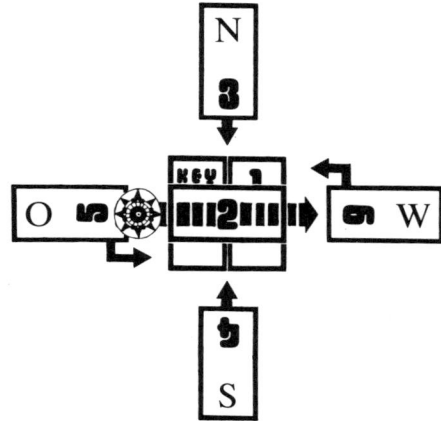

Die folgende Tabelle zeigt Zeit, Richtung und andere Verbindungen der 4 Kartensätze.

	Stäbe	*Schwerter*	*Kelche*	*Münzen*
Spielkarten	Treff	Pik	Herz	Karo
Bildkarten	König	Ritter	Königin	Bube
Bereich	spirituell	mental	emotional	physisch
Element	Feuer	Luft	Wasser	Erde
Jahreszeit	Sommer	Frühling	Herbst	Winter
Richtung	Osten	Norden	Westen	Süden
Farbe	Orange	Gelb	Blau	Grün
Tier	Jaguar	Hirsch	Vogel	Mensch
Ort	Berg	Wüste	Küste	Wald
Zeit	Nachmittag	Morgen	Abend	Nacht
Alter	Kind	Jugendlicher	Reife	Alter
Verbündeter	Person	Tier	Pflanze	Mineral
Zustand	Licht	Gas	Flüssigkeit	fester Körper
Tugend	Wahrheit	Wissen	Liebe	Weisheit
Psyche	Intuition	Intellekt	Gefühl	Sinne
Sexualität	aktiv	gleichbleibend	veränderlich	sinnlich
Kunst	Konzipierung	Entwurf	Fähigkeit	Erfindungskraft
Malerei	Form	Linie	Farbe	Volumen
Musik	Ton	Melodie	Harmonie	Rhythmus
Orchester	Blechbläser	Holzbläser	Streicher	Schlagzeug
Psychologie	extravertiert	expansiv	introvertiert	konservativ

Aspekt, der durch die bestimmte Position in der Anordnung am besten zur Geltung kommt.

Wenn eine Feuerkarte im Westen – dem Ort des Wassers – auftaucht, dann ist ihre Energie offensichtlich viel mehr ätherischer, verflüchtigender Art. Feuer und Wasser produzieren Dampf und vermindern gegenseitig ihre Energien. Auf der anderen Seite ist eine Feuerkarte im Osten zu Hause und kann zu stark sein, wenn sie nicht von einer Wasserkarte im Westen kontrolliert wird.

Wenn eine Erdkarte im Süden und eine Luftkarte im Norden auftauchen, ersieht man daraus, dass geistige und physische Angelegenheiten in guter Balance stehen. Mit einer Feuerkarte im Westen und einer Wasserkarte im Osten ist es mehr als wahrscheinlich, dass die spirituellen und emotionalen Aspekte einer Persönlichkeit in eine harmonische Verbindung gebracht werden müssen. Wenn es im selben Satz Karten um die Verbindung mit der Zeit geht, kann gesagt werden, dass Frühling und Winter die besten Zeiten für das jeweilige Unternehmen sind und dass Sommer und Herbst gemieden werden sollten.

Noch einmal sei gesagt, dass die Praxis Ihr Wissen erweitern wird und Sie mit einer nahezu endlosen Fülle von Möglichkeiten ausstattet, durch die Ihre Auslegungen an Tiefe und Vollständigkeit gewinnen.

Es gibt eine Tarot-Tradition, die auf die Numerologie zurückgeht. Dabei werden die Karten der Kleinen Arkanen personifiziert und mit Titeln ausgestattet. Es handelt sich um eine brauchbare Vorgangsweise, wobei man die Möglichkeit hat, jede Karte mit einem Wort zu erfassen.

Die vier Einsen

Da diese Karten den Geist oder die Essenz des Satzes widerspiegeln, wird ihnen kein vom Satz getrennter Wert zugesprochen. Sie sollen, so sagt man dennoch, die vier Wächter der Erde darstellen.

Stäbe: Der König Asiens (Japan, China, Tibet, Indien)
Schwerter: Der Ritter Amerikas
Kelche: Die Königin des Pazifiks (Ozeanien, Australien, Neuseeland)
Münzen: Der Bube Afrikas, Europas, des mittleren Ostens und Russlands

Die vier Zweien
Stäbe: König der Herrschaft
Schwerter: Ritter des Friedens
Kelche: Königin der Liebe
Münzen: Bube der Veränderung

Die vier Dreien
Stäbe: König der Tugend
Schwerter: Ritter des Leides
Kelche: Königin des Überflusses
Münzen: Bube der Arbeit

Die vier Vieren
Stäbe: König der Vollendung
Schwerter: Ritter des Waffenstillstands
Kelche: Königin des Luxus
Münzen: Bube der Kraft

Die vier Fünfen
Stäbe: König des Kampfes
Schwerter: Ritter der Niederlage
Kelche: Königin der Enttäuschung
Münzen: Bube des Kummers

Die vier Sechsen
Stäbe: König des Sieges
Schwerter: Ritter der Wissenschaft
Kelche: Königin der Vergnügen
Münzen: Bube des Erfolges

Die vier Sieben
Stäbe: König der Tapferkeit
Schwerter: Ritter der Nutzlosigkeit
Kelche: Königin der Ausschweifung
Münzen: Bube des Versagens

Die vier Achten
Stäbe: König der Schnelligkeit
Schwerter: Krieger der Einmischung
Kelche: Königin der Trägheit
Münzen: Bube der Klugheit

Die vier Neunen
Stäbe: König der Stärke
Schwerter: Ritter der Grausamkeit
Kelche: Königin der Fröhlichkeit
Münzen: Bube des Gewinns

Die vier Zehnen
Stäbe: König der Unterdrückung
Schwerter: Ritter des Verfalls
Kelche: Königin des Überdrusses
Münzen: Bube des Reichtums

Ouspenskys Untersuchungen der metaphysischen Beziehungen im Tarot

Die vorliegende Abbildung zeigt die Karten-Anordnung, die von Ouspensky für eine Meditation über das Tarot vorgeschlagen wurde. Alle Karten werden verwendet, um die Beziehungen zwischen ihnen aufzuzeigen und ihre Verbindungen zum Ganzen. Ouspensky erklärt diese Anordnung folgendermassen:

> *... wir haben eine Darstellung der Beziehung zwischen Gott, dem Menschen und dem Universum, oder eine Verbindung zwischen der Welt der Ideen, dem Bewusstsein des Menschen und der physischen Welt. Das Dreieck ist Gott (die Dreifaltigkeit) oder die Welt der Ideen, die Welt der Idee. Der Punkt ist die Seele des Menschen. Das Quadrat ist die sichtbare, physische oder phänomenale Welt.*

Im Grunde beschreibt Ouspensky das Tonal, die Welt der Form, repräsentiert durch die quadratische Anordnung der Niederen Arkanen, und das Nagual als das Dreieck aus den Grossen Arkanen. Der Mittelpunkt, die Karte des Narren, ist das Bewusstsein eines Menschen im Zentrum seiner Wahrnehmungswelt. Der oberste Punkt des Dreiecks ist der Zauberer (1). Unten im Osten findet sich der negative Pol, der Kaktus (8), die Karte des Durchhaltens, die wichtigste negative Tugend, und am westlichen Pol liegt die Karte der wichtigsten positiven Tugend, des Lachens – die Karte des Teufels. Es ist nicht schwer zu erkennen, dass durch Ausdauer und Lachen die Welt des Zauberers mit den anderen Positionen der Karten versöhnt wird.

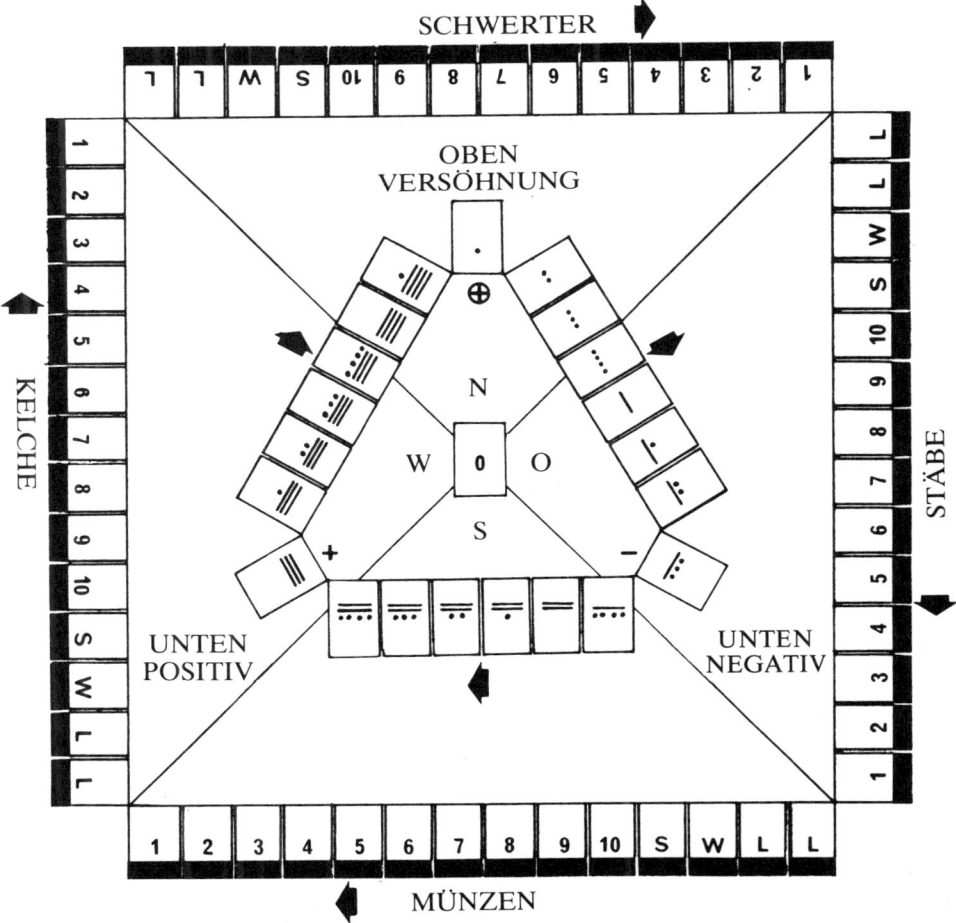

Der Weg des Feuers
Die Stäbe

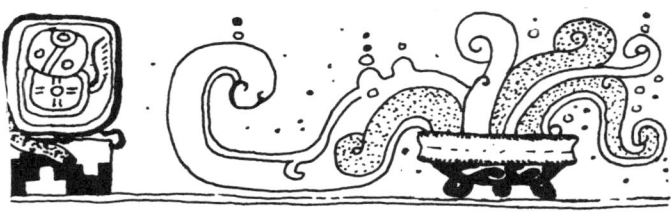  

Alle Karten des Satzes der Stäbe haben mit Energie zu tun. Die Bildkarten stehen für Personen und die Art, wie sie zur Verfügung stehende Energien gebrauchen.

Es sind dies die Karten der Leidenschaft – nicht unbedingt der sexuellen Leidenschaft, aber es handelt sich um die feurigen Energien, die bei einer Unternehmung zum Einsatz kommen. Stäbe weisen auf Enthusiasmus, Ambition und Unternehmungslust in allen menschlichen Bereichen hin. Wenn es um den Beruf geht, dann haben wir hier mit Fachleuten zu tun – Doktoren, Anwälten, Lehrern, Unternehmern. Es geht aber auch um den Standort des Fragestellers im Leben und zwar speziell in bezug auf seinen Beruf.

Die Stäbe haben mit dem Geheimnis des Lebens zu tun und sind deshalb immer mit einem lebenden Blatt abgebildet. Das Geheimnis ist die Quelle des Lebens; weil sie mit Leben und Energie zu tun haben, sind diese Stäbe auch die besten Indikatoren für den Zustand des Nervensystems des Fragestellers. Es sind die Karten des Sommers, jener Jahreszeit, in welcher die Energie der Sonne besonders gross ist. Deshalb werden sie auch dazu verwendet, den Höhepunkt einer Situation aufzuzeigen oder den Hinweis zu liefern, dass die Energie, die zu einem Höhepunkt führt, im Steigen begriffen ist.

Fassen wir zusammen: Die Stäbe haben mit Energie zu tun; ihre Zeit ist der Sommer; sie beschäftigen sich mit den Berufen von Fachleuten. Im Krankheitsbereich stehen sie mit den Nerven in Zusammenhang. Sie drücken aber auch die Tiefe des spirituellen Verstehens aus. Stäbe sind extravertierte Karten.

Stab-König

Ein Mann von Widdertemperament. Er ist der König des Feuers, der Geist von Personen und Dingen. Er ist die höchste Manifestation aller Dinge des Geistes, wenn sie losgetrennt vom Ganzen betrachtet werden. Es handelt sich um die Karte des Mittlers, um einen noblen und tapferen Mann. Er zeigt eine männliche und leidenschaftliche Einstellung und handelt in einer Unternehmung gerecht. Allerdings ist er im Urteilen langsam. In Fragestellungen nach Gesundheit und Krankheit repräsentiert dieser König das Heilen durch aktive Untersuchung und durch Handauflegen.

Sexuelle Aspekte
Ein dunkler und attraktiver Mann von grossem, schönem Körperbau. Er kann Teil einer unerwarteten sexuellen Beziehung sein, die in eine lang andauernde übergehen kann.

Umgekehrt
Ein Mensch, der die Tendenz hat, gewalttätig zu sein. Eine kalte, berechnende Person, die ein befriedigender Partner im Sexuellen sein kann, aber nicht die vom Partner gewünschte Wärme und Emotion zeigt.

Stab-Königin

Eine Frau mit Löwetemperament. Es ist die Königin des Feuers, der weibliche Aspekt des vom Ganzen getrennten Geistigen. Sie repräsentiert die passiven Energiequalitäten wie Standhaftigkeit und Friede, Energien, die sich durch die Königin der Erde manifestieren; Energien, die in Öl, Kohle und Pflanzen vorhanden sind. Sie steht für Unterstützung durch Nahrung, und wenn es um die Gesundheit geht, repräsentiert sie die Heilung selbst.

Sexuelle Aspekte
Eine sehr charmante Frau, liebend und freundlich. Sie ist die dunkle exotische Schönheit der Lieder und Legenden. Sexuell besitzt sie Anziehungskraft, und ihrem Mann gegenüber neigt sie zu grosser Leidenschaft. Sie ist im allgemeinen treu und hat kaum den Wunsch nach Promiskuität, weil sie beim Partner das bewirken kann, was sie befriedigt.

Umgekehrt
Eine eifersüchtige Frau von unsicheren und schwankenden Leidenschaften. Wenn der Partner sie nicht befriedigt, wird sie, ohne zu überlegen (meist im Geheimen), Affären eingehen.

Stab-Bube

Ein junger Mensch mit Schützetemperament. Der Bube steht für die Art und Weise, in der sich die Energie manifestiert. Prinzipiell handelt es sich dabei um eine Botschaft (telephonisch oder brieflich), die den Fragesteller in eine energiegeladene Situation bringt. Er repräsentiert eine dynamische und enthusiastische Person. Wenn es um Gesundheit geht, steht diese Karte für ein Arzneimittel oder Medizin; es ist das Stimulans, das den Stoffwechsel beschleunigt.

Sexuelle Aspekte
Eine Person von schmaler, aber kräftiger Statur; ein Bote, Briefträger, Telephondienst-Mann; jemand, der in der Position ist, in welcher er Neuigkeiten von einem Liebhaber übermittelt, oder selbst dieser Liebhaber ist. Ein junger Gigolo.

Umgekehrt
Ein Herzensbrecher; ein unentschiedener oder zögernder Liebhaber. Ein junger Liebhaber, der immer von seinen Affären erzählt, unzuverlässig und unstet.

Stab-Ritter

Die Karte des Ritters ist die Karte der Bewegung der Energie, der Kraft und der Richtung einer Energie in einer bestimmten Situation. Sie ist ungestümer Natur und ist deshalb störenden Einflüssen ausgesetzt. Der Ritter bringt Aufruhr. In Fragen psychologischer Gesundheit geht es hier um das Bohren in den Tiefen der Seele, das im Augenblick Schmerz mit sich bringt, aber auf lange Sicht wertvoll ist.

Sexuelle Aspekte
Ein dunkler, südländischer Typ, für Frauen von besonderer Attraktivität. Er ist aber in seiner emotionalen Zuwendung recht instabil. Immer auf der Suche nach sexuellen Partnern ist seine Natur promiskuitiv, aber grosszügig.

Umgekehrt
Er hat die Fähigkeit, Konflikt und Rivalität auszulösen. Er streitet über sexuelle Angelegenheiten. Es handelt sich um jenen Typus von Freund oder Liebhaber, der trivialer Angelegenheiten wegen brutal und eifersüchtig werden kann.

Stab-Zehn

Beschreibung
Ein Mann sitzt in einem Kreis von Stäben. Seine Augen sind geschlossen und seine Arme in Abwehrhaltung verschränkt. Leuchtend-farbige Vögel fliegen durch die Luft.

Interpretation
Die Wunder und Geheimnisse des Lebens umgeben uns. Rundherum sind Boten, aber die Augen sind all diesen Möglichkeiten gegenüber verschlossen. Vorteile finden sich überall, man muss nur die Augen öffnen.

Umgekehrt
Ein Überfluss an Möglichkeiten, der den Weg durch die Welt nicht mehr sichtbar werden lässt. Widerspruch und Intrigen.

Sexueller Ausdruck
Schwierigkeit, viele Partner sexuell zu befriedigen. Frauen haben Angst vor möglichen ungewollten Schwangerschaften. Übermässiger Sex, der zu Geschlechtskrankheiten führt.

Stab-Neun

Beschreibung
Ein Krieger kommt nach einem Kampf zurück, verwundet, aber mit dem Sieg zufrieden. Der Krieger hat einen seiner Stäbe verloren, aber das macht ihm nichts aus, denn er besitzt andere.

Interpretation
Die Person hat kämpfen müssen, und sie wird weiter kämpfen müssen. Sie hat Kraft, wenn sie angegriffen wird und kann sich in allen Lagen verteidigen. Es kann Verzögerungen und Hindernisse geben, die überwunden werden müssen.

Umgekehrt
Eine Charakterschwäche macht sich bemerkbar, die sich als Unwille zu Kämpfen zeigt, bis es zu spät ist.

Sexueller Ausdruck
Erleichterung, fähig zu sein, einen Partner in einer heimlichen Affäre zu befriedigen. Sicheres Auftreten einer sehr schönen und einschüchternden Person gegenüber. Das Gefühl, sich selbst bestätigt zu haben.

Stab-Acht

Beschreibung
Ein Mann deutet auf eine Gruppe von Stäben, als wollte er ihnen mitteilen, was sie tun sollen. Er weist nach oben zu einer höheren Autorität.

Interpretation
Der Weg der Aktivität ist ein Unternehmen. Handlung und Gewandtheit, um ein Ziel zu erreichen. Schnelligkeit, um ein Ende, das Freude verheisst, zu erreichen.

Umgekehrt
Innere Streitigkeiten. Schwierigkeit mit Autoritätspersonen. Gewissenskonflikte wegen angewandter Methoden im Hinblick auf ein Ziel.

Sexueller Ausdruck
Eine Liebesaffäre ist sehr wohl möglich. Es kann sich auch ein Wechsel in sexuellen Neigungen oder in bezug auf Sexualpartner abzeichnen. Eine rasch getätigte Entscheidung. Schlecht aspektiert weist diese Karte auf Eifersucht und Streitigkeiten in einer Affäre hin.

Stab-Sieben

Beschreibung
Ein Krieger ist für den Kampf gerüstet. Er steht mit einem Stab in der Hand, sechs anderen gegenüber. Er hat ein Schild und ist als Jaguar gekleidet.

Interpretation
Sich selbst gegen Angreifer behaupten. Starke berufliche Kämpfe. In der Vergangenheit ist es eine gewonnene Schlacht, in der Zukunft ein Kampf, der sich entwickelt. Verhandlungen sind schwierig, aber erfolgreich.

Umgekehrt
Vorsicht vor Unentschlossenheit. Schwierigkeiten werden wieder verschwinden, aber nehmen Sie sich vor anderen in acht, die von ihrer Position profitieren wollen.

Sexueller Ausdruck
Wettstreit um den Sexualpartner wurde durch Aggressivität entschieden. Kampf um sexuelle Herrschaft. Impotenz und Schmerz, verursacht durch die sexuellen Erwartungen der Partner.

Stab-Sechs

Beschreibung
Ein Mann, als Sieger gekleidet, deutet auf einen Stab, der mit dem Siegeskranz geschmückt ist.

Interpretation
Es ist dies die Karte der guten Nachrichten, des Sieges in einer schwierigen Situation. In Beziehungen wird es grössere Harmonie geben. Im Beruf werden Fortschritte erzielt.

Umgekehrt
Verzögerung in Belohnungen. Nachricht über den Sieg eines Anderen. Besorgnis über die Überheblichkeit des Siegers.

Sexueller Ausdruck
Das Warten ist vorbei. Der Wunschpartner sucht nach Befriedigung. In der Sexualität herrscht Überlegenheit und Erfüllung vor. Umgekehrt ist aber auch grössere Unsicherheit vorhanden, und es muss noch länger gewartet werden. Ein treuloser Liebhaber sucht einen anderen Partner.

Stab-Fünf

Beschreibung
Ein Mensch wird von zumindest zwei anderen angegriffen. Der Kampf ist lebhaft und eher ein Spiel.

Interpretation
Aufreibende Wettkämpfe in persönlichen Unternehmungen. Mut im Kampf kann Gewinn und Belohnung bringen. Die Möglichkeit einer Gerichtsverhandlung, Probleme mit Nachbarn.

Umgekehrt
Neue Möglichkeiten eröffnen sich und erweisen sich als harmonisch. Der Wunsch, anderen durch praktische Hinweise zu helfen. Achten Sie auf Tricks, Diskussionen mit Anwälten u. ä. m.

Sexueller Ausdruck
Das Vorspiel wird wichtiger als der Sexualakt selbst. Die übermässige Beschäftigung mit Phantasien macht zum Beischlaf unfähig. Streiterei führt zum Verlust der Männlichkeit. Umgekehrt können die übermässigen Ansprüche eines Partners erfüllt werden.

Stab-Vier

Beschreibung
Der Samen des Maises wird lebendig, wenn er fruchtbar ist. Hier ist er von einem Baldachin beschützt, auf dem ein Bild der Sonne zu sehen ist, und der von vier Stäben gestützt wird.

Interpretation
Dies ist die Karte von Schönheit und Harmonie im privaten Leben. Es kann sich um jemanden handeln, der den Klienten beschützt, ihm hilft, spirituell weiterzukommen oder Erfolg zu haben.

Umgekehrt
Freude an der Schönheit der Naterzukommen oder Erfolg zu haben.

Sexueller Ausdruck
Das Gefühl der Sicherheit mit dem erwählten Partner. In einer Ehe kann es sich um die Empfängnis eines lang ersehnten Kindes handeln. Zufriedenheit mit sich selbst und dem Partner.

Stab-Drei

Beschreibung
Eine wohlhabende Gestalt steht auf Land, das von Wasser umgeben ist. Sie hält zwei Stäbe in den Händen. Ein dritter Stab befindet sich in Reichweite im Wasser.

Interpretation
Praktische Menschen können von Nutzen sein und zu einer Partnerschaft führen. Unternehmungslust herrscht vor. Geschäftliche Angelegenheiten florieren. Kraft und Zusammenarbeit im Geschäftlichen und Beruflichen.

Umgekehrt
Geschäftliche Unternehmungen sind erfolgreich, aber der Profit ist enttäuschend. Not hat ein Ende, aber die Belohnung ist nicht in Sicht.

Sexueller Ausdruck
Probleme der Passivität und Frigidität sind überwunden. Die Feuer der Leidenschaft lodern, eine neue Freiheit wird im Sexualakt erlebt. Umgedreht weist die Kraft auf Masturbation statt Vereinigung hin; Befriedigung, aber keine Belohnung.

Stab-Zwei

Beschreibung
Eine Person steht auf einem Vorsprung und blickt in die Ferne. In einer Hand hält sie einen Globus, in der anderen einen Stab. Schneebedeckte Berge können auf beiden Seiten gesehen werden.

Interpretation
Auf einer Hand sind Reichtümer und Glück, auf der anderen Leid und Krankheit. Es herrscht viel Trauer. Ein Unternehmen mag zu früh Früchte tragen, es verdorrt.

Umgekehrt
Ein guter Beginn kann mit der Herrschaft eines anderen enden. Wenn sich die Dinge verändern, erwacht man plötzlich erstaunt.

Sexueller Ausdruck
Die wildesten Phantasien verwirklichen sich, aber ein leeres Gefühl schwingt dabei mit. Der Sexualakt kann frei von Erregung sein. Die Leidenschaft kühlt ab.

Stab-As

Beschreibung
Eine Schale läuft über von Flammen und Feuer. Ein Stab ist von Flammen umgeben, brennt aber nicht. Ein Jaguar ruht friedlich.

Interpretation
Schöpfung, Erfindung, Unternehmung und alle Kräfte, die als Resultat dieser Dinge entstehen. Es kann sich um eine Geburt in der Familie oder in der Arbeit handeln. Mannhaftigkeit hinter dem kreativen Akt. Erbschaft.

Umgekehrt
Verdunkelte Freude: Eine gute Idee wird nicht gewürdigt oder ist einfach ihrer Zeit voraus. Unentschlossenheit führt zu Interesselosigkeit an anderen und zu Rückschlägen in einem geplanten Projekt.

Sexueller Ausdruck
Männlichkeit und Fruchtbarkeit. Aufregende sexuelle Eskapaden, die in kindlicher Freude begangen werden. Eine gedanken- und empfindungslose Handlung. Es ist die Karte von Kastration und Beschneidung, Impotenz und Frigidität.

Der Weg der Luft
Die Schwerter

Die Karten des Satzes der Schwerter haben mit Mut, Kraft und Ambition zu tun, aber auch mit Aggression. Es sind die Karten des Wettstreits und der Individualität. Die Bildkarten stehen für Individuen, die Macht und Autorität über uns ausüben.

Dies sind die Karten des Geistes und des Intellekts, der ständig alles zerteilt, zerschneidet, erforscht. Schwerter stehen für Handlungen in der Welt. Gewöhnlich ist ihr Effekt ein negativer, denn mit Schwertern und Messern wird ein Konflikt nicht gerade auf angenehme Weise bereinigt. Schwerter können als «der Stärkere hat Recht» charakterisiert werden. Ein Aspekt der Bruderschaft ist ihnen eigen, wie er bei Kameraden in der Armee existiert. Auf der Berufsebene sind es die Karten der Bürokraten, des Militärs, der Chirurgen (die mit dem Messer heilen), Kritiker, Steuereintreiber, und ähnliches.

Schwerter sind die Karten maskuliner Energie, die durchstösst und trennt. Es sind dies die Karten der linken Gehirnhemisphäre, der Beobachterin der Details. Diese Energie ist linearer Art, denn sie fliesst nur in eine Richtung: von der Vergangenheit in die Zukunft.

Als Indikator für Gesundheitsfragen haben diese Karten mit den Lungen und dem Hals zu tun, aber auch mit der Haut und der Nase.

Fassen wir zusammen: Der Satz der Schwerter beschäftigt sich mit allen Aspekten des Intellekts. Der Zeitzyklus ist das Frühjahr; es geht um Berufe, die mit Autoritätspositionen zu tun haben, mit dem Militär, mit Kritik und Lehrern. Luftkarten beschäftigen sich mit Lunge, Hals, Haut und Nase. Die Schwerter sind expansive Karten.

Schwert-König

Ein Mann mit Zwillingstemperament. Er ist der König der Luft, ein Richter, ein Entscheider und ein unparteiischer Begutachter der Tatsachen. Er ist die höchst gestellte Darstellung der Dinge des Intellekts, ausgestattet mit der Macht, in einer Situation über Leben und Tod zu entscheiden. Seine Welt ist schwarz und weiss, fast kein Grau kann gesehen werden. In seinen Entscheidungen ist er strikt, mit Freunden wie mit Gegnern. Aber seine schwachen Stellen sind übermässige Vorsicht und Misstrauen. Wenn er klar und sicher ist, kann sein Rat sehr hilfreich sein und voller guter Ideen. Er steht für Heilung mit dem Messer.

Sexuelle Aspekte
Ein reifer Mann mit dunklen Haaren. Er ist von grosser sexueller Potenz, Leidenschaft und Erregung. Im Militärverband steht er für den Homosexuellen. Seine Stärke ist sexuelle Autorität.

Umgekehrt
Er steht für sexuell abweichendes Verhalten, wie Flagellation, Fesselung, Päderastie.

Schwert-Königin

Eine Frau von Waagetemperament. Sie ist die Königin der Luft, der weibliche Ausdruck der geistigen Prozesse. Sie repräsentiert die ausgleichenden und koordinierenden Fähigkeiten des Geistes. Sie ist sicher und aufnahmefähig beim Umgang mit anderen Menschen. Die Königin der Luft stellt Witwen oder Frauen dar, die allein sind in der Welt; Frauen, die Kinder, aber keinen Ehemann haben. Die Königin ist eine aufmerksame Beobachterin. Sie kann auch schlau und betrügerisch sein und hinter dem Rücken der anderen Schlechtes erzählen.

Sexuelle Aspekte
Eine Frau, die Liebende auseinanderbringt, die Freude daran hat, Affären zu zerstören. Sie zeigt häufig eine Tendenz zu lesbischem Verhalten. Sie kann frigid sein und benutzt die Sexualität als Waffe, um andere zu verletzen.

Umgekehrt
Eine betrügerische Frau, die sich selbst als Jungfrau präsentiert. Alle ihre Tugenden sind falsch. Sie unterdrückt ihre Begierden, um Macht über andere Menschen zu erlangen.

  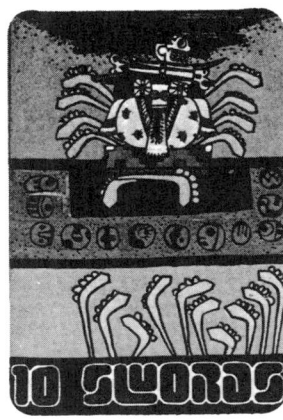 

Schwert-Bube

Ein junger Mensch mit Wassermanntemperament. Diese Karte wird «Der Diener der rauschenden Winde» genannt. Sie zeigt die Qualitäten der Dinge, die nicht offensichtlich sind, sondern im Untergrund geschehen, aber deshalb nicht unbedingt schlecht sein müssen (z. B. Spionieren). Der Bube ist anmutig und geschickt und weist Verstehen und Diplomatie in schwierigen Situationen auf.

Sexueller Aspekt
Ein junger Mann mit braunen Haaren und braunen Augen, der sehr neugierig ist, was das Sexualleben anderer anbetrifft. Diese Karte steht für den Voyeur und jenen, der im Geheimen erotische Literatur liest.

Umgekehrt
Ein Mensch, der bei sexuellen Dingen deprimiert wird, und der an frühzeitiger Ejakulation leidet. Es geht auch um jene, die bösartiges Sexualverhalten praktizieren.

Schwert-Ritter

Eine unverheiratete Person mit braunen Haaren und braunen Augen. Sie zeigt Mut und Geschicklichkeit und eine Tendenz, sich kopfüber in schwierige Situationen zu stürzen, die etwas mehr Überlegung erfordern. Diese Karte weist auf Widerstand und Opposition hin. Es handelt sich um die Zerstörung durch den Krieg. In Kombination mit anderen Karten kann diese Karte auf den Tod einer Situation oder einer Person hinweisen. Es ist die Karte des Schicksals.

Sexuelle Aspekte
Eine Person, die kalt, effizient und nachdrücklich in ihren sexuellen Eskapaden ist. Diese Person erobert einen sexuellen «Gegner».

Umgekehrt
Unverschämtes und impulsives Sexualverhalten führt zu Schwierigkeiten. Wenn der Partner umworben wird, geschieht dies in übertriebener Weise.

Schwert-Zehn

Beschreibung
Ein Totenbündel, das zum Begraben bereit steht. Obenauf liegen die Schienbeine und der Schädel. Das Bündel ist von zehn Schwertern umgeben.

Interpretation
Plötzliches Unglück, Trauer und Tränen können auftreten. Es kann sich auch um eine Niederlage in einem Rechtsstreit oder Krieg handeln. Diese Karte steht nicht für brutalen Tod, sondern eher für Schmerz und Verlust.

Umgekehrt
Das Abschütteln negativer Einflüsse, und die Kraft, noch einmal Erfolg zu haben. Profit und gute Gesundheit, aber sie sind nicht von Dauer.

Sexueller Ausdruck
Beschwerden in den Genitalien. Eine Hypersensitivität auf Rollenspiele, was zu Impotenz führt. Umgekehrt kommt es zu Sexualerfolgen von kurzer Dauer.

Schwert-Neun

Beschreibung
Eine leichenblasse Person sitzt vor einem Altar, auf dem sechs Schwerter liegen. Auf dem Boden befinden sich drei weitere. Sie weisen alle in die Richtung des Bittstellers.

Interpretation
In Kombination mit anderen Karten ist dies die Karte des Todes. Es handelt sich auch um die Karte der Fehlgeburt. Alles Leiden äussert sich in dieser Karte: Betrug, Versagen, Enttäuschung und Verzweiflung.

Umgekehrt
Geduld und Nachsicht bringen Heilung, obwohl Misstrauen und Zweifel immer noch vorhanden sind. Gefangenschaft ist möglich.

Sexueller Ausdruck
Diese Karte repräsentiert erzwungene Enthaltsamkeit, unerwünschte Schwangerschaft und sexuelle Scham. Sie steht auch für den Verlust der Jungfräulichkeit. Ein Konflikt zwischen Moralvorstellungen und Begierden herrscht vor, der für den Klienten das Ende seines Sexuallebens bedeuten kann.

Schwert-Acht

Beschreibung
Eine Frau mit verbundenen Augen und gefesselten Armen entfernt sich von einem Tempel mit einem Totenbündel unter dem Dach. Sie ist von vier Schwertern umgeben. Die anderen vier Schwerter umgeben das Bündel.

Interpretation
Die Person auf der Karte entfernt sich aus der Mannigfaltigkeit. Krankheit, Krise und Konflikt sind immer noch präsent, aber im Verschwinden begriffen.

Umgekehrt
Ein Freisein von Einschränkungen beginnt sich durchzusetzen, aber noch ist man zu schwach, dieses völlig zu nutzen. Eine Person wird aus dem Gefängnis entlassen.

Sexueller Ausdruck
Dominierung durch eine sexuell pervertierte Person. Missbrauch und Sklaverei, die in Gefangenschaft enden können. Umgekehrt scheint sich ein Weg aus den Schwierigkeiten abzuzeichnen.

Schwert-Sieben

Beschreibung
Ein Krieger in Zeremonialkleidung trägt einen Schild mit einem Auge in der Mitte und vier Schwertern, die er gestohlen hat.

Interpretation
Ein Plan ist fehlgeschlagen und erzeugt Verdruss. Unzuverlässigkeit und Treuebruch erzeugen Ärger und Kummer. Man wünscht und hofft, dass die Dinge anders sein mögen.

Umgekehrt
Guter Rat wird einem zuteil und sollte nicht abgewiesen werden. Gestohlene Gegenstände werden im Geheimen wieder zurückgebracht.

Sexueller Ausdruck
Das Vertrauen in die eigene Sexualfähigkeit ist geschwächt. Man fühlt sich vom Partner betrogen und glaubt, dass ausserehliche Affären dahinter stehen. Diese Vermutungen sind unrealistisch, bereiten aber trotzdem Schwierigkeiten. Ein Gespräch mit treuen Freunden wird die Dinge wieder ins rechte Lot rücken.

Schwert-Sechs

Beschreibung
Ein Mann hält in einem Kanu ein neugeborenes Kind in die Höhe. Er ist von Schwertern umgeben, scheint aber davon nicht beunruhigt zu sein. Das Boot wird von einem jungen Mann gesteuert. Das Wasser ist von klarem Blau. Im Hintergrund kann man das Ufer sehen.

Interpretation
Diese Karte weist auf Reisen hin, seien dies nun tatsächliche Reisen oder bloss das Hintersichlassen einer Gegnerschaft. Neue Dinge geschehen, der Geist hat Klarheit.

Umgekehrt
Eine Reise muss aufgeschoben werden. Ein öffentliches Geständnis. Kein unmittelbarer Weg führt aus den gegenwärtigen Schwierigkeiten hinaus. Unerwünschte Publizität persönlicher Angelegenheiten.

Sexueller Ausdruck
Diese Karte bezieht sich auf beiläufige Sexualbekanntschaften: Fremde, die sich in der Nacht treffen. Umgedreht steht sie für eine Liebeserklärung, sogar für einen Heiratsantrag.

Schwert-Fünf

Beschreibung
Ein zur Siegesfeier gekleideter Mann ergreift die Schwerter seines Gegners, der in Tränen vor ihm kniet.

Interpretation
Sieg durch unlautere Mittel; Versagen und Niederlage sind hart einzustecken; eine erniedrigende Vernichtung durch fragwürdige Methoden. Es könnte etwas gestohlen werden.

Umgekehrt
Die Bedeutung der Karte ändert sich kaum. Vielleicht sind die Umstände nicht ganz so schlimm, aber dafür gibt es keine Garantie. In der Tat könnten die Dinge sogar schlimmer werden.

Sexueller Ausdruck
Verlust des Sexualpartners oder der Potenz. Diese Karte steht für Vergewaltigung, Unehrenhaftigkeit oder sexuell abweichendes Verhalten.

 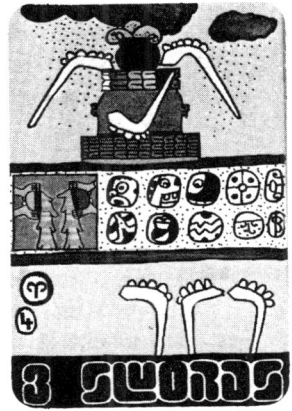  

Schwert-Vier

Beschreibung
Ruhig balanciert ein Mann ein Schwert, während drei weitere über ihm hängen. Er scheint überhaupt nicht beunruhigt zu sein.

Interpretation
Diese Karte steht für Rückzug und Ruhe, jene Nachdenklichkeit, die Ausgeglichenheit in eine Situation bringt. Erholung von Krankheit oder anstrengender Arbeit. Die Warnung, vorsichtig und diskret in seinen Handlungen zu sein.

Umgekehrt
Die Umsicht in Handlungen, die für die einen weise Handhabung bedeutet, für die anderen Geiz und Unvorsichtigkeit. Eine Karte sozialer Unruhe.

Sexueller Ausdruck
Diese Karte steht für Sexualprobleme: Es kann sich um einen Rückzug vom sexuellen Exzess handeln oder einfach um einen Interesseverlust an sexuellen Dingen.

Schwert-Drei

Beschreibung
Ein Herz liegt auf dem Zentrum des Altars, umgeben von drei Schwertern. Dunkle Wolken verfinstern den Himmel, und es regnet.

Interpretation
Zwist und Trennung tauchen am Horizont auf. Das ewige Dreieck führt unweigerlich zu Umwälzungen im persönlichen Leben. Diese Karte weist auch auf zivilen und politischen Kampf hin.

Umgekehrt
Die allgemeine Bedeutung ändert sich nicht, wird aber abgeschwächt. Es herrscht weniger Unordnung und weniger daraus resultierender Verlust.

Sexueller Ausdruck
Herzensbruch und das Ende einer sexuellen Freundschaft. Das Sexualleben gerät in Unordnung und ist in Umwälzung begriffen. Eine innere Konfusion über sexuelle Interessen herrscht vor.

Schwert-Zwei

Beschreibung
Eine Frau sitzt mit verbundenen Augen vor einem Strom. Sie hält zwei Schwerter in den Händen. Das Schwert in ihrer Linken weist nach unten, das in der Rechten nach oben.

Interpretation
In persönlichen Beziehungen herrscht eine Balance vor, die eher als Stillstand bezeichnet werden muss. Unentschlossenheit kann zu Schwierigkeiten führen, wenn man nicht sofort auf die Dinge achtet.

Umgekehrt
Es kommt zur Erlösung, aber die Richtung scheint falsch zu sein. Falschheit erwartet den Klienten und Vorsicht ist geraten. Die Dinge werden nicht einfach zu überwinden sein.

Sexueller Ausdruck
Gleichheit in einer Beziehung bringt Wärme und emotionale Zuwendung. Eine zuvor kaum je erfahrene Sanftheit und Intimität entsteht. Umgedreht ist all das Gesagte im Verfallen begriffen.

Schwert-As

Beschreibung
Bewegte Luft um ein Schwert, das aus dem Boden zu wachsen scheint. Klare weisse Wolken können am Himmel gesehen werden, und das Tier des Satzes, der Hirsch, ist mit seinem Kopf abgebildet.

Interpretation
Schwerter sind fast nie wohltuend, aber das As der Schwerter steht für Trennung, die Geburt eines Kindes. Das Auftauchen eines Führers, der die Menschen aus der Dunkelheit führen wird. Das Zusammenprallen der Gegensätze. Die Kräfte von Hass und Liebe: das zweischneidige Schwert.

Umgekehrt
Das gleiche wie oben, nur übertriebener. Wege, die zum Licht führen, gehen einmal mehr in die Dunkelheit. Der Führer verschanzt sich und hält an seiner Macht fest. Overkill ist die aktive Kraft in dieser Position.

Sexueller Ausdruck
Kraft, die dazu gebraucht wird, um sexuelle Ziele zu erreichen. Die Ergebnisse sind immer verheerend und nicht selten brutal.

Der Weg des Wassers
Die Kelche

Die Karten des Satzes der Kelche befassen sich mit Glück, Schönheit, Fruchtbarkeit und Ausgeglichenheit. Es sind dies die Karten der Partnerschaft und der Verschmelzung der Gegensätze. Die Bildkarten stehen für Personen, deren Kraft in Charme und Charisma liegt, die uns von ihrem Weg überzeugen durch ihre beispielhafte Art und ihre Liebe.

Kelche sind die Karten der Emotionen, immer fliessend, wechselhaft und tiefgründig. Kelche stehen für die Gefühle, die wir der Welt gegenüber zeigen. Sie repräsentieren auch das Unbewusste, jenen Teil unserer selbst, dem wir nur mit Schwierigkeiten gegenübertreten können. Da sie für Wasser stehen, weisen diese Karten immer auf etwas Bewegtes hin, das nach Ausgleich trachtet. Der Schlüssel zu einem zufriedenen Leben ist es, seine Gefühle in Balance zu halten. Beruflich gesehen werden diese Karten mit dem Unterhalter, dem Experimentator assoziiert und mit jenen Leuten, die mit Arzneitränken heilen (Homöopathen).

Kelche sind die Karten femininer Energien: Zusammenführung und Expansion. Sie stehen für die rechte Gehirnhemisphäre, diesen Vereiniger verschiedener menschlicher Perspektiven. Diese Energie ist allerdings vieldimensional; d. h., sie fliesst in gleichem Masse in die verschiedensten Richtungen und beschäftigt sich weder mit der Vergangenheit noch mit der Zukunft, ausgenommen wenn es sich um einen Teil des Hier und Jetzt handelt. Als Indikator von Gesundheit beschäftigt sich diese Energie vorwiegend mit psychologischen und psychosomatischen Aspekten des Lebens.

Fassen wir zusammen: Der Satz der Kelche beschäftigt sich mit Emotionen und ihren Verwicklungen. Der Zeitzyklus der Kelche ist der Herbst; die Berufe sind die der Alleinunterhalter (die passiv Dominanten), der Künstler und Leute, die mit Werbung zu tun haben. Kelche beziehen sich auf psychosomatische Krankheiten und psychologische Krankheiten im allgemeinen. Kelche sind introvertierte Karten.

Kelch-König

Ein Mann von Krebstemperament. Er ist der Herr des Wassers. Er herrscht in einer freundlichen und pflichtbewussten Weise und hat keine Angst vor der Verantwortung, die er zu tragen hat. Er ist die Manifestation der Emotionen, seine Kraft ist die des Verschmelzens, des Kompromisses, der Überredung. Er ist der Richter und Herrscher, dem am Wohlsein seiner Untertanen etwas liegt. Er hegt Mitgefühl und Mitleid mit denen, über die er herrscht. Seine Schwächen sind Trägheit, Selbstbezogenheit und Dekadenz. Gut aspektiert ist er ruhig und gefällig und erfreut sich friedlicher Macht.

Sexuelle Aspekte
Ein Mann von heller Hautfarbe und haselnussbraunen Augen. Er fühlt Verantwortung seinem Sexualpartner gegenüber und drückt sich nicht vor seiner Aufgabe als Fürsorger. Er ist ein zuvorkommender Liebhaber.

Umgekehrt
Er kann selbstbezogen, verantwortungslos und ein Lügner sein, der seine Macht in kindischer Weise ausnützt, um Sex zu erhalten.

Kelch-Königin

Eine Frau von Skorpiontemperament. Eine sehr schöne Frau von heller Hautfarbe, die Leidenschaft und Verantwortungsbewusstsein zeigt. Es fehlt ihr allerdings an gesundem Menschenverstand im Umgang mit anderen. Sie hat die Tendenz, in einer nach innen gerichteten Weise poetisch und artistisch zu sein. Sie kleidet sich mit instinktivem Geschick und neigt zur Gesprächigkeit. Mehr als alles andere ist sie höchst unterhaltsam. Die Kelch-Königin ist zumeist sanft, freundlich und glücklich. Schlecht aspektiert kann sie launisch, pervers, unzuverlässig sein; sie hat ihre Vorstellungskraft nicht unter Kontrolle. Sie kann verbittert werden.

Sexuelle Aspekte
Eine gute Ehefrau und eine liebende Mutter. Sie ist eine Romantikerin, die ihren Liebhaber sehr erfreuen kann. Sie könnte eine ausgezeichnete Mätresse sein.

Umgekehrt
Sie kann eine Nörglerin sein, die Pflichten als Waffe benutzt. Ihr Hang zum Luxus kann ihren Geliebten an den Rand des Ruins bringen.

Kelch-Bube

Eine junge Person von Fischtemperament. Eine gute und hilfreiche Person, die dem Ratsuchenden helfen wird. Obwohl diese Person eine Neigung zur Träumerei besitzt, ist sie durchaus tapfer, wenn es darauf ankommt. Eine ruhige und nachdenkliche Person mit einer Neigung zu Berufen, die Vorstellungsfähigkeit und die Konkretisierung von Vorstellungen verlangen: Umgekehrt zeigt sich pedantisches Verhalten, ein forderndes, kindliches Temperament und die Unfähigkeit, Realität und Phantasie zu trennen. Des weiteren handelt es sich um eine Person, die glaubt, dass ihr Geschmack der einzig richtige sei.

Sexuelle Aspekte
Die Karte von weibischen jungen Männern und ausserordentlich femininen jungen Mädchen. Diese Karte steht auch für jene, die für Geld oder Unterhaltung sexuelle Dienste leisten.

Umgekehrt
Jene, die sich durch den Gebrauch von Drogen sexuelle Vorteile geschaffen haben. Der homosexuelle Verführer, der sich durch die Schwäche anderer Vorteile verschafft.

Kelch-Ritter

Eine unverheiratete Person mit blondem Haar und hellen Augen, intelligent, warm, ein guter Tänzer und hervorragender Unterhalter. Es handelt sich um einen Romantiker, der mit beiden Füssen auf dem Boden steht und weiss, wie er den anderen lobt, ohne zu weit zu gehen. Dies ist die Karte des Musikers. Sie steht auch für emotional Bedeutsames im Leben des Fragestellers. Umgekehrt handelt es sich um eine trickreiche und betrügerische Persönlichkeit.

Sexuelle Aspekte
Jene Person, die weiss, wie eine sexuelle Beziehung einleiten, und sie leidenschaftlich und aufregend zu gestalten vermag. Ein erregender und erfrischender Liebhaber.

Umgekehrt
Eine Person, die sich Vorteile verschafft. Ein Verführer von Ehefrauen, eine listige Person, die sich auf Vergewaltigung und die Verführung von Jungfrauen versteht.

Kelch-Zehn

Beschreibung
Eine glückliche Familienszene. Eine reiche Familie, die Essen, Kleider, ein Dach über dem Kopf und ein Kind hat – alles, was sie zu einem angenehmen Leben braucht. Die Sonne steht am Himmel, und jeder scheint zufrieden.

Interpretation
Friede und Zufriedenheit, Ruhe des Herzens, Liebe und Freundschaft – all dies steckt in dieser Karte. Ein ausgewogenes, erfülltes Leben, dessen Fortdauer gesichert ist.

Umgekehrt
Kinder lehnen sich gegen die Eltern auf und verwerfen die alten Werte. Verstörtheit und der Verlust guter Freundschaften. Ein Familienstreit liegt im Bereich des Möglichen. Eigentum oder der gute Ruf können angegriffen werden.

Sexueller Ausdruck
Eine sexuelle Verbindung, die befriedigend und erfüllend ist. Umgekehrt herrscht sexuelle Böswilligkeit und Liederlichkeit vor. Die Hysterie wird zu einem Weg, um Begierden zu erfüllen. Anbetung der Genitalien.

Kelch-Neun

Beschreibung
Eine gutangezogene, offensichtlich reiche Frau bringt für erhaltenen Segen Opfergaben dar. Sie bittet auch darum, dass die Dinge weiterhin gut sein mögen, denn sie hat einen Kelch verloren (das ist zwar kein grosser Verlust, aber immerhin ein Verlust).

Interpretation
Materieller Erfolg und ein Weiterkommen in der sozialen Stellung. Die Zukunft scheint gesichert zu sein. Liebe zu schönen Dingen und die Möglichkeit, diese erwerben zu können.

Umgekehrt
Fehler und Mängel, durch Geld und zu wenig Kampf hervorgerufen. Es kann zu einer übertriebenen Ess- und Trinklust kommen.

Sexueller Ausdruck
Diese Karte assoziiert die besondere Bevorzugung sinnlicher Freude und sexueller Stimulation. Sie kann auf übermässige Aktivität hindeuten, die zu Krankheit, und Langeweile sexuellen Praktiken gegenüber führen kann.

Kelch-Acht

Beschreibung
Ein Mann läuft umher, als würde er etwas suchen. Er hält einen Stab in der Hand (den einzigen bei den Kelchen). Es ist Nacht und der Mond scheint. Er hat viele Hürden überwunden.

Interpretation
Man ist mit dem gegenwärtigen Lebensstil unzufrieden. Der materielle Erfolg ist bedeutungslos geworden und man macht sich auf die Suche nach einer tiefergehenden Form des Verstehens.

Umgekehrt
Ein Abkehren vom spirituellen Ansatz. Eine Reaktion auf ein unerfülltes Leben auf einer weniger materiellen Ebene. Materialismus herrscht vor.

Sexueller Ausdruck
Diese Karte hat mit Masturbation und anderen autoerotischen Praktiken zu tun. Scheu, Zurückhaltung und teilweise Abgeschlossenheit sind weitere Merkmale. Umgedreht wird sie zur Karte der Bisexualität und des Gruppensex. Hedonismus herrscht vor.

Kelch-Sieben

Beschreibung
Ein Mann hält ein brennendes Juwel hoch, um es entweder auf den Altar zu stellen oder von dort herunter zu nehmen. Der Altar ist voller aufregender Dinge.

Interpretation
Dies ist die Karte der Errungenschaften, der zugestandenen Wünsche, die erfüllt werden. Allerdings garantiert sie nicht Dauer.

Umgekehrt
Ein Wille, das gewünschte Ziel zu erreichen wird deutlich. Ein besonderer Weg wird gewählt und die Strasse des Erfolgs wird weiter verfolgt.

Sexueller Ausdruck
Sexuelle Träume treten auf, in welchen es der Vorstellungskraft vergönnt ist, völlig «verrückt» zu werden. Der sexuellen Phantasie wird gestattet, mit Themen der Herrschaft über andere zu spielen. Schlecht aspektiert kann die Karte brutale Sexualpraktiken oder exzessive Phantasie bedeuten, was zu einem Versagen im Sexualverhalten mit anderen Menschen führen kann.

Kelch-Sechs

Beschreibung
Ein gut gekleideter älterer Herr gibt einem jungen Mädchen ein Geschenk, die darüber anscheinend sehr erfreut ist. Beide scheinen zufrieden zu sein.

Interpretation
Zufriedenheit und Freude, die aus der Vergangenheit kommt. Eine lang andauernde Freundschaft entwickelt sich. Geschenke von alten Verehrern oder Erbschaften können auftauchen.

Umgekehrt
Die Rollen werden vertauscht. Ein Geschenk wird oder sollte einer bewunderten jüngeren Person gegeben werden. Eine Erbschaft ist nicht so gross, wie man ursprünglich erhofft hat.

Sexueller Ausdruck
Diese Karte steht für sexuelle Freuden und Zufriedenheit. Es kann sich um Sex mit einem «süssen jungen Ding» handeln, welches seine Wünsche durch den Fragesteller erfüllt sieht. Vielleicht tauchen Liebesbriefe aus der Vergangenheit auf. Umgekehrt bedeutet diese Karte den Wunsch nach Partnerwechsel und Bedenken über das eigene Altern.

Kelch-Fünf

Beschreibung
Ein deprimierter Mann geht einen Weg entlang. Seine Arme sind in selbstschützender Art verschränkt. Im Hintergrund steht ein Tempel. Ein saftiges grünes Feld breitet sich vor ihm aus.

Interpretation
Drei Kelche sind umgeworfen, aber zwei sind noch stehen geblieben. Noch ist nicht alles verloren. Enttäuschung über den Lauf der Ereignisse und Bedauern über die Art, wie die Dinge gehandhabt wurden.

Umgekehrt
Der Mut, die Hindernisse und Verluste zu überwinden, ist vorhanden. Die Hoffnung wird erneuert und Freunde eilen zur Rettung herbei. Man muss sich vor Projekten in acht nehmen, die von Anfang an zum Scheitern verurteilt sind.

Sexueller Ausdruck
Eine schlechte Heirat steht bevor. Es kann sich auch um die Auflösung einer Ehe handeln, die mit Streitereien um die Besitztümer abläuft. Zeitweilige Impotenz und Schwierigkeiten, die ihren Grund im emotionalen Druck der Umstände haben.

Kelch-Vier

Beschreibung
Eine Gottheit, die Gnaden verteilt, kann gesehen werden. In einer Hand hält sie den Blitz (Energie), die andere giesst Wasser aus (Nahrung). Aber der Mann ist diesen Dingen gegenüber nicht offen. Sogar sein Kelch steht auf dem Kopf.

Interpretation
Die Gnade ist um uns, aber wir sind nicht offen sie zu empfangen. Wir sind vorsichtig und behutsam, um nicht in Dinge involviert zu werden. Probleme gibt es nur in unseren Vorstellungen.

Umgekehrt
Eine neue Energieform ist greifbar geworden. Neuigkeiten und neue Freunde tauchen auf. Neue Ambitionen machen neue Ziele möglich. Der Wunsch, erfolgreich zu sein, tritt in den Vordergrund.

Sexueller Ausdruck
Unzufriedenheit, und Übersättigung vom Sexualverkehr. Der Partner wird langweilig und abgeschoben. Umgekehrt kann der Partner noch einmal einen Zugang zum Fragesteller finden und Freude kommt in die Beziehung.

Kelch-Drei

Beschreibung
Drei junge Menschen sind abgebildet, die alle zufrieden aussehen. Einer hält ein überlaufendes Gefäss in den Händen und will damit die Kelche der beiden anderen füllen.

Interpretation
Unerwartete Talente werden verwirklicht. Die Dinge finden einen angenehmen Abschluss. Wenn jemand unglücklich oder krank ist, dann kommt Erleichterung und Heilung.

Umgekehrt
Man muss für vergangenes übertriebenes Handeln den Preis bezahlen. Talente werden nicht anerkannt und Überfluss wird zu Abfall. Die Bezahlung alter Schulden wird die zu überwindenden gegenwärtigen Umstände mildern.

Sexueller Ausdruck
Man ist sexuell sehr gefragt. Sexuelle Talente werden geschätzt, und das Leben verteilt Geschenke. In einer umgedrehten Karte heisst dies Übermass und Verworfenheit bis zum Verlust der Manneskraft. Die Dinge sind aber nicht unwiederbringlich.

Kelch-Zwei

Beschreibung
Ein Liebespaar trifft sich unter einem schützenden Baldachin und verspricht sich gegenseitig Treue.

Interpretation
Dies ist die Karte der Liebenden. Ein Ausgleich komplementärer Kräfte liegt vor, die Vereinigung von Freunden und Liebenden. Geschäftspartner entdecken wohltuende Harmonie in finanziellen und persönlichen Angelegenheiten.

Umgekehrt
Diese Karte verliert ihre Bedeutung nicht, wenn sie umgedreht wird.

Sexueller Ausdruck
Beide Partner stellen keine Ansprüche. Sie haben einander entdeckt und finden Erfüllung miteinander in sexueller und freundschaftlicher Hinsicht. Wenn sie zusammen sind, freuen sie sich und geniessen es. In sexuellen Angelegenheiten gibt es keine Einschränkungen.

Kelch-As

Beschreibung
Über einem sorgfältig dekorierten Kelch fliegt ein Kolibri, der den Inhalt des Kelches leergetrunken hat. Leuchtende, luftige Blumen verzieren die Karte. Wasser fliesst frei.

Interpretation
Nahrung und Überfluss kann von allen geteilt werden. Liebe, Freude und Schönheit sind reichlich vorhanden. Das Leben ist erfüllt von guten Dingen.

Umgekehrt
In der Angst, unwürdig zu sein, wird eine Mauer errichtet. Man bekommt Angst, Verpflichtungen einzugehen. Man erinnert sich immer wieder vergangener Schwierigkeiten. Die Möglichkeit einer Revolution besteht.

Sexueller Ausdruck
Man entdeckt die Liebe, die in einem selbst oder im Partner geschlummert hat. Was bislang lediglich Sex des Sexes wegen war, erblüht in einem neuen Verständnis für den Wert des Partners. Umgekehrt deutet diese Karte auf Sterilität und Frigidität hin, auf einen Interessensverlust am Partner.

Der Weg der Erde
Die Münzen

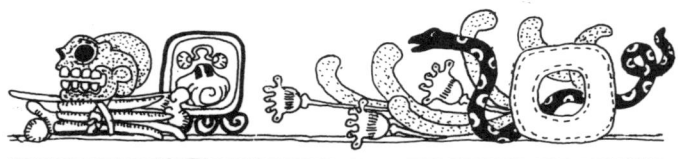  

Die Karten des Satzes der Münzen sind vielleicht die weltlichsten Karten, denn sie behandeln den Bereich der Arbeit, des Geschäftslebens, der persönlichen Einsatzmittel. Die Bildkarten stehen für Personen, deren Autorität unzweifelhaft feststeht. Es sind Führer, die durch allgemeine Unterstützung zur Macht gelangen. Gurus, Lehrer und Diktatoren sind ebenfalls durch diese Karten repräsentiert

Münzen sind die Karten physischer Existenz, der festen, realen Welt der Natur. Sie stehen für unsere Handlungen in der Welt des Wirklichen und für die Effekte dieser Handlungen. Sie weisen auf die bewußte Welt hin und auf die Ordnung, die wir als «normal» ansehen. Diese Karten sind Erdkarten: gebend, praktisch, konserativ. Ihre Tugenden sind Ausdauer und Fleiß, denn die Erde wird fruchtbar, wenn sie sparsam und mit Liebe gepflegt wird. Die Erde ist Fehlern gegenüber geduldig und verlangt nicht sofortige Vergeltung, sondern räumt sich Zeit ein, um zu heilen. Die Erde heilt durch Kälte und Hitze, Nässe und Trockenheit. Die Karten dieses Satzes behandeln auch das Sexualleben einer Person, und sie zeigen, wie dieses die Lebensaussichten beeinflusst.

Münzen sind Karten konservativer Energien, d. h.. sie gleichen Zeiten der Fülle mit Zeiten des Mangels aus. Es handelt sich um eine abnehmende Energie, die die Tendenz zeigt, sich selbst zurückzuhalten. Sie steht für Rückzug, um auszuruhen, und für Schlaf. Diese Energie beschäftigt sich mit Heilung durch Pflanzen und Kräuter. Dazu mit Krankheiten, die durch eine Unausgeglichenheit natürlicher Stoffe wie Mineralien und Vitamine ausgelöst werden.

Fassen wir zusammen: Der Satz der Münzen beschäftigt sich mit der materiellen Existenz; Handlungen in der Welt und die Reaktionen auf diese Handlungen. Der Zeitzyklus der Münzen ist der Winter. Die Berufe sind Handwerker, Zimmermänner, Töpfer, Weber und ähnliche. Münzen handeln von Krankheiten, die durch Unausgeglichenheit hervorgerufen werden; sie sind patriarchalisch und autoritär; Münzen sind konservativ.

Münz-König

Ein Mann von Stiertemperament. Er ist der Herr der Erde, ein konservativer und autoritärer Mann. Er ist Bankier oder Universitätsprofessor, welcher sich in Mathematik und abstrakten Wissenschaften gut auskennt. Er könnte ein spiritueller Führer sein. Er ist ein Mann, dem weltlicher Erfolg gut ansteht und dessen Macht vom Wissen um geordneten Fortschritt stammt. Er nimmt die Dinge schrittweise wahr und bringt sie so zum ersehnten Erfolg. Umgekehrt hat er eine Neigung zu Korruption, und seine Gedanken verhärten sich. Das Buch der Regeln leitet ihn, und er sieht keinen Grund, dies zu ändern. Er kann stur und nachtragend sein.

Sexuelle Aspekte
Ein dunkler Mann mit dunklen Augen. Er ist ein liebevoller Begleiter und guter Fürsorger. Er gebraucht die Vernunft, um die Gunst anderer zu erlangen.

Umgekehrt
Ein Mensch, der Sex kauft, und für sein Geld entsprechend etwas bekommen will. Er verführt junge Menschen mit Geld und korrumpiert deren moralische Werte.

Münz-Königin

Eine Frau von Jungfrautemperament. Sie ist die Erdmutter, das Füllhorn reicher Ernte. Die Königin ist nachdenklich und von hoher Intelligenz. Sie strömt ein tiefes Gefühl der Sicherheit aus, was ihr ermöglicht, in Üppigkeit und Luxus zu schwelgen. Sie ist vom Reichtum der Erde begünstigt. Umgekehrt wird sie abhängig, und sie entwickelt sich zu einem mißtrauischen Wesen. Die Angst zu versagen verfolgt sie und schränkt ihre Kreativität ein. Sie hortet die Dinge in Erwartung schlechter Zeiten.

Sexuelle Aspekte
Eine wunderschöne Frau und lenkende Mutter. Die Königin hat große Freiheit und bringt diese in ihrer eigenen Grosszügigkeit zum Ausdruck. Sie findet Freude an Genuß und an der Lust.

Umgekehrt
Die Königin wird ausschweifend, liderlich und gemein; sie ist unbefriedigt und in einem ständigen Zustand der Angst wegen sexueller Dinge.

  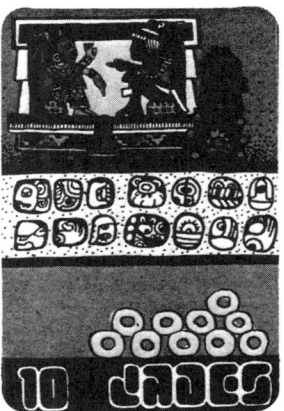 

Münz-Bube

Ein junger Mensch von Steinbocktemperament. Eine Person, die Lorbeeren im Studium gewinnt und einfach des Studierens wegen studiert. Diese Person ist neuen Ideen gegenüber offen und bringt es fertig, dass diese von anderen akzeptiert werden. Sie hat einen nachdenklichen, offenen Geist und lauscht den Meinungen und Ansichten anderer Menschen. Umgekehrt kann sie zu einer verschwenderischen Person werden, die sich dem Luxus zuwendet. Diese Karte kann unangenehme Neuigkeiten ankündigen.

Sexuelle Aspekte
Ein pubertierender Junge oder ein pubertierendes Mädchen, gefangen in sexuellen Tagträumen. Eine Person, die durch das Labyrinth sexueller und falscher Informationen den Weg zum Sexualakt findet.

Umgekehrt
Ein Mensch von rebellischem Charakter, dessen sexuelle Neigungen als Protest gegen die etablierten Werte zu sehen sind. Eine homosexuelle oder bisexuelle Person.

Münz-Ritter

Eine schwarzhaarige dunkeläugige Person, die unverheiratet ist. Ein verantwortungsvoller und vertrauensvoller Mensch, der dem Klienten eine grosse Hilfe sein kann, die aber wenig Vorstellungskraft besitzt. Als eine geduldige und freundliche Person liebt der Münz-Ritter Tiere und könnte ein guter Veterinärmediziner sein. Diese Karte kann aber auch auf den Ankauf eines Hauses oder von Land hinweisen. Umgedreht kann es zu Unbekümmertheit und Verantwortungslosigkeit im Beruf kommen, aber auch zu Trägheit im Umgang mit Geld.

Sexuelle Aspekte
Eine Person, die sexuell immer befriedigt, immer aufmerksam den Wünschen des Partners entspricht.

Umgekehrt
Ein Mensch, der sich über den eigenen Orgasmus Gedanken macht. Dieser Mensch mag über den Sexualakt sehr eingeschränkt denken, was für den Partner unangenehm sein kann. Es kann zu einer seelenlosen «normalen» Regelmässigkeit im Bereich des Sexuellen kommen.

Münz-Zehn

Beschreibung
Ein älterer Mann sitzt in einem Garten und spricht zu einer Frau. Sie könnte seine Tochter sein. Sie sitzen vor einem Haus und scheinen zufrieden zu sein.

Interpretation
Die Fülle der Zeit. Die Vollendung des Kreislaufs der Ereignisse. Land wird gekauft und die Finanzen bleiben stabil. Mit der Familie wird Glück und Einigkeit erlebt.

Umgekehrt
Ein zufälliger Schicksalsschlag. Der Tod eines Verwandten oder eines Mitglieds der Familie. Diebstahl oder Verlust durch risikoreiche Geschäftsabenteuer. Schwierigkeiten mit einem testamentarischen Willen.

Sexueller Ausdruck
Sexueller Reichtum. Ein Übermass an Freude mit der Familie und mit Verwandten. Umgekehrt kommt es zu Verlust der Jungfräulichkeit, Verlust der Potenz oder zum Verlust des Sexualpartners.

Münz-Neun

Beschreibung
Eine wunderschön gekleidete Frau befiehlt einem Vogel, dort zu landen, wo sie will.

Interpretation
Erfolg und Unterscheidungsfähigkeit im Leben. Dennoch, es fehlt etwas. Einsamkeit geht von dieser Karte aus, selbst in dieser Atmosphäre von Erfolg und Freude an den guten Dingen des Lebens.

Umgekehrt
Die Möglichkeit des Verlustes durch Diebstahl oder Gesetzesumstände. Ein Prozess mag gewonnen werden, aber die Anwälte erhalten das ganze Geld. Böse Absicht steckt in dieser Karte, und man muss vor ihr auf der Hut sein.

Sexueller Ausdruck
Ein Liebhaber, der nicht aufregend, aber echt ist. Sexuelle Bedürfnisse werden nur zum Teil befriedigt. Die sexuelle Energie wendet sich der Ernährung und dem Wachstum der Dinge zu. Umgedreht verändert sich wenig, vielleicht eine ereignislose Witwenzeit.

Münz-Acht

Beschreibung
Ein Handwerker beendet geschickt die Herstellung eines bearbeiteten Jadestückes. Er ist erfolgreich. Viele Jadestücke sind fertig und stehen zum Verkauf bereit.

Interpretation
Arbeit wird verfügbar gemacht. Ausbildungszeit, eine Bestellung bei einem Künstler. Ihre Geschicklichkeit wird verlangt.

Umgekehrt
Die Augen sind grösser als der Magen. Eitelkeit und Übertriebenheit bezüglich der eigenen Fähigkeiten. Wucher und Verschlagenheit.

Sexueller Ausdruck
Der Beginn einer fruchtbaren sexuellen Erfahrung, die Verantwortung mit einschliesst. Vorstellungsgabe beim Vorspiel. Umgekehrt herrschen Eitelkeit und falsche Versprechungen vor; auch Enttäuschungen über die Möglichkeiten, sexuellen Versprechungen nicht nachgekommen zu sein.

Münz-Sieben

Beschreibung
Ein Baum wächst, der auf der einen Seite braun, auf der anderen purpur ist. Seine Früchte sind Jaden. Ein Mann pflückt die Früchte. In den Wurzeln liegt ein Totenkopf versteckt.

Interpretation
Dies ist der Geldbaum, und diese Karte hat mit Geldangelegenheiten zu tun: Kredite, Investitionen, Glücksspiel. Diese Karte weist auch darauf hin, dass ein Überdenken der eigenen Situation angebracht ist.

Umgekehrt
Der Schädel zeigt seine Zähne. Angst vor einem Kredit oder einen Geschäftsabschluss. Geldstreitigkeiten, und wenig Profit bei einer grossen Investition.

Sexueller Ausdruck
Hier geht es um Sex für Geld. Es ist die Karte des Zuhälters oder jener Personen, die sexuelle Tätigkeit für Geld beschaffen. Sexhandel, um materielle Bedürfnisse zu decken. Umgekehrt kommt es zu einem Zurückhalten in sexuellen Dingen. Vorgespielte Lust und Befriedigung. Falsche Erwartungen werden aufgedeckt.

Münz-Sechs

Beschreibung
Eine reiche Frau teilt Geschenke an alle aus. Sie scheint zufrieden und glücklich über ihre Grosszügigkeit zu sein.

Interpretation
Jetzt ist die Zeit, mit anderen zu teilen, womit man gesegnet ist. Der Fragesteller wird zweifellos eine gerechte Belohnung bekommen. Man bekommt oder gibt Geschenke.

Umgekehrt
Ein Geschenk entpuppt sich als Bestechung. Eine Bank macht einen Fehler und lehnt es ab, diesen zuzugeben. Man wird von anderen beneidet, und der eigene Wert wird überschätzt.

Sexueller Ausdruck
Ein ersehnter Liebhaber kommt. Sex zwischen Menschen verschiedener Rassen. Umgekehrt kommt es zu Eifersucht und Zerrüttung zwischen Partnern.

Münz-Fünf

Beschreibung
Ein Jaguar pirscht sich an einen reichen Mann, der verkrüppelt ist und sich auf eine Krücke und einen Stab stützt.

Interpretation
Diese Karte weist auf schlechte Gesundheit. Die Konstitution ist schwach und muss geschützt werden. Vorsicht ist geboten, um Missgeschick zu verhüten. In spiritueller Hinsicht handelt es sich um die «Kapelle der Gefahren».

Umgekehrt
Uneinigkeit und Verschwendung. Die Unordnung regiert. Die Umstände verschlechtern sich, bevor sie besser werden, aber noch ist nicht alles verloren.

Sexueller Ausdruck
Eine unerwünschte Schwangerschaft. Eine Abtreibung muss vorgenommen werden. Der Sexualakt verliert seinen Reiz. Umgedreht kann es sein, dass der Partner unbewusste oder bewusste homosexuelle Tendenzen hat. Eine Ehe steht wegen einer Mätresse auf dem Spiel.

Münz-Vier

Beschreibung
Ein reicher Mann sitzt auf der Terrasse vor seinem Haus. Er sinnt über ein Jadestück nach, das er in seiner Hand hält. Ein weiteres hängt an seinem Hals. Zwei weitere versteckt er unter seinen Füssen.

Interpretation
Eine geizige Person, die gemein und unfähig ist zu realisieren, dass sie nicht mehr arm ist. Verborgene Geldmittel. Geschenk oder Vermächtnis.

Umgekehrt
Geschäftstransaktionen werden aufgeschoben oder zurückgehalten. Es könnte sich um eine Opposition gegen einen Verschmelzungsvertrag handeln. Übermässige Ausdehnung von Geldmitteln wird zum Problem. Unsicherheit auf dem Geldmarkt.

Sexueller Ausdruck
Gegenwärtige Sexualpartner werden festgehalten aus Angst vor Verlust. Freude an der gegenwärtigen Sexualität. Umgekehrt herrscht die Gefahr des Partnerverlusts vor: Der Partner mag vom Nachbar oder Geschäftspartner verführt werden. Vorsicht ist geboten.

Münz-Drei

Beschreibung
Ein sehr reicher Mann spendet dem Tempel Jaden. Ein Handwerker ist damit beschäftigt, diese am Tempeldach anzubringen.

Interpretation
Die Belohnung für Geschicklichkeit und Fähigkeit wird ausbezahlt. Ein Mäzen tritt ins Blickfeld. Materieller Erfolg und finanzieller Gewinn stehen in Aussicht. Künstler bekommen einen Auftrag für ein wichtiges Werk.

Umgekehrt
Aufschub für die Unterzeichnung eines lang ersehnten Vertrages. Die Arbeit leidet, weil man finanzielle Sorgen hat. Man hat nicht gerade seine besten Ideen.

Sexueller Ausdruck
Eine einzige Person steht im Ansehen, ein phantastischer Sexpartner zu sein, und er ist sehr gefragt. Umgedreht wird die sexuelle Kreativität von mittelmässiger Technik und Desinteresse gestört.

Münz-Zwei

Beschreibung
Ein sehr gutaussehender und schön gekleideter Mann balanciert zwei Jadestücke. Er scheint mit diesen zu jonglieren. Er kniet auf einer gelben Matte. Hinter ihm sieht man einen unruhigen Strom.

Interpretation
Die Aufrechterhaltung der Ausgeglichenheit und Harmonie inmitten wechselhafter Zeiten. Mehrere Geschäfte werden zur gleichen Zeit ausgeführt. Fröhlichkeit, Entspannung, Urlaub.

Umgekehrt
Zu viele Eisen sind im Feuer. Die Pläne können nur schwer beeinflusst werden. Die Geschehnisse werden erzwungen. Es bleibt kein Spielraum.

Sexueller Ausdruck
Fröhlichkeit und problemlose Sexualbeziehungen. Parties, bei denen sexuelle Spiele gespielt werden. Eine wunderschöne Affäre, von der man weiss, dass sie nicht von Dauer ist, aber das ist auch gleichgültig. Umgedreht bleibt die Bedeutung gleich, nur das Element der Fröhlichkeit wird erzwungen. Die Party ist in Wahrheit sehr unangenehm.

Münz-As

Beschreibung
Ein grosses Jadestück, von einer Schlange umfangen. Es liegt zwischen Blumen, der Fülle der Natur. Ein Sonnenzeichen, das Bewegung bedeutet, kann gesehen werden, dazu spriessender Maissamen.

Interpretation
Dies ist die Karte des Reichtums. Erfolgreiche und blühende Zeiten werden kommen. Die Dinge verbessern sich rasch. Zufriedenheit mit der Entwicklung des Lebensweges. Güte und Licht.

Umgekehrt
Habgier und die schlechten Seiten des Reichtums vereinen sich hier. Bequemlichkeit und materielle Umstände führen zur Korruption. Der Same fällt auf unfruchtbaren Boden.

Sexueller Ausdruck
Vollkommenes Glück und völlige Zufriedenheit mit dem Partner. Sex ist wunderschön und voller Freude. Umgedreht macht diese Karte aus der Sexualität einen unangenehmen Zeitvertrieb. Korruption für Geld.

die·reise·des·narren

TEXT UND ILLUSTRATIONEN
VON PETER BALIN

DU STEHST DORT ZITTERND AM ABGRUND

SUCHST DU DIE TAGE DEINER JUGEND?

SUCHST DU NACH DER ZEIT DEINES LEBENS?

DANN LEBE JENSEITS VON MINUTEN UND STUNDEN IN ZEITEN ZU DENEN KEINE UHR GEHT UND KEIN TAG DAEMMERT

AN DIESER STELLE WO DER FREIHEIT JAHRE VERGEHEN DIE UNEND

LICHEN ABFOLGEN VON SONNEN DIE NICHT AUFGEHEN VON ERDEN DIE SICH NICHT DREHEN

ABER VOM GEIST DER SICH OEFFNET VON MENSCHEN

IN LIEBE WISSEND WO ORANGEN UND DIE SONNE

WUNDER GEMEINSAM HABEN

WAS DU SUCHST IST GESCHRIEBEN UND NICHTS VERBORGEN DU BIST DAS BUCH SUCHE DAS SELBST DANN WERDEN GEHEIMNISSE KUND

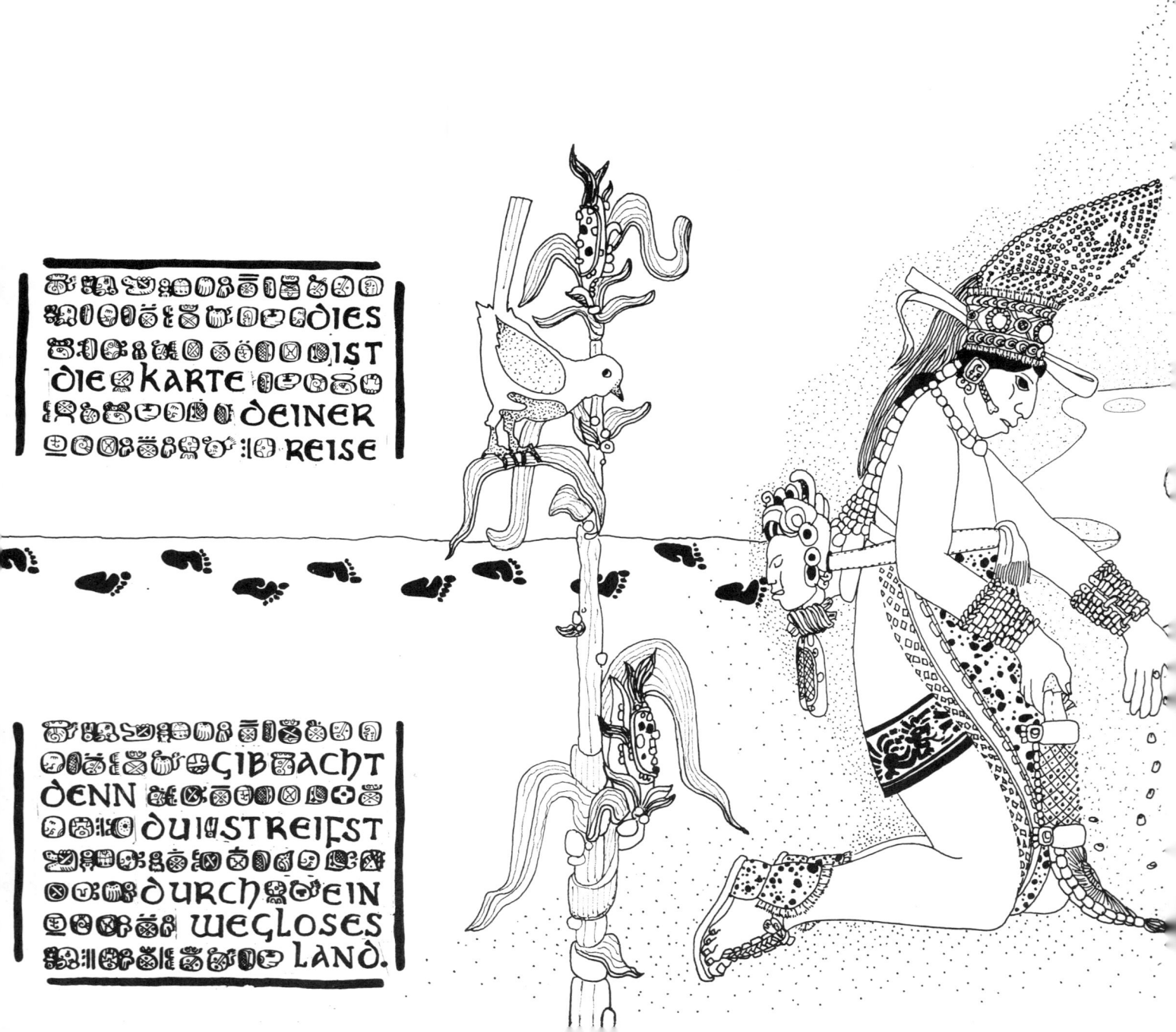

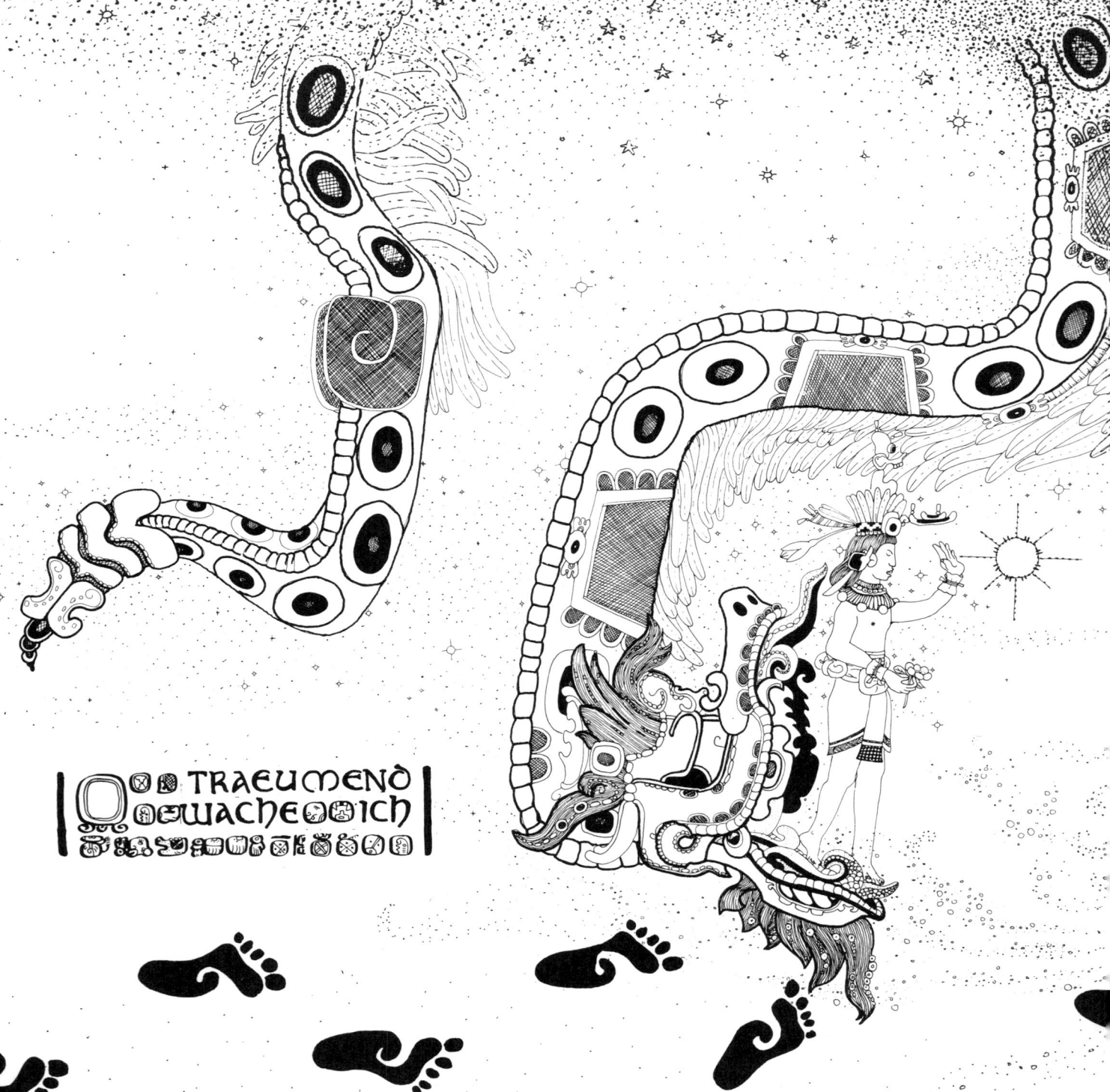

TRITT EIN IN DAS HAUS DES GEISTES SCHAUE DIE MYSTERIEN DIE DA SIND

DIE FREUDE DIE DU SUCHST IST EINGESPERRT IN DEINEN GRENZEN DEIN VERGNUEGEN IST DAS EINZIGE SIEGEL

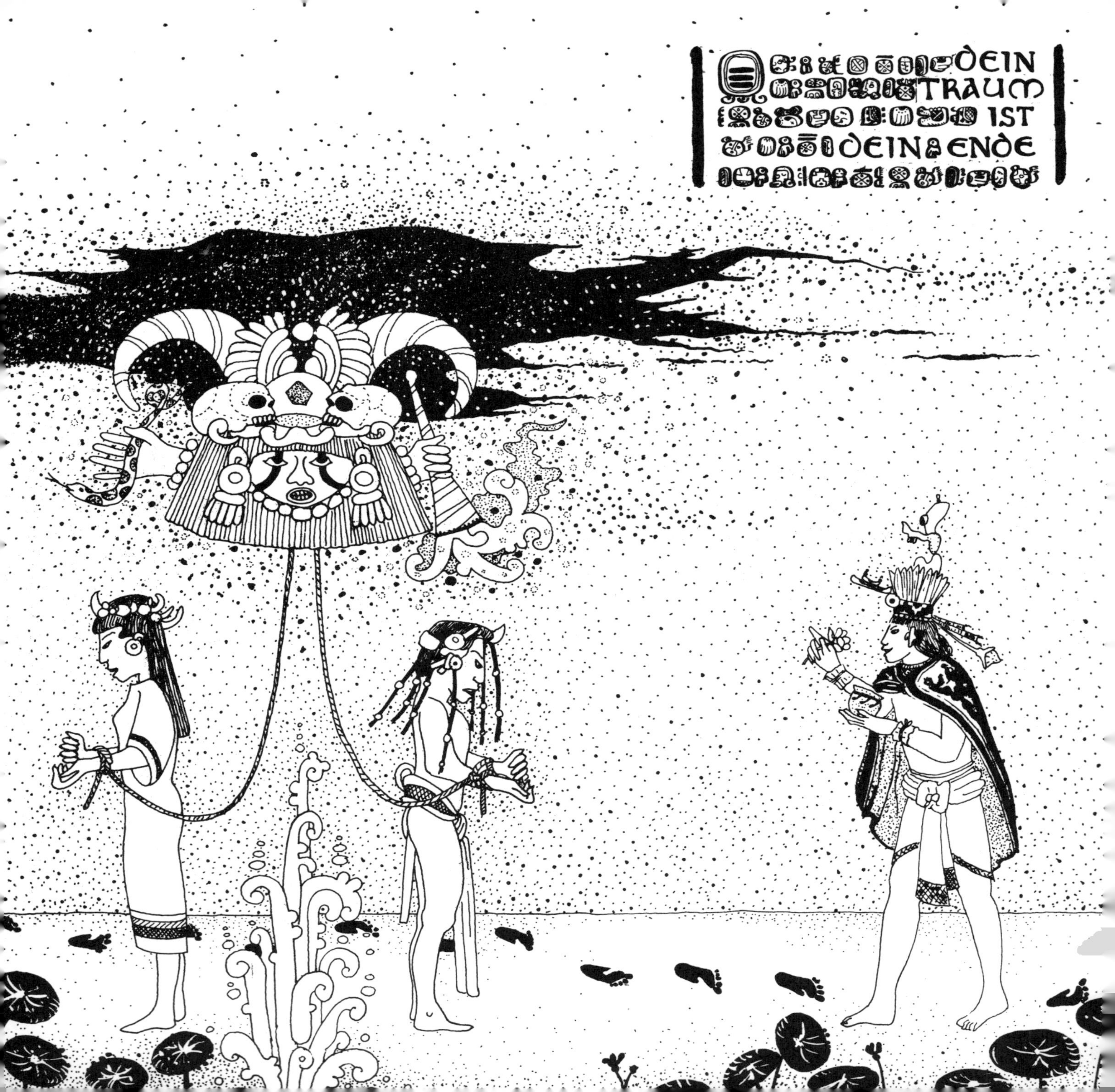
DEIN
TRAUM
IST
DEIN ENDE

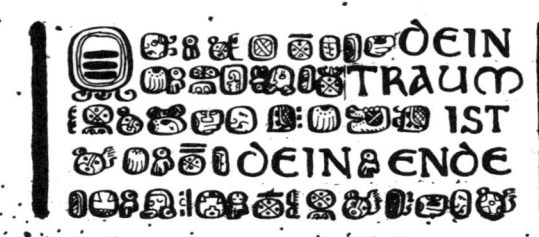

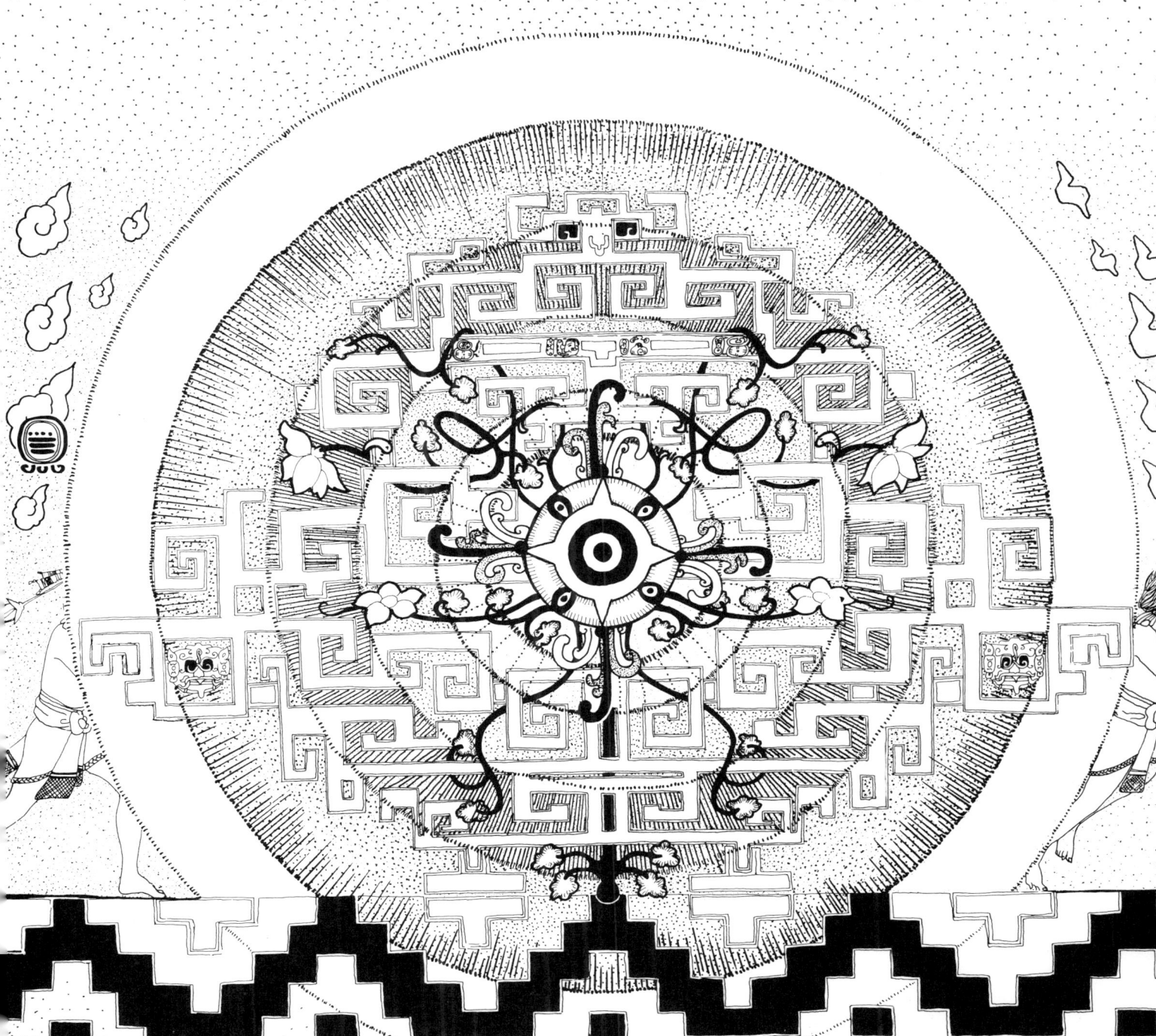

Es werde Licht!

*Auf dass die Morgenröte über den Himmeln
und der Erde aufsteigen möge.*

*Es kann keine Herrlichkeit geben, keinen Glanz
Ehe das menschliche Wesen
Zum voll entwickelten Menschen wird.*

Popol Vuh

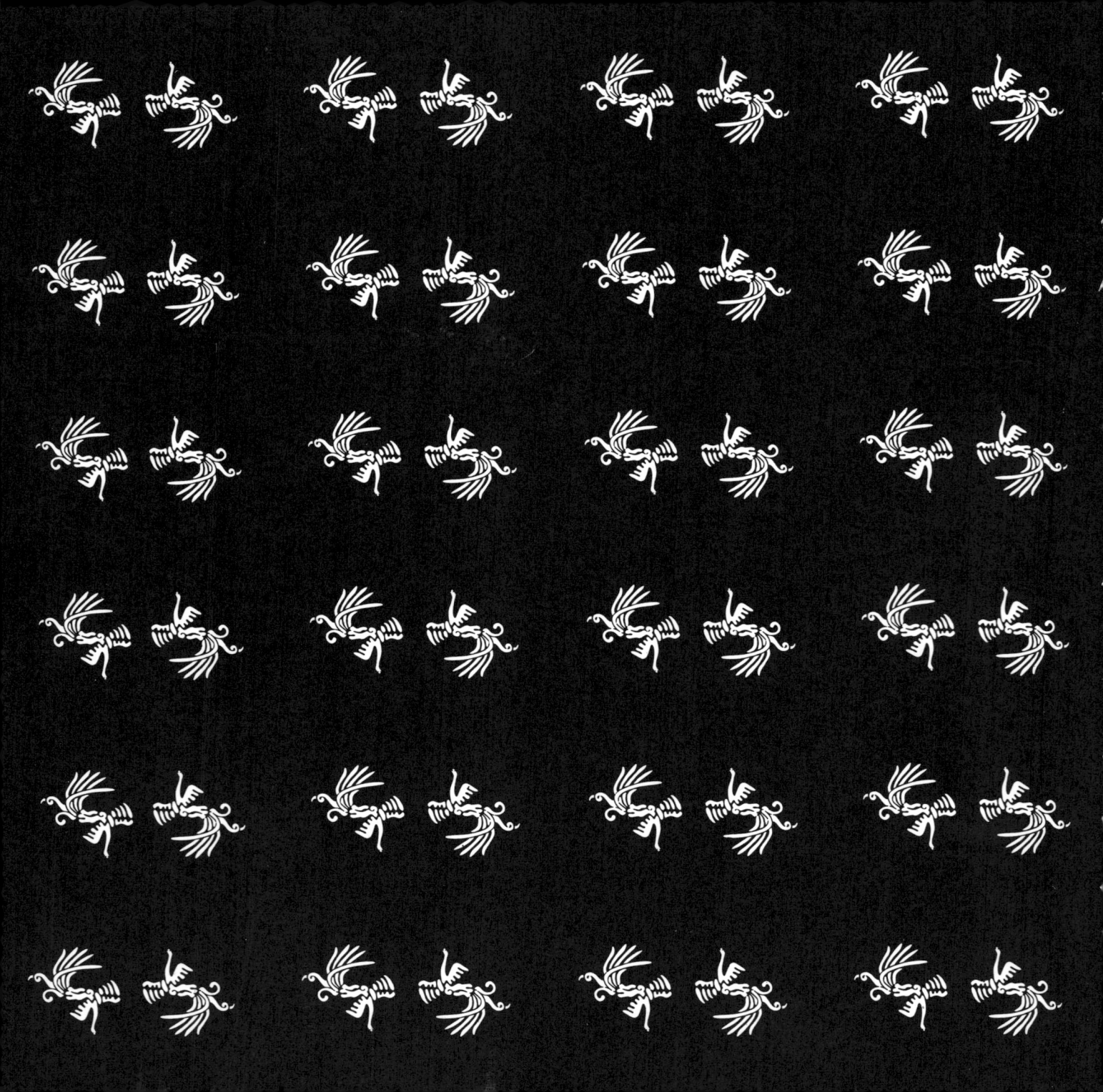